地产百年启示录

靳 毅 ◎ 主编

机械工业出版社
CHINA MACHINE PRESS

《地产百年启示录》旨在通过梳理和分析过往百年之中全球主要国家地产市场的兴衰起伏，以期向读者展现：全球六大地产市场的变化走势，揭示变化中的潜在规律；六大地产市场背后产业转型、政策制度的变迁历程；潮起潮落的地产市场背后国家经济兴衰起伏的内在逻辑。本书分六部分，阐述美国、日本、德国、新加坡、澳大利亚和中国房地产市场的发展脉络，用时间节点对每一个市场进行划代，重视历史、数据和理性分析，具有很强的条理性、参考性。

本书适合地产行业研究者、从业者及高校相关专业师生阅读。

图书在版编目（CIP）数据

地产百年启示录/靳毅主编 .—北京：机械工业出版社，2021.9
ISBN 978-7-111-69431-1

Ⅰ. ①地… Ⅱ. ①靳… Ⅲ. ①房地产业 – 产业发展 – 概况 – 世界 Ⅳ. ①F293.3

中国版本图书馆 CIP 数据核字（2021）第 213134 号

机械工业出版社（北京市西城区百万庄大街22号　邮政编码100037）
策划编辑：赵晓晨　责任编辑：赵晓晨
责任校对：王　莹　封面设计：高鹏博
责任印制：谢朝喜
北京宝昌彩色印刷有限公司印刷
2022年1月第1版·第1次印刷
170mm×230mm · 19印张 · 263千字
标准书号：ISBN 978-7-111-69431-1
定价：89.00元

电话服务　　　　　　　　网络服务
客服电话：010-88361066　　机 工 官 网：www.cmpbook.com
　　　　　010-88379833　　机 工 官 博：weibo.com/cmp1952
　　　　　010-68326294　　金 书 网：www.golden-book.com
封底无防伪标均为盗版　机工教育服务网：www.cmpedu.com

编委会

主 编

靳 毅

参 编

姜雅芯　张 赢　吕剑宇

专家委员会

(按姓氏拼音排序)

霍徐强　李耀光　李 凡

李 钊　沈红波　王少剑

邬 浩　王震岳　熊 园

杨 竞　杨 阳　殷传陆

序

房地产业是国家重要的经济支柱产业。它不仅事关国计民生,而且是重要的资产配置手段。因此,房地产业的发展关系着众多行业的发展。

美国南北战争结束后,工业化和城镇化进程加速,匹兹堡、洛杉矶、底特律等一批重工业城市的出现推动了美国房地产市场的繁荣发展。尤其是从 20 世纪 40 年代末开始的第三次工业革命,进一步提升了美国的城镇化水平,开启了美国房地产市场长达 60 年的牛市。

在第二次世界大战结束后的几十年间,德国政府持续增加保障住房供给、不断完善租赁住房市场,逐步建立了以居住为导向的住房制度,为经济的恢复和产业结构的升级提供了有力支撑,也使房地产市场保持了长期、稳健的发展。

日本和新加坡先后抓住了第三次科技浪潮的历史性机遇,快速崛起,但两国的房地产市场却出现了不同的发展走向。日本的房地产市场在经济泡沫破灭后持续低迷,新加坡建立起了"居者有其屋"的公共住房体系,保证了国内房地产市场的稳健发展。

澳大利亚是全球房地产市场中房价长期上涨的典型代表。宽松的移民政策带来人口和资本的持续净流入。此外,在全面、透明的监管体系下,澳大利亚房地产市场受到了全球众多投资者的青睐。

全球主要经济体房地产业的发展历史充分说明,房地产市场是影响一国经济走势、产业结构及金融环境因素之一，对于我国也是如此。在从业的20余年中，我有幸见证了我国房地产市场的快速发展。

20世纪90年代之前，我国一直实行福利分房制度，城市居民的住房问题主要通过"等国家建房，靠组织分房"的方式解决。1998年，国家开始大力推行市场化的房改政策，国内居民住房需求得到充分释放，国内房地产市场由此拉开了快速发展的序幕。

在过去的20多年间，在政策红利、人口红利和产业红利等多重利好因素的共同作用下，我国房地产市场展现出特有的"中国速度"，并成为拉动社会经济快速发展的引擎。

凡事都有两面性。对于同时具有产业属性和金融属性的房地产业而言，过快、过热的发展势必会使房价扭曲并形成资产泡沫，对宏观经济和金融稳定产生较大的冲击甚至反噬。

2017年之后，国家对房地产市场的调控持续深化，中央经济工作会议多次提出"房子是用来住的，不是用来炒的"政策导向。随后，国家又从供给、需求和预期三个方面对房地产市场进行调控，我国的房地产业从此迈入新阶段。

审视宏观经济格局，观察实体产业变迁，思考金融行业发展，是我作为证券公司董事长的本职工作。研究全球地产业的发展历史，从中发现经济发展规律，理解产业变革逻辑，对于我们思考宏观经济格局、把握金融行业与市场的发展走势具有重要意义。

今天，我国房地产业发展已经进入新常态，而我国经济也正处于增速换挡和结构转型的关键时期。未来，经济形势将如何发展，金融行业又会出现哪些机遇和挑战？我想，通过全面梳理和分析全球房地产业的发展脉络、兴衰更替，可以帮助我们更好地解答这些问题。

"鉴于往事，有资于治道。"国海证券研究所靳毅团队撰写的《地产百年启示录》一书，通过梳理国内外典型房地产市场的发展历程，深入浅出地揭示了各国房地产业变迁和经济兴衰起伏的内在规律，为我们思考与判断经济发展提供了有益素材。

  我很荣幸地向大家推荐本书，也希望它能对关注房地产业发展和房地产市场投资的朋友们、金融从业者以及对经济、历史感兴趣的读者们有所启发和帮助。

国海证券股份有限公司董事长
何春梅

目　录

序

第一章　楼市的百年沉浮·美国

第一节　1800—1860 年：农业时代——最后的田园牧歌 / 2

第二节　1861—1873 年：铁路时代——纵横交错的网络 / 10

第三节　1874—1890 年：钢铁时代——煤与火的战歌 / 17

第四节　1891—1913 年：电力、石油时代——城市之光 / 23

第五节　1914—1929 年：汽车时代——车轮上的国家 / 31

第六节　1930—1945 年：大萧条与新政——崩溃与变革 / 38

第七节　1946—1967 年：电子时代——美丽新世界 / 45

第八节　1968—1981 年：危机年代——喧嚣与动荡 / 52

第九节　1982—2007 年：IT、金融时代——暗流涌动的新经济 / 59

第十节　2008 年至今：金融危机——大时代的落幕 / 67

第二章　从坎坷中走向成熟·德国

第一节　1945—1969 年：经济奇迹 / 74

第二节　1970—1979 年：牛市来临 / 81

第三节　1980—1989 年：低迷与复苏 / 88

第四节　1990—1994 年：新热潮 / 93

第五节　1995—2000 年：回归冷静 / 100

第六节　2008 年至今：后金融危机时代 / 106

第三章　南半球的王者之路·澳大利亚

第一节　1945 年之前：吹响城市文明的号角 / 116

第二节　1945—1970 年：黄金时代 / 123

第三节　1971—1990 年：商业地产的春天 / 131

第四节　1991—2000 年：新热潮 / 137

第五节　2011—2015 年：2008 年国际金融危机后的新变化 / 144

第六节　2016 年至今："滑铁卢"后何去何从 / 152

第四章　绽放与幻灭·日本

第一节　1960 年之前：荒芜中的新生 / 162

第二节　1960—1975 年：繁荣初现 / 170

第三节　1976—1990 年：阳光下的泡沫 / 178

第四节　1991—2000 年：梦醒时刻 / 185

第五节　2001—2010 年：在黑暗中前行 / 191

第六节　2011 年至今：新的希望 / 199

第五章　开辟新的天地·新加坡

第一节　1965 年之前：历史车轮的推手 / 206

第二节　1965—1975 年：突破重围 / 209

第三节　1976—1985 年：美好生活之花 / 217

第四节　1986—2000 年：扩大开放中的危与机 / 225

第五节　2001—2010 年：新千年的变与不变 / 231

第六节　2011年至今：楼市的轮回／239

第六章　峥嵘岁月·中国

第一节　1998年之前：变革的前奏／248

第二节　1998—2002年：解除历史的枷锁／256

第三节　2003—2008年：风起云涌的岁月／265

第四节　2009—2013年：潮起与潮落／275

第五节　2014—2017年：繁荣再次来袭／282

第六节　2018年至今：新的起点／289

第一章
楼市的百年沉浮·美国

第一节 1800—1860 年：农业时代——最后的田园牧歌

今日的美国，拥有世界一流的科技、军事实力和工业制造能力，其 GDP 雄踞世界第一已经有 120 多年了。如果说上述结论都太过抽象，那么当外国游客乘船游览纽约的哈德逊河时，除了对河岸左侧的自由女神像啧啧称奇，大多也会为右岸曼哈顿高楼林立的城市天际线所震撼，这就是对美国国家财富最直观的感受。

作为美国最大、最发达的城市，纽约的房地产价格无不显示着居住在街头巷尾的市民的财富实力。2018 年，纽约曼哈顿的住宅平均价格高达每平方英尺 1773 美元（约折合每平方米 13 万元人民币），其中最奢华的房产价格甚至可以达到每平方英尺 10 000 美元（约折合每平方米 73 万元人民币），寸土寸金的房地产价格反映出纽约被称为"世界的中心""世界的十字路口"名副其实。

不过"罗马并非一日建成"，哈德逊河两岸摩天大楼一栋栋拔地而起、房地产价格步步攀升的背后，与这个国家的产业变迁息息相关。由曼哈顿岛北上，旧纽约港、华尔街、百老汇、中央铁路、谷歌公司总部等坐落其中，这些时代印记鲜明的地标性建筑勾勒出了从殖民贸易到工业革命再到互联网浪潮的产业发展路径。它们塑造了整座城市的灵魂，更成为美国房地产发展历史的注脚。

然而 200 多年前，美国国父之一——托马斯·杰斐逊⊖却完全没能预想到今天美国城市车水马龙的生活图景。在《独立宣言》发表后的半个世纪内，美国

⊖ 托马斯·杰斐逊（Thomas Jefferson，1743 年 4 月 13 日—1826 年 7 月 4 日），美国第三任总统（1801—1809 年），同时也是美国《独立宣言》的主要起草人，美国开国元勋之一。

第一章
楼市的百年沉浮·美国

的城镇化率一直低于10%，90%以上的美国人生活在乡村。农田和牧场才是当时美国人工作与生活的主要场景，农业是当时美国经济的支柱。在这种情况下，作为美国农民的政治代言人，托马斯·杰斐逊宣扬拥有土地的美国自耕农是世界上最平等、道德最高尚的人群，是"上帝的选民"（Chosen People of God）。他所构想的未来美国是田园牧歌式的，美国在世界贸易中的位置将以出口农产品为主。在托马斯·杰斐逊的思想中，制造业工厂只能造成贫穷和阶级不平等，因此他曾说："就让那些工厂留在欧洲吧"。

美国建国后，也的确按照托马斯·杰斐逊的田园牧歌式蓝图运转了七八十年。在南北战争前，除了纽约、波士顿等个别贸易型城市凭借着先天优良的地理条件有所发展以外，地广人稀的美国内陆仅散布着农田与农庄，城市的踪迹难以寻觅。因此，这一时期美国房地产的侧重点在乡村，核心是农业土地的交易，与今日我们所熟知的房地产的含义大不相同。1800—1860年公共土地销售情况与农产品价格走势见图1-1-1。

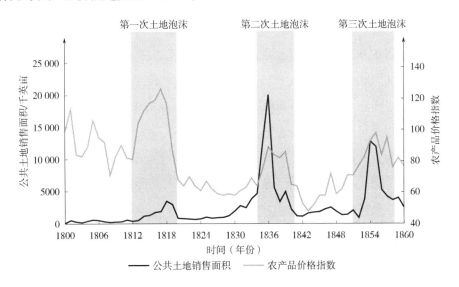

图1-1-1　1800—1860年公共土地销售情况与农产品价格走势

资料来源：国海证券研究所。

注：农产品价格指数以1910—1914年为基期（100）；1英亩≈4047平方米。

一、第一次土地泡沫：拿破仑掀起的飓风

人们常用"巴西的一只蝴蝶扇动几下翅膀，或许会在得克萨斯引发一场飓风"来形象地描述"蝴蝶效应"。而当法国军事天才拿破仑指挥军队驰骋于欧洲战场的时候，应该不会想到，他会成为"一只扇动翅膀的蝴蝶"，在大洋彼岸的美国土地市场掀起一场飓风。

1803年，年轻的拿破仑正作为一颗政治新星在欧洲大陆冉冉升起。在他麾下，法国大革命的成果继续发扬光大，短短数年间法国的封建地主和贵族阶级被一扫而光，整个欧洲旧贵族为之震动。因为害怕法国革命继续向欧洲大陆传播，从俄罗斯到奥地利，封建国家联起手来，企图扼杀法国的资产阶级统治，恢复旧制度。作为法国的宿敌，英国也抓住机会与法国处处针锋相对，数次挑起海上争端。

眼见一场大战不可避免，拿破仑决定广泛地寻找政治盟友，拉近与大洋彼岸的新兴国家——美国的关系。他拍板以极低的价格向美国出售了路易斯安那殖民地超过200万平方千米的土地，这一行动史称"路易斯安那购地案"。购地后，美国与法国的关系大为改善，并成为法国在北美抗衡英国的得力助手。法国自身也通过出售土地获得了8000万法郎（约折合9300万元人民币），为接下来的战争筹措了军费。在当时看来，双方皆大欢喜。

对美国而言，接纳了路易斯安那后的美国国土面积增加了近一倍，密西西比河西岸大量肥沃的无主土地经政府测量后，进入公开市场出售，为数年后土地市场的第一次繁荣和泡沫埋下了伏笔。

随着拿破仑在欧洲大陆上接连不断地取得胜利，封建国家的国王们一次又一次地组建反法同盟，欧洲大陆战事的波及范围越来越大。大量农夫被征为士兵，欧洲的农业生产遭到严重破坏，国际粮食价格开始飙涨。在1813—1814年的第六次反法同盟对法作战中，欧洲大陆上数以百万计的士兵在战场上厮杀，战事达到高潮，国际粮价也攀上顶峰，较战前上涨了约40%。与此同时，美国

为了支援法国选择向英国开战，尽管美英双方冲突规模并不大，但战事依然起到了进一步刺激美国粮价的作用。

在高涨的粮食价格面前，美国农民都跃跃欲试，准备购买新的土地，扩大生产以赚取更多的利润，只是很多人苦于手中没有现金来购买土地。这时，美国初具雏形的金融系统为土地市场的繁荣添了一把火。其中最重要的角色莫过于第二合众国银行，这是一家公私合营的银行，除了负责经营国库，具有一部分中央银行的职能，还负责发放商业贷款。政府考虑到农民的呼声，同时为了鼓励民众开发尚且荒芜的中西部，决定联合第二合众国银行向购买土地的农民提供贷款。土地购买者可以仅用1/4的首付购买土地，并在4年内还清贷款，这无疑降低了土地购买和投机的门槛。

允许贷款买地的政策出台后，美国农民参与土地市场的热情被完全点燃了。1815—1818年的短短3年内，以第二合众国银行为首的美国金融系统向农民提供的土地贷款由300万美元上升至1700万美元，这一数额甚至超过了美国政府当年从法国手中购买路易斯安那的花费。活跃的土地市场和不断上涨的土地价格引来了投机者，从政府手中购得土地后，转手卖给他人就能获利的事情屡见不鲜。最终，在美国农民和投机者的共同发力下，1818年美国政府售出的土地面积较1813年上涨了6倍。

颇具戏剧性的是，在大洋彼岸的拿破仑一手扇起了美国土地市场的飓风，也正是拿破仑的失败给这个市场带来一片狼藉。1815年，拿破仑兵败滑铁卢，失去了他最后的机会，被流放到地中海的小岛上郁郁而终。欧洲大陆的战事也因为拿破仑的失败而偃旗息鼓，当地农业生产逐渐恢复，国际粮食价格几近腰斩。许多刚刚贷款购买土地的美国农民发现，由于粮食价格变得过低，即使他们出售所有的收成也难以偿还贷款，最后只能选择破产。土地市场的震荡最终引发了美国这个农业国家全面的经济危机，19世纪10年代第一次土地市场的繁荣和泡沫就此消亡。

二、第二次土地泡沫：运河故事

在土地市场的第一次喧嚣沉寂 20 年之后，繁荣再次悄然来临。这一次引起泡沫的主因不再是战争，而是 19 世纪 30 年代美国如火如荼的运河建设。

说起美国的运河建设，就不得不提大名鼎鼎的伊利运河。这条 1825 年全线贯通的运河，全长 584 千米，将哈德逊河和美国最重要的农业产区——五大湖流域连接起来。伊利运河完工后，五大湖流域出产的农产品经水路从纽约出口至海外，路途中的运输成本较陆路削减 90% 以上。伊利运河带来的价格优势奠定了纽约金融中心和航运中心的地位，并极大地刺激了运河沿线和五大湖流域农业区的发展，为全美带来了示范效应。因此，从 19 世纪 30 年代开始，全美各地方政府纷纷上马运河项目，企图借运河刺激当地的发展。

当时的伊利诺伊州政府就是受运河热情感染的地方政府之一。1835 年，该州政府计划挖掘芝加哥运河，从而连通密西西比河和密歇根湖。若该运河能够成功开通，伊利诺伊州中西部的农产品就不必再绕远路沿着密西西比河向南出海，而是可以进入五大湖并通过伊利运河出口，极大地节约了运输费用。消息一经公布后，立刻吸引了一大批投机客涌入芝加哥购买运河沿线的土地，导致芝加哥的城镇人口从 1833 年的 300 人增至 1837 年的 4100 人，这里的土地的名声甚至在纽约也非常响亮。对当年的芝加哥投机热有这样的描述：

"我们到达之时（1836 年），我几乎从没见过有哪个地方比芝加哥还忙。街上到处都是土地投机者，这儿那儿地跑来跑去谈生意。一个穿着红色衣服的黑人，拿着红色旗帜，骑着白马宣布交易时间开始。只要他在大街的任何一个角落停下，人们便涌上前围住他，似乎是一种流行的狂热影响了所有人。这些绅士在街上走着，店主们便会拿着出卖农场或者土地的牌子跟他打招呼，奉劝他赶紧在土地价值还没有上升前将其买下。"

除了各地兴建运河的计划活跃了土地市场外，同一时间，美国混乱的金融体系也给土地市场泡沫火上浇油。1836 年，曾在第一次土地泡沫中表现活跃的第二合众国银行的20年特许经营权即将到期，然而时任美国总统安德鲁·杰克逊⊖却极力反对这家银行的公私合营模式，认为其损害了其他银行的利益，并最终拒绝了第二合众国银行继续经营的要求。第二合众国银行关闭后，国库存款被转移至其他州银行。然而此时，美国的州银行系统严重缺乏必要的监管，获得财政存款后，各州银行肆意发放贷款和银行券，造成了经济体系内的货币超发。

恰逢19世纪30年代中期美国在与墨西哥和清政府的贸易中取得了突破性进展，大量通货通过贸易流入美国，进一步造成了货币的泛滥，资本市场极度活跃。这时，受运河建设的消息提振且空间巨大的土地市场就成为"热钱"的最好去处。在多重因素作用下，1836年成为美国历史上第二轮土地投机的顶峰，不包括私人交易，当年仅美国政府就卖出了8万多平方千米的土地。

为遏制土地市场投机，安德鲁·杰克逊政府于1836年通过了《铸币流通令》（Specie Circular），要求只能用金银通货购买政府土地。一时间，美国民众兑换硬币的需求大增，州银行储备急剧下降，信贷紧缩，土地市场开始冷却。屋漏偏逢连夜雨，1840年前后，英国农作物歉收，农产品进口导致该国贸易逆差加大。为了防止黄金流出，英格兰银行提高了存款利率并吸引海外资金回流。作为美国最大的外来资本，英国资本的回流进一步加剧了美国银行业的资金困境。最终，这场银行业危机于1840—1842年集中爆发，因通货储备入不敷出，业内接近1/3的银行被迫倒闭，成为美国第二次土地市场泡沫和衰退的牺牲者。

三、第三次土地泡沫：向西部前进

与拿破仑这样鼎鼎大名的人物不同，美国土地市场的第三次泡沫是由一个寂寂无闻的小人物开启的。这个人叫詹姆斯·马歇尔，他出生在美国东部的一个农场，是家里众多孩子中的一个。成年后脱离父母的他，为了讨生活加入了

⊖ 安德鲁·杰克逊（Andrew Jackson，1767年3月15日—1845年6月8日），美国第七任总统（1829—1837年），首任佛罗里达州州长，新奥尔良之役战争英雄，民主党创建者之一。

前往中西部的移民大军，搬到密苏里州经营一个小农场。然而不幸的是，当时的密苏里州疟疾流行，他也因此染病。为了治病，詹姆斯·马歇尔听从医生的建议，再次离家去西部寻找新的机会。

在詹姆斯·马歇尔动身前往西部的时候，正值美墨战争期间。他先服役于美国军队，在加利福尼亚州跟随当地将领征讨墨西哥人和当地印第安人。很快美墨战争接近尾声，詹姆斯·马歇尔也结束了他短暂的军旅生涯，并在加利福尼亚州东部山区一个叫科洛马的镇区旁安定下来，经营一家伐木场。然而，就当詹姆斯·马歇尔的中年生活即将走上正轨的时候，一个意外的发现改变了他的人生轨迹，也掀起了美国一段波澜壮阔的历史。

一天早晨，他在照常检查伐木场的水渠时，突然在渠底发现了亮晶晶的金属碎片，对矿物有一定认知的他初步推断这极有可能是黄金。他异常兴奋地带着这些碎片跑回伐木场营地，并对他的工友宣称："我发现了这个，这是黄金！"一阵躁动之后，他和工友们经过一些化学检验，证实了这些碎片就是黄金，而且纯度非常高。

几天后，詹姆斯·马歇尔到附近的农工小镇将他的发现分享给了当地人，很快加利福尼亚州发现黄金的消息一传十、十传百，传遍了美洲大陆。讽刺的是，发现黄金的詹姆斯·马歇尔本人并没因黄金而致富。等他从小镇回到伐木场时，他的工友们都已经抛下了木锯，拿起矿镐和铲子跑去淘金了，伐木场因此难以为继。没过几天，一群淘金者霸占了他的营地，并将他从伐木场赶了出来。就这样，詹姆斯·马歇尔再次过上了居无定所的生活。

对财富异常渴望的美国年轻人纷纷拿起包裹，动身前往加利福尼亚州淘金。这片美国刚刚在战争中赢得的土地，在短短数年的时间内就迎接了 30 万前来寻找发财机会的移民。加利福尼亚州的淘金热，不但极大地促进了美国东西海岸的人员、物资交流，更加快了西部的开发进度。在整个 20 世纪 50 年代加利福尼亚州淘金热期间，共有 75 万磅（1 磅≈0.45 千克）黄金被开采出来，价值接近 2 亿美元的贵金属进入美国的经济体系内部流通，也为西部土地的投机提供了资金来源。

在对财富的追求和对西部的幻想中,美国的农业土地市场迎来了第三轮繁荣。随着越来越多的移民进入西部,当地的农产品供应形势紧张了起来,食品价格步步攀升,反而支撑了西部农业的蓬勃发展。那些因淘金富裕起来且目光长远的人纷纷购买农田作为长久的安身立命之所。同时也有不少投机者和掮客穿梭在土地市场中,向刚从东部移民而来的人们贩卖从地中掘出黄金的梦想。

不过,随着1857年后加利福尼亚州黄金产量明显下降,黄金开采支撑的经济繁荣开始消退,美国农业土地的繁荣第三次沉寂了下去。这是美国农业土地市场最后一次大放异彩,因为此时的中东部由铁路带来的城市建设已经悄然拉开了序幕。

作为经济的大动脉,铁路连接着乡村和东部沿海港口,因其廉价且运力庞大,很快就成为商品运输的主要通道。在内陆的交通枢纽,一个个诸如辛辛那提、圣路易斯这样的铁路重镇正在孕育,就如同我国石家庄、郑州这样号称"铁路拉来的城市"。大型纺织厂、食品加工厂也代替了农庄磨坊、作坊,围绕着铁路城市驻扎下来。在南北战争前夕,美国的城镇化已经开始起步,而城市房地产也将取代农田土地成为资本市场新的焦点。

第二节　1861—1873年：铁路时代——纵横交错的网络

1860年11月，第十六任美国总统的竞选结果揭晓，一位身材高大但长相普通的律师从成立仅仅6年的共和党中脱颖而出，击败来自民主党等其他党派的众多竞争对手，成为新一届美国总统。他就是亚伯拉罕·林肯㊀——至今仍被美国人称为历史上最伟大的总统。今天，亚伯拉罕·林肯总统的雕像依然静静地伫立在华盛顿特区国家广场西侧的纪念堂内。他正襟危坐，眼神坚毅而又冷静地直视着前方。

然而在160年前，亚伯拉罕·林肯刚刚就任美国总统的时候，恐怕并没有后世雕像中描述得那样沉重冷静、成竹在胸，因为一场史无前例的国家危机正由他引起。在他胜选后的数天时间内，美国大选结果传遍了南方各蓄奴州，那里的庄园主愤怒了，因为他们不能容忍一个公开反对蓄奴的人入主白宫、执掌大权。在他们看来，亚伯拉罕·林肯当选总统并力推奴隶制度不能进入新开拓地区的法规，严重阻碍了庄园主在新的土地上经营事业，这是对人民自主权力的一种挑战和污蔑。很快，南方的"大人物"们便会集于庄园别墅的大厅，声讨亚伯拉罕·林肯的政策，并谋划脱离联邦。

对亚伯拉罕·林肯本人来说，他并非一个激进的废奴主义者。他认为，如果他可以和他的岳父和平相处，为何对奴隶制度观点相异的南北双方就不能继续共存呢？为了缓和南方人的愤怒情绪，他在就职演说中保证南方奴隶制度可

㊀ 亚伯拉罕·林肯（Abraham Lincoln，1809年2月12日—1865年4月15日），第十六任美国总统，1861年3月就任，1865年4月遇刺身亡。他曾领导美国经历其历史上最为惨烈的战争和最为严重的道德、宪政和政治危机——南北战争。

第一章
楼市的百年沉浮·美国

以继续存在,并颁布了一系列对南方有利的法案。然而,汹涌的民意已经自南方滚滚而来,非他所能阻挡。1861年4月12日,就在亚伯拉罕·林肯正式上任的一个月之后,美国内战正式爆发。

枪声回响在美洲大陆,意味着美国南北双方的裂痕已经无法弥补。南北战争看似因奴隶制而起,但实际上是美国社会对于重点发展工业还是发展大种植园农业的两种不同意见、两种国策的对抗。是否保存奴隶制,只不过是工业党和农业党广泛对抗中的一个爆发点。对于北方来说,废除奴隶制后,北方工厂主会获得更多的劳动力用于工业化;而对于南方来说,奴隶是种植园必不可少的人力资源。

除了对奴隶这种人力资源的争夺,南北双方的矛盾还广泛存在于关税等其他议题中。例如,北方希望通过高关税来保护民族工业;南方却希望无关税,以降低从英国进口工业品的成本。在南北战争中,已经与南方公开决裂的联邦政府不再走妥协的中间路线,而是在政策上全面倒向北方。亚伯拉罕·林肯总统除了宣布全面废除奴隶制,还将总体关税税率提升至50%以上,以保护北方的工业体系。

在经历了4年残酷的战争,南北双方上百万士兵牺牲、伤残之后,北方和联邦政府获得了最终的胜利。借由战争,南方大种植园主的势力被一扫而空,扶植工业最终成为美国的国策。托马斯·杰斐逊所描绘的田园牧歌式的日子一去不复返,铁路上火车所发出的轰鸣声打破了乡间的宁静。

一、突破交通的痛点

在南北战争以北方的全面胜利告终之后,北方的资本家、工厂主全面把持了政府和议会,扶植工业成为美国政府与主流社会的共识。然而,19世纪60年代美国的工业建设才刚刚起步,其工业体系远非全面和均衡,少数的轻工业工厂多聚集于东北部的新英格兰地区——这里距纽约、波士顿等沿海港口较近,交通发达且容易获得欧洲的技术和资本。接下来,如何更好地从美国内陆地区获取廉价原材料、扩大生产规模和销售市场，成为这些资本家最关心的事情。

在当时，美国的道路交通建设十分落后，小麦、棉花等农产品的运输成本异常高昂，以至于美国南部、中西部地区走陆路运输农产品到东北部的成本甚至高于英国人从殖民地海运到不列颠岛的成本，这就使得美国工厂生产出来的商品在成本和价格上处于下风。尽管19世纪30年代以来各地兴建运河、连通水道，解决了部分地区的交通难题，但运河建设依然严重依赖自然地理环境，远离航运河流的内陆地区依然十分闭塞。

这时，一个新的公共交通利器出现了，它就是铁路。铁路运力庞大、成本低廉且远没有像运河那样受地理限制，成为解决美国内陆交通问题的最好方案。尽管如此，美国在铁路建设方面并不算领先。早在19世纪三四十年代，大洋彼岸的英国就已经开始了大规模的铁路建设。当时的美国铁冶金工业的产能捉襟见肘，根本无力负担长距离的铁路建设，所以美国的铁路建设浪潮迟迟没有到来。除较为发达的新英格兰地区和五大湖地区形成了一定密度的铁路网，其他地区零星建成的短距离铁路根本成不了气候，甚至各地的轨距标准都不统一，货物转运十分困难。

直到南北战争结束之后，全国性的铁路建设终于提上了日程，特别是连接南方和北方的铁路主干线，因为具有政治和经济的双重意义，得到了政府和资本家的重点支持。对于政府来说，铁路加强了南北双方的经济联系，对修复内战后的同胞隔阂、促进战区经济复苏具有积极作用；对于北方资本家来说，有了铁路后，农产品北运、工业品南运的成本大幅下降，北方就有了广阔的原材料供给市场和工业品销售市场，正所谓"工业起步，交通先行"，扩大工厂产能指日可待。

确如预计的那样，铁路网络建成之后，南北双方的经济联系极大地加强了。例如，在南北战争爆发之前，美国南部出产的棉花多出口英国，农具也多进口自英国。美国南部虽然从政治上看似是美利坚合众国的一部分，但在经济地位上类似于英国的殖民地。直到铁路降低了运输成本，北方商人才能以更优惠的价格收购南方棉花、出售农具,并最终将英国排挤出了南方市场。此后,英国商人只能去更遥远的印度寻找棉花供应的新来源,而美国的北方资本家则牢牢控制住了本国市场。

由铁路带来的广大国内市场,对发展本土工业来说是至关重要的。事实上,伴随着19世纪60年代铁路建设热潮而来的正是美国制造业规模的突飞猛进。1865—1870年的短短数年间,美国新建了约2.8万千米的铁路,建成的铁路总里程增加了50%,制造业产值更是大幅增长。

工厂的产能越大,其对劳动力的需求也就越大。工厂开出的高工资吸引了越来越多的年轻农民前去打工,并在城镇安家落户。城镇街道旁的两间小木屋逐渐替代了田间农庄,成为美国人对住宅和房子的第一印象。此时,美国的城镇化开始加速。因为产业工人带来的房产需求,那些北方工业城市在南北战争结束后的数年间内,无一不迎来房价的翻倍上涨,一个由铁路推动的房地产牛市形成了。1860—1875年美国名义房价指数见图1-2-1。

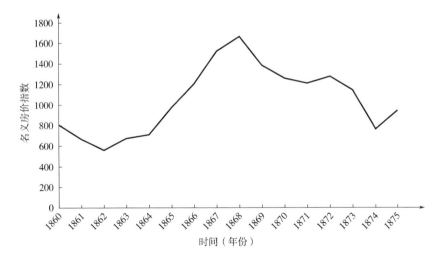

图1-2-1　1860—1875年美国名义房价指数

资料来源:国海证券研究所。

二、针线上的纽扣

除了加强南北方向的铁路密度，美国政府同样重视将铁路的触角伸向广袤而又人迹罕至的西部地区。在19世纪60年代，除了因淘金热而稍有人气的加利福尼亚州、俄勒冈州，广大的西部地区因为达不到5万常住人口的法律要求，连州一级的行政机构都无法组建，只能由联邦政府代管。因此，借由铁路促进西部的移民流入和经济发展，成为摆在当时美国政府面前的头号议题。而前后数届政府为解决此问题所做的努力，最终凝结成了第一条横贯美国东西部的铁路——太平洋铁路。这条长达3000千米的铁路书写着美国社会在西进运动中的决心。为了筹集修建铁路的资金，美国政府不但在沉重的战争负担基础上继续发行铁路国债，而且免费赠送给铁路公司6300万英亩⊖的沿线土地以支持其融资。

筹集足够的资金仅仅是铁路建设的第一步，西部戈壁的干燥荒凉、内华达山脉的悬崖峭壁却是难以完成的挑战。但当时的美国人并不在意这些，他们讨论的是太平洋铁路所带来的商机，这一点在美国中部小城奥马哈尤其明显。今天，奥马哈作为投资大师巴菲特的诞生地而为世人所知，但在太平洋铁路建成之前，它只不过是密西西比河畔的一个人口不过2000人的无名小镇。直到美国政府选定这个小镇作为太平洋铁路的东段起点，奥马哈一跃成为美国铁路网络的中心。

太平洋铁路建成后，奥马哈每天都会迎来大量携家带口的移民。其中既有怀揣发财梦想、从东部而来的美国人，也有因躲避饥荒或战争、远渡重洋而来的欧洲人。他们会在此地登上前往西部的火车，踏上前途未卜的旅程。与此同时，到达的火车也会卸下从西部牧场送来的牛羊。这些牛羊在这里被商人选购，再登上前往东方的轮船或火车。不久之后，奥马哈就发展成为全美仅次于芝加哥的第二大牲畜交易市场。

无论是旅客服务、牲畜交易，还是加工农产品，太平洋铁路都为奥马哈带

⊖ 1英亩≈4047平方米。

来了无尽商机,更吸引了大量人口流入。铁路开通1年后,奥马哈的常住人口就暴涨至1.6万人。当地房地产市场更是极度活跃,不大的城区中随处可见建筑工地和杂乱堆放的木材。

奥马哈的房地产市场正是这个时代上百个因铁路而兴旺的小城镇的缩影。只要有铁路经过的地方,就能聚集生意和人气,它们就如同北美大陆上由针线穿织起的闪闪发亮的纽扣。这些铁路城镇房地产价格的多年上涨,也让房地产商相信经营铁路沿线的产业是包赚不赔的买卖,甚至只要有铁路建造的计划,原本无人问津的土地也能招来商人抢购。在太平洋铁路建成通车的那一年,它所造成的巨大的示范效应,让美国的房地产市场进入巅峰。

三、烈火后的苍凉

铁路时代,若要论美国哪些城市受铁路的影响更大,芝加哥相比于奥马哈更加引人注目。1848年,芝加哥运河在跨踏了10余年之后终于完工,同年芝加哥第一条铁路开始修建。此后,当地的铁路建设和城市发展双双进入快车道。到了19世纪70年代初期,芝加哥俨然成为美国中西部的铁路交通中心,有近20条铁路以这里为起点,向中西部的各个方向扩散。铁路交通的兴盛推动了仅有33年建市历史的芝加哥晋升为美国第五大城市,人口膨胀至30万人,当地的房地产市场迎来蓬勃发展。

然而,一场悲剧打断了芝加哥的发展节奏。1871年10月8日是一个普通的星期日,这天,芝加哥的居民都在享受着周末的休憩时光。除了3个月内芝加哥没下一滴雨,天气干燥得有些令人恼火以外,一切都看似正常。晚上9点钟,当很多人都进入梦乡的时候,城中心一家名叫O'Leary的粮仓里饲养的一头奶牛踢翻了一只灯笼,灯笼引燃了粮仓里堆放的干草,整个粮仓陷入火海。很快,在强劲的西南风的作用下,火势由城市中心蔓延开来。大火最终燃烧了两天三夜,席卷了整个城市的东北部,并一直延伸到密歇根湖畔,甚至连160多千米外的湖对岸都能感受到芝加哥大火的热浪。大火过后,芝加哥市区1/3的建筑沦为废墟，300人因此丧命，近10万人无家可归。

芝加哥大火看似由一头不安分的奶牛引起，但火灾的破坏如此巨大，实际上与当时芝加哥城区的野蛮发展、芝加哥的经济结构和房屋建筑特色密不可分。19世纪60年代，受铁路经济的利好影响，芝加哥的人口和城区规模扩张过快，粗放式的发展不但导致城市规划杂乱无章，甚至连基础的消防设施建设也没有跟上。30万城市居民中仅有185位消防员，即使没有芝加哥大火，这些消防员也已经疲于奔命，难以应付各处的火情了。与此同时，芝加哥作为中西部地区的交通枢纽，一直是美国最大的粮食、牲畜、木材交易中心，大量堆放易燃品的仓库聚集于城市中心，成为大火的最好"帮凶"。另外，在当时的芝加哥乃至整个美国，绝大部分房屋流行以木材作建筑原料，城市内全部的人行道及大部分的道路同样皆以木材制成，更助推了火势的蔓延。

不过，芝加哥大火虽然是一场惨绝人寰的悲剧，却成为当地房地产商发财的又一契机。很多城区居民因火灾家破人亡，不得不搬至其他未受灾的城区，加剧了租金和房价的上涨。另外，由于多年的人口增长，芝加哥城市中心早已拥挤不堪。这一场大火正好摧毁了城区低矮的木屋，让建筑升级换代成为可能。为了抓住这个机会，芝加哥的房地产商开始大肆收购城区土地，着手建造更高、容积更大的砖结构大楼。在这些房地产商的推动下，芝加哥房地产市场也"燃烧"了起来。

芝加哥房地产市场的这场"大火"燃烧了1年多的时间，直到1873年《铸币法案》推出。该法案废除了白银的通货地位，将美国的货币制度由金银复本位转向金本位，并直接导致了金融体系通货储备和流通性的骤然紧张。就如同芝加哥大火最终被一场倾盆大雨浇灭那样，《铸币法案》也引来了一场"大雨"，不但浇灭了美国持续多年的铁路投资热情，更浇灭了芝加哥房地产市场的"大火"。从1874年起，由铁路危机引发的经济危机，伴随着房地产市场的萎靡不振，一直持续到了1878年。期间美国房价不断走低，连芝加哥这样交通发达、产业健康的地区也无例外。

第一章
楼市的百年沉浮·美国

第三节　1874—1890 年：钢铁时代——煤与火的战歌

1874 年开始的铁路危机无疑给致力于经营铁路事业的美国企业家一记当头棒喝。随着美国经济陷入泥潭，物资运输活动的萧条让诸多铁路公司入不敷出，各地倒闭的铁路公司比比皆是。1877 年，铁路行业的传奇人物科尼利厄斯·范德比尔特[一]在忧虑中去世。几个月后，由于职工不满铁路公司多次削减工资，一场铁路大罢工席卷了从纽约到芝加哥的多个铁路重镇，10 万铁路工人走上街头，上百人在警民冲突中丧生。美国的铁路行业至此迎来了至暗时刻。

在经济的寒冬中，美国企业家苦苦思寻着投资的突破口。这时，钢铁冶炼业作为一个新兴行业进入了他们的视野。19 世纪五六十年代，钢铁冶炼的两种主要方法——转炉炼钢法和平炉炼钢法已经先后于英国出现，随后钢铁显现出巨大的使用价值，并被广泛应用到军事、建筑、机械等领域。然而由于技术落后、产能不足，1870 年，美国的钢铁产量仅有英国本土的 1/5，远远不能满足本国的消费需求。但也正是因为供不应求，美国的钢铁行业利润丰厚、前景广阔，成为继铁路行业之后美国企业家关注的下一个焦点。

在美国企业家前后 10 余年的努力下，19 世纪 70 年代中后期至整个 80 年代，美国的钢铁行业取得了跨越式的发展。期间，美国的钢铁产量增长了 20 倍，最终反超英国，成为世界钢铁生产第一大国。钢铁行业的繁荣，一方面改变了美国区域经济的格局，并最终反映于当地的房地产活动；另一方面也深刻

[一] 科尼利厄斯·范德比尔特（Cornelius Vanderbilt，1794 年 5 月 27 日—1877 年 1 月 4 日），外号"海军准将"，是一位依靠航运和铁路致富的美国工业家、慈善家。他是范德比尔特家族的创始人，以及历史上最富裕的美国人之一。他捐资创办了以他为名的范德比尔特大学。

影响了美国的城市建筑风貌,因为钢铁得以在建筑中的广泛应用,一种新的景观开始在城市建筑中出现。

一、钢铁大王与钢铁之城

在铁路逐渐褪色、钢铁掀起的浪潮已经袭来的时刻,一批美国商人在风云变幻之际抓住了历史的机遇,一跃成名。其中的代表人物莫过于被后世誉为"钢铁大王"的安德鲁·卡内基。

安德鲁·卡内基的发迹是对"白手起家"一词完美的诠释。12岁时,他随父母从苏格兰逃难至美国。为了补贴家用,他去纺织厂当了童工,拿每周1.2美元的薪水养活自己。在当时的美国,工人毫无劳动权益所言,童工现象更是普遍。然而与其他工人不同的是,安德鲁·卡内基在劳动的间隙养成了阅读的习惯,这为他后来缔造钢铁帝国奠定了基础。

南北战争时期,已经成年的安德鲁·卡内基积极投身于当时如火如荼的铁路事业。他所设计的新型火车车厢大受铁路公司欢迎,为他赚取了第一桶金。然而,他当时已经意识到,铁路行业虽日进斗金,但已现颓势,而新生的钢铁行业才是能够施展抱负的广阔天地。因此,1865年,安德鲁·卡内基从铁路公司辞职,转而成立了凯斯通桥梁工程公司(Keystone Bridge Works),专门为铁路、桥梁行业生产钢铁建材。安德鲁·卡内基全身心地投入钢铁事业,成为美国钢铁行业的先驱之一。

安德鲁·卡内基不仅拥有发掘行业机会的慧眼,还有抢先应用新型设备的魄力。在公司成立之初,转炉炼钢技术已经在欧洲声名鹊起,他率先在美国引入该种设备,成为美国工业化炼钢的"吃螃蟹者"。而当平炉炼钢技术被证明效率更高的时候,他又果断花费数百万美元新建平炉炼钢工厂,淘汰仍可使用的转炉设备。安德鲁·卡内基淘汰旧设备、应用新技术的速度,不但在美国遥遥领先,更是超过了实力雄厚、拥有数十年经营历史的英国同行。这使得他旗下钢铁公司的产品在业内成本最低,一直在竞争中立于不败之地。到19世纪

第一章
楼市的百年沉浮·美国

80年代末,通过数次收并购,安德鲁·卡内基领导的公司成为世界最大的生铁、钢轨、焦炭生产企业——卡内基钢铁公司。公司总部所在地——匹兹堡,则当之无愧地成为"钢铁之城"。随着技术工人的不断涌入,19世纪80年代匹兹堡的房地产业在全美可谓独树一帜。不管是老城区还是新城区,房价在几年间便实现了成倍增长。

围绕着阿巴拉契亚煤田[一],利润丰厚的钢铁公司和煤炭公司群雄并起,培养了一大批收入丰厚的产业工人,并推动一条长达上千千米的钢铁城市带的形成。除了匹兹堡,亚拉巴马州伯明翰、田纳西州诺克斯维尔等十几个大小城市也因钢铁产业而闻名。煤与火的战歌响彻阿巴拉契亚山麓,成为19世纪80年代钢铁城市房地产市场红火的序曲。

二、钢铁天际线

1883年,在芝加哥的市中心,一栋独特的建筑拔地而起,迅速成为芝加哥市民热议的话题。这栋建筑之所以独特,是因为它在全美范围内首次采用了钢结构作为主体。在钢铁强韧的支撑下,该建筑足足有10层,高达42米,在周围的建筑中显得鹤立鸡群。这栋建筑就是美国的第一栋摩天大楼——家庭保险大楼。

家庭保险大楼的建成吸引了无数建筑商和富豪的目光,它在当时可谓完美切中了这类人群经济和文化两方面的需求,从而彻底点燃了美国人建造摩天大楼的热情。自南北战争以来,美国的工业化和城镇化已经进行了30年之久,诸如纽约、芝加哥等主要城市的人口增长已过百万,城市中心早已拥挤不堪。因此,如何将城中建筑向上扩展,更好地利用有限的土地,一直是让建筑商头疼的问题。19世纪80年代,随着美国钢铁产量的跨越式增长,钢铁价格大幅下

[一] 阿巴拉契亚煤田,是世界产量最大的煤田。位于美国东部阿巴拉契亚高地,分布在美国东部的9个州(西弗吉尼亚州、宾夕法尼亚州、肯塔基州、俄亥俄州、亚拉巴马州、弗吉尼亚州、田纳西州、马里兰州、佐治亚州)。成北东—南西向延伸,长1200~1250千米,宽50~300千米,厚500~900米,含煤面积约18万平方千米。

降，建造钢结构大楼成为解决这一问题的可行方案。正是在美国钢铁工业实力强劲的前提下，第一栋摩天大楼应运而生。

另外，在马克·吐温所描绘的这个"镀金时代"，美国富豪阶层的奢靡之风盛行，而又有什么能比得上建造一栋摩天大楼更能展现大楼主人的雄厚财力呢？因此，在家庭保险大楼建成后的短短数年间，受摩天大楼吸引的超级富豪和大公司纷纷进入建造大厦的赛道——仅芝加哥就有12栋摩天大楼拔地而起。

鳞次栉比的高楼令人惊奇，站在最高的观景台上俯瞰芝加哥全貌，已经成为当时的游客首选项目。每个新落成的大厦都在追求"一山更比一山高"，纷纷争当芝加哥乃至全美的第一天际线。到了1892年，芝加哥第一大楼的高度就已经比家庭保险大楼的高度提升了一倍，摘取这一桂冠的是由共济会出资建造的"共济会会所"（Masonic Temple），该大楼共有19层，高92米。

此时，大都会纽约已然接过了芝加哥的交接棒，成为摩天大楼建设浪潮中的先锋。1890年，全美第一高楼的荣誉被纽约世界大厦（World Building）摘得。然而，94米高的世界大厦，也不过是接下来半个世纪美国摩天大楼浪潮的开幕式而已。有越来越多钢筋混凝土的"巨人"矗立于城市森林，取代低矮的砖石、木质建筑，一遍又一遍地重塑着城市的天际线。

三、繁荣与通缩并行

19世纪80年代在美国的经济史上是一段非常奇特的时期。此时，美国的钢铁工业革命如火如荼，技术创新、产能扩张带动了工业部门的高速增长。10年间，美国的GDP平均增速达到了5%，可谓是经济的"黄金时代"。放眼全世界，当时美国的经济增长速度也是数一数二的。然而与此同时，美国却也遭遇了较为严重的通货紧缩，10年间物价下跌了13%。

一般来说，通货紧缩常常与衰退相伴。无论是19世纪70年代的铁路危机、20世纪30年代的经济大萧条，抑或许多人记忆犹新的2008年国际金融危机，消费意愿和需求的严重下滑均导致了通货紧缩。但美国于19世纪80年代出现

第一章
楼市的百年沉浮·美国

的通货紧缩现象，原因却有些不同。

简单来说，这场通货紧缩主要归咎于 1873 年《铸币法案》所确立的金本位制度。在金本位制度下，美元的发行只能以黄金储备为依托。然而 19 世纪 60 年代以来，加利福尼亚州淘金热已经落幕，美国的黄金产量进入低谷，导致美元的增发速度远远跟不上钢铁革命中商品的生产速度。在这种情况下，工业品价格持续下跌，通货紧缩由此发生，同一时期的工业生产却相对繁荣。

通货紧缩对房地产的影响是显而易见的。由于建材等工业品价格的下跌，房屋的建造成本越来越低，进而影响最终价格。19 世纪 80 年代，除钢铁重镇受行业红利和人口流入的影响，当地房地产市场有些供不应求，其他地区的房屋价格均经历了较为明显的下降，大量小城市 1890 年的住房价格较 1880 年的高位均遭腰斩。1874—1890 年美国名义房价指数见图 1-3-1。

图 1-3-1　1874—1890 年美国名义房价指数
资料来源：国海证券研究所。

不过由建筑成本带来的房地产价格的下跌，严格意义上并不等同于市场衰退。因为此时在钢铁革命的加持下，美国的工业化和城镇化进程都在加速。

1880—1890年,美国的城镇化率整整提高了7%,这个速度创造了美国城镇化历史的纪录,并维持至今。在高速推进的城镇化背景下,整个19世纪80年代美国房地产建筑行业异常活跃,从而在历史上形成一个建筑行业繁荣,但房地产价格下跌的奇特现象。

第一章
楼市的百年沉浮·美国

第四节　1891—1913 年：电力、石油时代——城市之光

1884 年，一个梳着中分头、留着八字胡的 28 岁年轻人，怀揣着对科学的梦想从巴黎动身前往美国。这个年轻人出生于塞尔维亚，大学毕业后，他在发明大王爱迪生旗下公司的巴黎分部工作。因为刚入职不久就解决了许多技术难题，在工作中表现出了非凡的创造力，巴黎分部的领导特别推荐他前往美国总部深造。就这样，这个年轻人登上了开往美国纽约的轮船。

此时的美国，已经不是半个世纪之前仅有农夫、麦秆和牛羊的国度了。当远洋轮船靠近纽约港时，这个年轻人看到两岸的工厂烟囱林立，不断地向天空中喷着黑烟，尖锐的火车汽笛声混杂着沉闷的钢铁锻造声从岸上传来。而远方的曼哈顿岛楼宇如云、行人如织，城市规模和繁华程度丝毫不亚于时尚之都巴黎。

不仅如此，若要论国家对科学的重视程度，美国更胜法国一筹。自工业化开启以来，美国的企业家已经充分地意识到先进技术在扩大产能、降低成本方面的关键作用，因此他们在投资新技术时堪称不吝血本，并对爱迪生这样的科学家充满赞誉。无论是金钱还是社会地位，美国都会给科学家很好的回报。也正因为如此，这个初到美国的年轻人对自己的未来感到非常乐观，他相信凭借着自己的聪明才智，一定能够在这个充满机遇的国度打下一片天地。

然而，现实却很快打破了他的幻想。虽然在巴黎分部领导的推荐下，年轻人顺利地入职了爱迪生在纽约的公司，但是他的辛勤工作并没能带来预期的回报。入职半年以来，这个年轻人夜以继日地工作，改进发电机和电灯系统，取

得的成就却没有获得上级的认可，甚至连他希望增加薪水的要求也被吝啬的主管驳回。感到被轻视了的年轻人愤而提交辞呈，选择另立门户。后来这个年轻人用自己的名字命名了他所创立的新公司——特斯拉电气照明与制造公司。是的，这个人就是大名鼎鼎的交流电之父——尼古拉·特斯拉。

尽管尼古拉·特斯拉本人聪明异常，其做出的科学成果贡献不言自明，但他的成名之路却异常艰辛。其中，最大的阻碍来自于他的老东家爱迪生本人。因为尼古拉·特斯拉发明的交流电系统与爱迪生所推崇的直流电针锋相对，所以他在各个方面都受到了爱迪生的攻击。爱迪生甚至推动发明了使用交流电处死犯人的电椅，以此来贬低交流电，宣扬它的危险性。不过尼古拉·特斯拉在发明之路上也找到了他的朋友，西屋电气的创始人——小乔治·威斯汀何塞。在乔治·威斯汀何塞的帮助下，交流电系统点亮了1893年芝加哥博览会的夜空，并最终赢得了电力之战。

19世纪末，美国的能源革命此起彼伏，除了电力这种新形式的能源开始被广泛应用于美国的工业生产和城市生活，潜移默化地影响了国家经济和城市格局，同一时期石油工业也取得了突破性的进展，并在石油产区的房地产市场打下了深刻的烙印。同时，随着技术的进步和治理水平的提升，世纪之交之时，美国城市逐渐脱离了工业化起步时的粗犷和无序，一个现代化的城市雏形已然出现。

一、黄金之国

"黄金之国"（El Dorado）一词，最早是西班牙人用来形容南美洲印加帝国的。在16世纪的大航海时代，刚登上南美洲的西班牙人仅用了不到200人的军队，就不费吹灰之力地征服了古老而又繁荣的印加帝国，进而控制了大半个南美洲。在这里，西班牙人掠夺了巨量的黄金、白银，将它们装船运回西班牙本土，供王公贵胄消费享乐。但是西班牙自身并没有多少生产商品的能力，贵族们只能花钱购买其他国家贩运的奢侈品。通过贸易，这些黄金、

第一章
楼市的百年沉浮·美国

白银大都流进了英国商人的口袋,最终刺激了英国的工业革命和"日不落帝国"的兴起。

没想到300年多后,"黄金之国"的历史再度轮回,这一次故事的主角成了"老牌霸主"英国和"新兴国家"美国。19世纪90年代,探矿者在英国殖民地南非的威特沃特斯兰德(Witwatersrand,以下简称"兰德")地区发现了巨大金矿带,其黄金储量空前绝后——兰德金矿的黄金产量不但在当时超过了世界上其他地区,直到今天依然是世界最大的黄金产地。为了加强对兰德金矿的控制,英国人耗费3年时间,先后投入40万兵力,驱赶矿区附近仅有数十万人口的原住民——布尔人[一]。战后英国控制了兰德矿区,每年产出的近150吨黄金被送入英国本土,使伦敦迅速成为全球黄金交易的中心。

然而讽刺的是,这一次拿到黄金的英国商人变成了和300年前西班牙贵族一样的享乐者。第二次工业革命中,美国在电力、化工等领域的领先,使得美国商品成了20世纪初高科技、新潮流的代名词,美式生活方式在英国中产家庭广为流行。英国人对美国商品的需求倍增,致使美国对英国的贸易顺差从19世纪80年代末的每年2亿美元飙升至20世纪初的每年4亿美元。而兰德矿区每年的黄金产值也不过1亿美元,这意味着英国人从兰德金矿获取的黄金还不够用来支付购买美国商品的费用。

随着美国商品在英国乃至全世界的流行,黄金通过贸易顺差源源不断地流入美国,最终扭转了美国从19世纪70年代铁路危机开始、历时约20年的通货紧缩局面。全美房地产价格也受此影响,在19世纪90年代结束了长期的下行,并在进入20世纪后迅速上涨。20世纪的前10年,全美房地产价格上涨超过了30%,上涨幅度基本与同一时期物价的涨幅相同。换句话说,20世纪初美国房地产价格的上涨,大多是由建筑材料成本的上涨所推动的。1890—1912年美国名义房价指数与CPI指数走势见图1-4-1。

[一] 布尔人(Boer),为居住在南非境内荷兰、法国与德国白人移民后裔所形成的混合民族。语源为荷兰语Boer一词,意为农民。

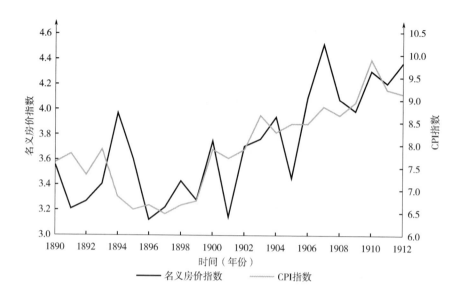

图 1-4-1　1890—1912 年美国名义房价指数与 CPI 指数走势

资料来源：国海证券研究所。

二、幸运之神再次降临

19 世纪 40 年代末，加利福尼亚州发现黄金，并引发了最初的"淘金热"，这是美国"西进运动"的重要文化符号。不过随着 19 世纪 60 年代之后加利福尼亚州黄金产量的下降，"淘金热"带来的喧嚣逐渐平静。在南北战争后的工业化时期，相对于蒸汽轰鸣的东北部工业区，以农业、畜牧业为重的西部地区显得有些落寞，经济发展相对滞后。

在人口自由流动的美国，各地人口增量是衡量地区发展速度的非常重要的指标。但是，加利福尼亚州最大城市、1900 年人口约 34 万的旧金山，过去 20 年间的居民数量仅增长了 47%。这一速度不仅落后于人口超过 300 万、增速达到 80% 的大都会纽约，更是与工业先锋城市匹兹堡取得的当地人口数量翻一番的优秀成绩相形见绌，反映出西海岸缓慢的经济增速。

然而就在"西部梦想"黯淡之时，幸运之神再次眷顾了加利福尼亚州。在

第一章
楼市的百年沉浮·美国

加利福尼亚州东北部山脉的黄金被开采半个世纪之后，加利福尼亚州南部又被赐予了另一种"黄金"，那就是石油。1892年，两位石油勘探专家——爱德华·多希尼和查尔斯·坎菲尔在洛杉矶当地一个居民家的后院打下了第一口小油井，每天约有45桶石油喷薄而出，宣告了另一场"淘金潮"的到来。发现石油的消息传开后，短短5年内多达200家公司云集洛杉矶，在不大的城区内共打下了2500口油井。

虽然石油开发的巨大潜力吸引了众多公司的到来，但是1890年的洛杉矶仅有5万居民，捉襟见肘的劳动力严重制约了石油的增产速度。为了吸引移民来到洛杉矶，当地组建了以石油公司为首的商会，由商会出面在美国各大报纸媒体刊登移民广告。在移民广告的吸引下，大批生活不如意的东部移民来到洛杉矶寻找机会。1890—1910年，洛杉矶的人口从5万增长至30万，20年6倍的人口增速冠绝全美，以至于当地报纸 *Herald* 的编辑这样写道：

"当前（洛杉矶）居民中的大部分人，10年之前根本就不知道在美国的太平洋沿岸，有一个城镇叫作'洛杉矶'。"

人口的涌入既为洛杉矶的石油增产提供了劳动力，也让当地发展特色产业成为可能。20世纪30年代，加利福尼亚州已经晋升为美国最大的石油产地，石油产量占当时全球的1/4，仅洛杉矶一地每年出产的石油就多达9500万桶。在石油产业之外，当地温暖而又干燥的气候使之成为美国重要的水果产地；多样的地形地貌帮助娱乐产业落地于好莱坞；因为人口和商贸需求的增多，水文条件良好的圣佩德罗港口得以开发。

众多支柱产业让洛杉矶这个仅有百年历史的新生城市，成为当今全美仅次于纽约的第二大都市。回望19世纪末，洛杉矶凭借石油产业发家之初，当地房地产市场的火爆不难想象。其实早在19世纪80年代铁路开通时，洛杉矶就迎来了一轮土地繁荣与泡沫。1883年，一块城市中心区域约13万平方米的土地价格为1.2万美元，1887年就上涨至4万美元。由于地价的过度上涨，土地市场于1888年迎来发展高峰，但人口和财富的剧增很快就吸收了洛杉矶土地价格的泡沫。而到1915年洛杉矶已经初具规模时,同样大小的城中心地块价格高达350万美元,20多年的时间里翻了90倍!换句话说,在19世纪末20世纪初的这段时间,对于任何一个洛杉矶的地主而言,其资产回报率超乎想象。

除了洛杉矶的房地产市场如火如荼,这一时期其他受石油经济影响的城市房产交易也欣欣向荣。例如,著名的石油托拉斯标准石油公司总部所在地克利夫兰、墨西哥湾和路易斯安那重要的石油港口新奥尔良,它们的住房价格上涨幅度也是遥遥领先。1890年和1920年美国主要城市的平均房价见图1-4-2。

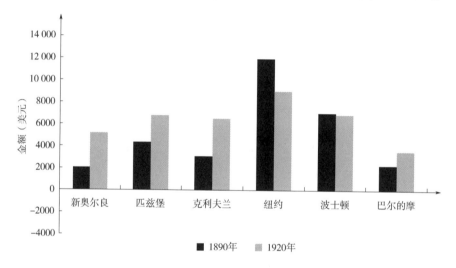

图1-4-2　1890年和1920年美国主要城市的平均房价

资料来源:国海证券研究所。

三、现代城市的雏形

19世纪末20世纪初,全美各个城市的房产价格变化值得关注,地方政府在城市规划、城市治理方面的进步也令人称道,政府行为同样悄然影响着城市房地产的格局。其中最重要的莫过于公共交通系统的发展。

在19世纪80年代之前,除了少数中上阶层的富人乘得起私人或公共马车,大多数城市居民的出行方式基本以步行为主。步行距离的天然局限性决定了城市居民工作和生活的半径。在农业时代，城镇一般仅具有附近地区商品贸易的功能，大多数城市规模很小，交通距离与城市发展的矛盾尚不明显。然而随着工业化发展，以及工厂的兴建和人口的迁入，城市规模越来越大。到1890年，全美常住人口超过20万的城市多达16个。此时交通工具对城市发展的制约越来越明显。快速公交的缺位导致城市中心的土地、房产昂贵异常，但交通半径以外的地区又无人问津，造成城市发展不均衡且城区过于拥挤。

不过，工业化在激化交通矛盾的同时，也带来了新的解决方案。特别是电力科技的发展让有轨电车这一革命性的交通工具率先应用于美国城市。1888年，"电力牵引之父"法兰克·史伯格在弗吉尼亚州首府里士满建了一条长约19千米的有轨电车线路，并在试运行中大获成功。法兰克·史伯格设计的有轨电车建造成本低廉，比蒸汽机车清洁，比马车稳定，成为接下来半个世纪全世界各大城市有轨电车的母版，并被电气电子工程师学会（IEEE）认定为世界电力发展史上的里程碑。

里士满有轨电车成功运行后的数年内，美国大中型城市均上马了有轨电车项目，上千辆电车满载市民，穿梭在城市的大街小巷。公共交通系统的完善极大地拓展了普通市民的出行范围，使那些安静、便宜且有电车线路通行的城市边缘地区有了人气，郊区开始成为市民购房、居住的首选地。继有轨电车之后，1897年，波士顿又建成了第一条电气化地铁，地铁和有轨电车相辅相成，构成了大型城市的公共交通网络。

发达的公共交通系统促进了城市边界向更远的地方拓展，但也考验着地方政府的管理能力。基于此，城市规划应运而生。1904年，洛杉矶成为第一个进行土地使用区划的城市。最初是因为市区内到处都是石油钻井，洛杉矶市民不堪其扰，从而推动了《洛杉矶土地区划法案》的通过，意在将居住区和工业区进行隔离。截至1913年，全美共有22个城市相继出台了土地用途的相关规定。1916年，纽约市政府在吸取了早期规划经验的基础上，不但将土地划分为工业区域与非工业区域，而且细分到商业区和住宅区，甚至对各区域建筑物的高度都进行了限制。纽约市详尽的区划方案很快被美国其他城市效仿，其影响力甚至远播国外。

无论是从公共交通建设还是从城市土地规划都可以看出，20世纪初，美国地方政府在房地产市场中的作用从无到有、从小到大。这个市场已经逐渐脱离了早期城市化的野蛮放任发展，日益成熟。未来政府这双"有形的手"在房地产市场中的作用还会进一步放大，我们将会看到更多关于美国政府对房地产市场进行干预和调控的史实。

第五节　1914—1929 年：汽车时代——车轮上的国家

　　1914 年初夏，一场外交危机从巴尔干半岛迅速发酵。当奥匈帝国皇储费迪南大公在萨拉热窝视察时，一名支持民族独立的热血青年冲进视察车队，向大公的座驾开枪，并将大公及其夫人当场击毙。

　　这场刺杀看似是地方分裂势力与当地政府间的斗争，但事发地巴尔干半岛正是当时大国间角力的主战场，奥匈帝国、奥斯曼帝国、俄罗斯帝国、英国等国均在此有切身利益，因此这里成为大国间外交博弈和战争冲突的开端。在奥匈帝国向俄罗斯帝国宣战之后，欧洲国家纷纷基于自己的利益站队，分为同盟国与协约国两个阵营。短短数月内，战火从东欧烧向西欧、再蔓延至欧洲国家在全世界的殖民地，第一次世界大战爆发了。

　　第一次世界大战不但改变了参战国的命运，也深深地影响了大洋彼岸隔岸观火的美国。战争的硝烟弥漫了 4 年多，数千万人在战争中丧生和受伤，英、法、德等核心交战国更是损失了整整一代人。美国虽然也于战争的后期参战，致使 10 万名士兵客死他乡，但损失程度远不及西欧各国。不仅如此，美国的工业部门更是受益于向交战各国出售军需物资，狠狠地发了一笔"战争财"，其影响甚至一直持续到了 20 世纪 20 年代。

　　第一次世界大战后，美国从世界上最大的债务国摇身一变成为净债权国。然而过快的黄金流入也给美国人带来了"甜蜜的烦恼"——通货膨胀。为了控制过快上涨的物价，新成立的美国联邦储备系统（以下简称"美联储"）在第一次世界大战后首次行使了货币政策权力，有效控制住了通胀势头。

美国在第一次世界大战中所获得的财富转化为战后美国人旺盛的消费能力，奠定了"咆哮的二十年代"经济繁荣的基础。除此之外，美国在战后继续引领第二次工业革命的浪潮，汽车、家电等凝聚了半个世纪以来科技成果的终端消费品进入中产之家。在资本市场中，物价的涨跌、经济的繁荣、科技的进步促进了20世纪20年代美国股票市场的繁荣发展，也为同一时期的房地产市场留下了深刻印记。

一、美联储的初次登场

就在欧洲大国在巴尔干半岛摩拳擦掌之时，一个对美国乃至世界经济都具有重要影响的机构诞生了，它就是今日我们所熟知的美国中央银行——美联储。自成立伊始，美联储的决策就和美国房地产市场的兴衰紧密联系起来。美联储委员会所决定的政策利率更是直接影响着房贷利率和购房需求。因此，美联储货币政策的未来方向成为美国房地产周期的风向标。

但很多人并不知道的是，美国中央银行的运营历史事实上不是以美联储为起点的。在美联储成立的100年前，美国联邦政府就已经组建过两届中央银行，即第一合众国银行（1791—1811年）和第二合众国银行（1816—1836年）。第一合众国银行成立之时，美国联邦政府刚刚组建，民众对其缺乏信任，因此需要一家银行经营国债和国库。而当第二合众国银行成立时，美国正面临着第二次独立战争中严重的通货膨胀窘境。

美联储成立的契机也是源自一场危机。1907年，股市的震荡使纽约银行业爆发了挤兑风潮，数家大型银行因资金链断裂而倒闭。这场金融危机很快从纽约席卷全美，并严重伤害了实体经济。危机中，政府官员看到了发达且不受约束的金融体系对国家稳定的危害，同时也认识到由J. P. 摩根所领导的纽约银行同业在危机救援时的巨大贡献。因此，建立一个新的中央银行，对银行施加监管、维护金融稳定，成为政府的当务之急。基于上述考虑，美联储在1913年的冬天成立了。

第一章
楼市的百年沉浮·美国

然而就在美联储"新官上任三把火"准备大力整顿金融秩序的时候,第一次世界大战爆发了。为了应对即将到来的战争,美国旋即进入由联邦政府统制经济的状态,计划经济暂时代替了自由市场,美联储的经济角色也被搁置一边。

在战争期间,美国工业部门由于大量外销军火和物资赚得盆满钵满,黄金与财富自欧洲滚滚而来。但奇怪的是,在繁荣的战争经济之下,美国的房地产市场却跌入冰点,与工业部门的景气形成鲜明对比,这又是为何?

房地产市场的清冷主要来源于战争对民众购房需求的打压。因为战争,潜在的购房客户数量大幅减少。除此之外,在第一次世界大战期间,一直以移民文化而自豪的美国却因为担心战争难民对美国社区文化造成破坏,选择向移民关闭大门。在愈加严苛的移民政策下,赴美移民人数从战前的每年约 100 万人下降至 1918 年的 11 万人。因此,房地产商的另一主要客户群体——移民的消失,也加剧了房地产市场的萧条。

不仅如此,美国政府亲自承建住房工程,更是抢了房地产商的饭碗。为了支持战争期间的工业生产,1917 年起,美国政府在全国范围内兴建了 83 个住房项目,用于满足工人住房和伤残军人安置需求。但这打破了美国自建国以来政府不直接干预房地产市场买卖交易的传统,标志着美国房地产调控进入新的阶段。

在市场与政策的多重挤压下,美国的房地产商艰难地撑到了第一次世界大战结束。当满载着复员士兵的船只一艘艘地从欧洲大陆启航回国时,等待着他们的是岸上亲人们的热泪与拥抱。此时房地产商的激动一点也不亚于返乡的军士,因为和平意味着购房客户的回归和政府管控的结束,房地产商正翘首盼望市场的春风。

然而,让他们没想到的是,重新恢复运作的美联储却带来了一场"倒春寒"。战争结束后,因为美国民众和复员军人长期积累的消费需求突然迸发,市场上的商品一时间供不应求,短短两年时间物价就上涨了 37%。为了应对恶化的通胀形势,美联储首次大幅调升贴现率。货币政策收紧的效果十分显著,投资与消费得到有效抑制,但同时导致了经济的衰退。

1918—1921 年,美国经济在战后的调整与衰退中度过了 3 年,房地产市场也没有迎来期望中的复苏。当时间进入 20 世纪 20 年代时,美联储的铁腕治理已经有了效果,物价大幅回调,经济秩序恢复,这些都为即将到来的繁荣打下了基础。1914—1930 年美国名义房价指数见图 1-5-1。

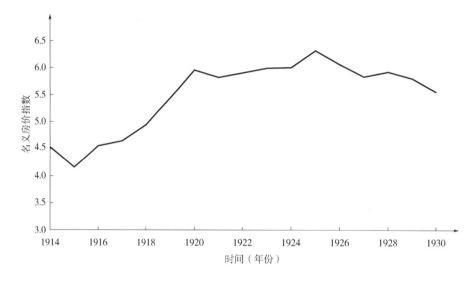

图 1-5-1　1914—1930 年美国名义房价指数

资料来源:国海证券研究所。

二、屠宰场里的尤里卡时刻

人们经常用"尤里卡时刻"形容灵光一闪时的重大发现。在 20 世纪初,美国汽车行业的奠基人亨利·福特也曾有过这样的一个"尤里卡时刻",不但帮助他缔造了一个汽车王国,而且决定了一个城市的命运。

严格来说,这一次的"尤里卡时刻"并非亨利·福特本人之作,而是来自他的下属,一位叫威廉的工程师。1908 年,威廉前往芝加哥一家当地有名的屠宰场参观学习。在那里,他被这家屠宰场高效率的工作流程所折服。在传统的屠宰工厂中,每位工人都会负责一整头牲畜的宰杀分解工作。而这家工厂却采用了完全不同的做法:被宰杀的牲畜被装在篮子里运送,每位工人仅负责单独一个部位的分解工作,分解完成后会被运送至下一个工位。这样一来,每位工人仅需要完成大量单一部位的屠宰作业,不但极大地降低了新工人的学习成本,而且提高了操作效率。

威廉心想,既然屠宰场可以用分阶段、分步骤的方法,将"分解"牲畜的工作分散到许多工位上,那么汽车制造厂同样可以采用相同的思路,将"组装"汽车的工作分别交由一条工作线上不同的工人执行。参观结束后,威廉将他的想法上呈给了亨利·福特,而亨利·福特对他的想法大加赞赏。

在亨利·福特的支持以及全公司的努力下,福特汽车的第一条流水装配线于1913年成功运行。这条装配线被用来生产当时福特公司的拳头产品——福特T型车。流水装配线对效率的提升最终被证明是革命性的,应用流水线之后,福特T汽车的制造流程被分解为45个步骤,生产用时从12.5个工时缩减为93分钟。

福特汽车公司生产效率的巨大提升为其产品的价格下调提供了空间,从而让T型车成了时代性的畅销品。1908年,在福特T型车刚推出时,因为人工装配成本高昂,T型车的价格一度高于800美元/辆,而到了1925年,流水线生产的T型车价格已经被削减至250美元/辆,一个普通工人工作2个月的薪水就可以买一辆。T型车是如此的便宜和畅销,以至于1917—1923年的整整7年间,福特公司没有为T型车购买一份广告,但在美国的大街上奔跑的每2辆汽车就有1辆T型车。

亨利·福特不但在应用流水线生产上开美国之先河,而且身体力行地提高工人待遇,意图培育福特汽车的潜在客户。公司规定,凡是在装配线上工龄超过3年的工人,其工资将由每天1.5美元提升至每天5美元。福特公司在员工薪酬方面的慷慨,吸引了全美各地的年轻人前往底特律应聘,让底特律这个"汽车之城"成为继匹兹堡、洛杉矶之后的新一代工业城市标杆。富有的中产工人除了有能力购车，还活跃了底特律当地的房地产市场——当1908年第一辆T型车下线时，底特律每年建造的住房不过1000栋，而当1925年福特T型车产能达到巅峰的时候，在工人们的需求推动下，底特律当年建造的新房超过11 000栋。很明显，底特律的房地产市场已经和福特公司的业绩紧密地捆绑在一起。

福特公司对流水线的创新应用使其成长为全世界汽车产业的龙头，也左右着底特律房地产市场的命运。然而这一事件的意义不仅于此。1915年，亨利·福特将他引以为豪的流水线搬到了"巴拿马万国博览会"，向上百万名游览者展示汽车生产过程。这条流水线不是模型，而是真实的汽车生产线。除了星期天，生产线每天下午能够生产3个小时，每10分钟就有一辆汽车下线，也就是说场馆内每天能开出18辆新汽车。流水线的高效产出震惊了慕名而来的资本家和工厂主，一场流水线的旋风被掀起。

三、泡沫与泡沫

说起20世纪20年代美国资本市场上的泡沫，很多人都会提起著名的美股大牛市。1920—1929年，道琼斯工业指数从100点涨至300点以上，增长了2倍多。

这场美股牛市反映了20世纪20年代美国经济的繁荣与喧嚣。一方面，美国人在第一次世界大战中积累的财富在此期间逐渐作为消费释放，汽车、家电在中产阶级家庭中流行开来，现代化的城市生活吸引着普通市民的目光；另一方面，以流水线为代表的新产业革命在美国制造业中方兴未艾，推动了工业企业利润的快速上涨。在商品供需两旺的前提下，美联储在20世纪20年代连续下调贴现率，向市场提供低成本资金，造成了货币供应的泛滥，最终导致美股泡沫的出现。

与美股牛市的原因类似，20世纪20年代，美国的房地产市场也出现了局部的泡沫现象，其中以佛罗里达州的房地产市场泡沫为甚。早在1920年，美国经济仍在底部调整时,温暖的东南边陲佛罗里达州就已经成为美国东海岸的度假胜地,以至于迈阿密的住房价格堪比纽约郊区。随着经济的日渐转暖,新富阶层的兴起、汽车的普及让自驾旅游开始流行。冬天前往迈阿密度假的风尚在美国东北部的富人圈子中进一步扩散,使得迈阿密旅游地产日益火爆。除此之外,佛罗里达当地的银行大肆发放购房贷款,也起到了推波助澜的作用。

迈阿密房地产泡沫从1923年夏天开始出现。1923年,迈阿密每个月获得建设许可的住宅价值高达150万美元,然而仅仅1年之后,每月新增的住宅价值就上涨至400万美元。泡沫巅峰出现在1925年10月,迈阿密获得许可的新建住宅总价值达到1500万美元。

活跃的交易行情让迈阿密房地产业日进斗金,以至于全美的经纪人闻风而动,涌向佛罗里达州寻找机会。在泡沫时期,迈阿密的7.5万人口中有1/3在从事房地产经纪业务。因为刊载的地产广告过多,《迈阿密先驱报》一度成为当时世界上最厚的报纸。

相比于持续了近10年的美股牛市,迈阿密房地产市场的崩盘来得更早。1926年9月,一场大飓风横扫了佛罗里达州,也吹散了房地产泡沫。飓风过后一片狼藉,13 000栋房屋被摧毁,400多人丧生,飓风卷起的海水灌入海边的度假房屋,价格昂贵的住宅与家具变得一文不值。飓风引发了投机者对佛罗里达州房地产的抛售,市场行情一落千丈,迈阿密的房产交易量从1925年的10.7亿美元急剧下降至1926年的1.4亿美元。因为还不上贷款,许多人破产,沦为乞丐。

佛罗里达州房地产市场的泡沫破灭了,但此时美国其他地区的房地产市场运转尚属健康,所以这场局部的危机并未扩散至全国,也没有阻碍美国经济的繁荣景象。直到3年后的1929年,一个规模更大的资产泡沫破裂并引发全面危机,美国的房地产市场再度面临严峻挑战。这一次,美国政府在拯救房地产市场的行动中扮演了主角。

第六节 1930—1945 年：大萧条与新政——崩溃与变革

在美国金融史上，1929 年 10 月 29 日被称作"黑色星期二"。这一天，已经上涨了 10 年的美国股票牛市迎来了它的"末日"。纽约股票市场一天内被抛售的股票达 1600 万股，道琼斯指数下跌 43 点（约 12%）。股价在短时间内剧烈下跌的后果是极具破坏性的，数以万计利用杠杆投资的股票账户因为不能追加保证金而被迫关闭，恐慌的情绪在股票市场蔓延。

巴菲特说过："只有当潮水退去的时候，才知道是谁在裸泳。"当 1929 年的股市崩盘发生时，人们惊讶地发现在股市中"裸泳"的，除了刀头舐血的投机者，还有大量本应与投机无关的实体企业。这些实体企业将流动资金以高利率出借给股市炒家，试图通过这个看似"安全"的投资方式在利润丰厚的股市中分一杯羹。例如，新泽西标准石油公司（Standard Oil of New Jersey）平均每天拆借给经纪人的短期贷款多达 6900 万美元，电力债券和股份公司（Electric Bond and Share Company，通用电气旗下控股公司）的出借金额更是高达 1 亿美元。

如此多的企业被牵扯进股市泡沫中，让崩盘的恐慌散播得更加迅速，也让股市下跌的破坏力大得惊人。仅崩盘发生的当月，纽约股市蒸发的市值就相当于当年美国国内生产总值的 14%。在股市投资中受损的企业不得已只能砍掉新增项目，削减职工工资，为"过冬"做好准备。

雪上加霜的是，美国政府的错误抉择将本已受伤的美国经济推向了深渊。1930 年夏天，胡佛政府打出了贸易保护的大旗，希望通过高额关税将外国商品挡在门外以保护国内市场。为了达到此目的，政府计划中的《斯姆特-霍利关税法案》（The Smoot-Hawley Tariff Act）拟将2万多种商品的关税提高到历史最高水平。

在法案审议期间，美国政府收到了34份来自国外的正式抗议。然而无论是国内高管的劝说，还是外国政府的抗议，都没能阻止法案在国会和总统处获得通过。

毫不令人意外的是，关税法案的通过立刻招致了其他国家的报复性关税，导致1929—1933年美国的进出口额均下降了60%以上。而美国在当时作为一个净顺差的国家，受到贸易报复的伤害尤其严重，以至于贸易战开始的当年秋天，美国经济就出现了两次衰退，大量企业和银行因业绩下滑而破产。

除了挑起贸易争端，胡佛政府对是否废除金本位制度犹豫不决，使得美联储丧失了最佳的危机救援时间。因为金本位的存在，美联储的银行支援和资金投放一直受到黄金储备的制约，当1930年秋天的第一轮银行破产潮过后，美联储的黄金储备已经见底。在大洋彼岸，英国于1931年率先抛弃了该制度，解除了黄金的桎梏后，英格兰银行得以大量投放货币，推动了英镑贬值，并顺利地带动了英国的经济复苏。美国对金本位的犹豫让不希望看到手中美元贬值的民众纷纷去兑换黄金，反而进一步加速了美联储的黄金消耗。1932年，美联储为了守住金本位和吸引黄金回流，在经济衰退的情况下迫不得已选择加息，再次重创了经济并引发了第二波银行破产潮。

一、寒冬中的陋屋

佛罗里达州房地产泡沫的破灭标志着美国房地产下行周期的到来。1926年之后，无论是从房屋价格还是从住房开工数量均可看到经济出现的下行趋势。在1929年大萧条席卷全美之前，这种下行还是温和的，大萧条所带来的衰退和失业才真正痛击了美国的住房市场。

在经济的寒冬中，美国工人的周薪从1929年的25美元下降至1933年的

16.7美元，失业率更是在1933年飙升至25%的高位。失业和低薪让多数美国家庭入不敷出，以至于在GDP世界第一、工业化进行了半个世纪的美国急需解决怎样让民众吃饱饭这个问题。

那些在"咆哮的二十年代"中贷款购房的家庭，因为还不起贷款，再次过上了居无定所的生活。1930—1940年，美国的住房拥有率整整下降了5%，每9个有房的美国家庭之中就有1个失去了住房。其中很多无家可归的人在市区建起了简陋的贫民窟。

经济环境是如此糟糕，很多由结婚、生子带来的购房刚性需求也被推迟了。丢失了工作的小伙子连自己都养不起，更谈不上有什么结婚的资本。即使那些已经结婚的家庭，也推迟了生育孩子的计划。因此，大萧条中美国的结婚人数和新生儿数都出现了明显的下降。在这种情况下，房地产市场自然是门庭冷落。萧条最严重时，全美的新开工房屋数量不到10万栋，仅为1925年的1/10。

民众对经济形势和胡佛政府的不满终于引起了变革。1933年，民主党候选人富兰克林·罗斯福⊖出任新一任美国总统，上台之后立即着手"新政"，以挽救美国经济。

富兰克林·罗斯福给大萧条开出的"药方"核心是以联邦政府财政开支和赤字经济来推动需求，从而将美国经济拉出泥潭。为了解决就业问题，联邦政府成立了联邦紧急救助署（FERA）、民间资源保护队（CCC）、工程进度管理署（WPA）等就业援助部门，由这些部门出面雇用失业人群参与大规模基础设施建设，包括将电网铺向美国农村、修建中西部宏伟的多用途大坝、改善给排水和人行道等城市设施。这些就业部门在新政期间共雇用了美国劳动力人口总数的10%～20%，为改善失业人群境遇做出了巨大贡献。

在政府基建开支与就业补贴的帮助下，美国经济于1933年触底反弹，到1937年时实际GDP已经恢复到了大萧条之前的水平，代价是新政期间联邦政府

⊖ 富兰克林·罗斯福（Franklin Roosevelt，1882年1月30日—1945年4月12日），民主党籍政治人物，第三十二任美国总统，荷兰裔美国人，是美国20世纪二三十年代经济危机和第二次世界大战的中心人物之一。1933—1945年，连续出任四届美国总统。

增加了 260 亿美元债务,负债余额较大萧条前上升了 150%。失业率的下降和收入水平的上升让美国的房地产市场渐渐回暖。在第二次世界大战爆发前夕,全美已开工新建私人住宅数量已经恢复到了每年 50 万栋,超过 1925 年房地产高峰时的 50%。1930—1945 年美国名义房价指数与已开工新建私人住宅数量见图 1-6-1。

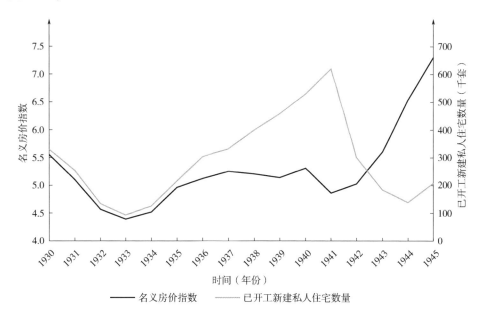

图 1-6-1 1930—1945 年美国名义房价指数与已开工新建私人住宅数量

资料来源:国海证券研究所。

二、一场实验

罗斯福新政对于大萧条之后美国房地产市场的意义不仅在于推动了经济的回暖和房地产业的复苏,更在于这是美国第一次在和平时期进行的住房保障制度的规划与实验。

吸取了大萧条的深刻教训后,美国主流社会逐渐抛弃了对个人主义和财富自由的盲目崇拜，社会话题转向同情弱者、保障人权和缩小贫富差距。在主流民意的推动下，罗斯福新政的一个重点就是提高美国几近于无的社会保障。失业救济、最低工资、养老保障等社保体系被建立起来，美国成为最后一个引入全面社会保障的主要工业国家。

在关系到"衣食住行"的社会保障体系中，住房保障是一大重点。罗斯福政府采取"双管齐下"的手段，致力于提高国民的住房标准和拥有率。

第一"管"是建设公共住房，让买不起房的低收入家庭能脱离糟糕的居住环境。1933年，依据《国家工业复苏法》成立的临时性机构公共工程管理局（PWA），负责清理改造贫民区，建设公共住房。1937年，依据《国民住房法》成立的美国住房局（USHA）接手了公租房管理，具体到各地的项目由地方公共住房机构（LHAs）融资并建设，USHA向后者给予补贴。第二次世界大战前，美国的公共住房建设达到高潮，仅1941年美国政府就花费了3亿美元，建成了8.7万套公租房。

第二"管"是保障住房贷款，让有能力购房的中低收入家庭顺利、放心地购房。经济大萧条前，美国银行业投放的住宅贷款通常期限较短，多为3~5年。经济大萧条期间，银行由于流动性紧张，难以给购房家庭续贷，这就使得很多贷款购房的家庭因为断贷被迫失去了房子。为了保障贷款人能顺利续贷，联邦政府于1932—1933年先后通过《紧急救济拨款法》《联邦住房贷款银行法》《住房所有者贷款法》，组建联邦住房贷款银行向金融机构提供流动性支持。

不仅是保证续贷，联邦政府还活用金融手段，创造了住房贷款保险和房贷流通市场。1934年，依据《国民住房法》成立的联邦住房管理局（FHA），负责在一级市场上为住房贷款提供保险；1938年，依据《国民住房法修正案》成立的联邦国民贷款抵押协会（FNMA，房利美），负责购买FHA保障的贷款。从此，美国房地产政策覆盖了住宅贷款一、二级市场，实现了机制常态化。联邦政府的这套"组合拳"不但降低了银行发放住房贷款的风险，而且加速了贷款的流通，让银行更有动力多投放贷款，不但减少了银行的后顾之忧，也降低了购房家庭的贷款门槛。

罗斯福政府在新政期间实施的住房保障制度实验经受住了时间的考验，为改善美国民众的住房问题做出了卓越贡献。在此之后的 80 余年间，美国的住房保障制度修修补补，但核心框架却自新政延续至今，反映出这套住房保障政策的成功之处和生命力。

三、统制经济的巅峰

1941 年 12 月 7 日，日本偷袭珍珠港，意在摧毁美国在太平洋的军事力量，逼迫美国政府和谈并放弃对日本的物资禁运政策。然而让日本人没想到的是，他们的不宣而战彻底点燃了美国人的愤怒情绪。随后美国向日本宣战，标志着美国正式卷入了太平洋战争。

美国民众复仇的怒火，让"战胜日本"一时间成了全社会的首要目标。围绕这一目标，美国政府在吸取第一次世界大战经验的基础上，迅速建立起一个庞大且复杂的战时计划经济体系，对重要物资进行管控。每个美国家庭都会收到一本贴有点券的小册子，一些生活用品必须凭券购买，以限制民众消费对战争物资的占用。最先开始被管控的物资是白糖，政府规定每个人一周只能收到 0.5 磅的配给，随后食用油、奶酪、咖啡、肉类等均实行配给。

与武器生产密切相关的金属制品行业更是被政府严密管控。战争一开始，民用家具如收音机、冰箱等就在政府的勒令下停止制造。民间的建筑活动也同时停止，取而代之的是政府负责建造和分配的房地产制度。但由于新建住房对物资的消耗较多，战争期间政府的住房供应总体是十分短缺的，最严重时，每年建造的新房数量仅为战前的 20%。在工厂较多的区域，因为劳动力的涌入，当地居住密度翻了一倍。叠加战争期间美国又迎来了婴儿潮，每年出生的婴儿数量较战前上涨了 25%，这就使得民众居住需求上升和住房供应不足的矛盾更加尖锐了。

在这种情况下,美国的住房价格终于摆脱了大萧条与新政时期的低迷,在战时迎来了快速上涨,5 年时间内平均住房价格上涨了 37%。然而此时的住宅供应并非市场化,房屋价格的上涨没能促成住宅供应的增多和居住条件的改善。在战争期间,美国人已经受够了狭小的居住空间。一旦和平降临,他们将迸发出巨大的购买需求,最终带给美国房地产市场一个持续 20 年的牛市。

第七节　1946—1967 年：电子时代——美丽新世界

放眼第二次世界大战后的世界，大部分国家均饱受战争的摧残，仅有美国依然保留着完整的工业实力。在战后的和平会议上，西方各个国家因为要依赖美国的援助进行战后重建，不得不接受美国对世界秩序的重新安排。于是，一个由美国主导的战后新世界到来了。

在美国的主导下，西方主要国家缔结了《关税及贸易总协定》（以下简称《关贸总协定》），旨在消除各国间的非关税壁垒。《关贸总协定》纠正了由胡佛政府制定的错误的贸易保护路线，为经济大萧条以来西方各国间的贸易争端正式画上了句号。在 1947 年的首轮协商中，共有 45 000 种商品关税得以削减，涉及上百亿美元的国际贸易活动。《关贸总协定》推动了美国进口耐用品的平均关税税率从 30% 以上下降至 15% 以下。

此外，美国对经济大萧条后混乱的货币制度也进行了改革。第二次世界大战中通过出口军需品，美国进一步聚集了全世界的黄金，至战争结束时，美国已经坐拥全世界 3/4 的黄金储备。在"布雷顿森林体系"的安排下，失去了黄金支撑的英镑再也无法与美元争锋，以美元为中心的金汇兑本位制重新恢复，美元地位得以确立。

"布雷顿森林体系"和《关贸总协定》实现了各国商品的相对公平竞争，美国商品从此可以毫无阻碍地进入世界各地，直接击碎了英、法等殖民大国在其殖民地的贸易垄断。特别是在第二次世界大战后的特殊环境下，其他国家的工业生产能力尚未恢复，美国商品成为各国民众的主要选择。为了进一步扩大美国商品在欧洲的市场，1948年，美国启动了著名的"欧洲复兴计划"。该计划表面上是给予西欧各国无偿的经济援助以促进其战后重建，但实际上绝大部分援助被用来购买美国的工业品和原料，援助所附带的条件还要求欧洲各国削减对美国商品的关税及贸易壁垒。

贸易与货币方面的多重制度建设让世界经贸秩序朝着有利于美国的方向大大倾斜，使美国工业部门在失去了战争生产需求的情况下，依然保持相当程度的繁荣，并没有出现第一次世界大战后那样的调整与衰退。接下来，美国于战争中积累的科技成果将掀起一轮电子产业的革命浪潮，并深刻地影响美国的经济和房地产市场。

一、电子产业的元年

美国的房地产市场的牛市来源于第二次世界大战后民众住房需求的释放。在战争结束后的两年内，上千万美国军人从欧洲与太平洋战场回国。这些年轻人经历了数年残酷的战争，渴望回归亲人的怀抱，而住宅是他们组建家庭的必要条件。除了这些在前线打仗流血的士兵，让美国打赢第二次世界大战的功臣还有那些在后方工厂流汗的工人们，他们已经在狭小的厂区宿舍忍受了许久。当战争结束，拥有一个宽敞舒适的新房子立刻成为美国人共同追求的目标。

但是对于这些"功臣"来说，战后的美国却没有多少他们的容身之处。因为在统制经济时期，政府在建设新房方面十分吝啬。1941—1945年，美国新建房屋数量不足150万套，远远满足不了上千万复员军人和工人们的购房需求。因此，市场经济一经恢复，美国人对住房的狂热追求立刻让房价一路飙升，1946—1947年平均住房价格上涨了50%。

美国人对住房的胃口大开，让歇业多年的房地产商铆足了干劲，全力开工供应新房。1945—1950年，美国每年新开工的住宅从20万套增加至135万套。即使是在1925年房地产泡沫中，美国的房地产商也没有建造过这么多房子，这反映出此时的房地产业已经完全从战时的压抑状态中恢复了活力。1946—1968

第一章
楼市的百年沉浮·美国

年美国已开工新建私人住宅数量见图 1-7-1。

图 1-7-1　1946—1968 年美国已开工新建私人住宅数量

资料来源：国海证券研究所。

尽管房地产市场在战后迎来了量价齐涨，1946—1950 年的牛市只不过是接下来 20 多年房地产繁荣的一个开始。一直到 20 世纪 60 年代末，美国已开工新建私人住宅数量一直稳步上涨。显然，仅依靠释放第二次世界大战中被压抑的住房需求去维持战后长达一代人的房地产牛市是远远不够的。住房市场繁荣的背后是美国制造业水平达到历史巅峰，由此带来的强劲经济增长以及中产阶级的崛起。而从美国军方实验室诞生的电子产业革命正是创造这一大好局面的重要前提。

说到美国电子产业的发展史，就不得不提及一个重要的公司——国际商业机器公司（IBM）。

在 20 世纪 70 年代之前，IBM 一直是世界电子产业革命的先锋。1952 年，IBM 推出的第一台大型商业电子计算机迅速占据了美国市场 80% 以上的份额。此后，IBM 相继开发出第一台商业晶体管计算机（1958 年）、第一台商业集成电路计算机（1964 年），树立了前三代计算机的行业标杆。IBM 在电子科技方面的领先让自身获利颇丰。1960 年，IBM 已经成为年收入 18 亿美元、拥有雇员 10 万人的电子巨人，其开发的产品更是构成了大型工厂早期数控机床、自动化流水线的中枢，让电子革命在整个制造业中扩散开来。

在以 IBM 为代表的电子巨头的引领下，美国制造业在生产效率与质量控制上的优势无可比拟。20 世纪五六十年代，美国长期保持着 40 亿~50 亿美元的商品出口顺差。取得这一辉煌成绩的原因，除了第二次世界大战后有利的国际贸易条件，更源于其强劲的工业实力。美国制造业在战后 20 余年的茁壮成长，不但促进了经济的繁荣，而且培育了世界上最大的中产阶级群体。越来越多的家庭有了购买住房的能力，美国住房自有率从 1950 年的 53% 上升至 1965 年的 63%，提升了 10%。这些由制造业催生的中产阶级才是美国房地产市场兴旺的最大源泉。

二、居者有其屋

"新政"时期，罗斯福政府在提升社会保障方面的成绩有目共睹，让福利社会的理念逐渐深入人心，以至于第二次世界大战后普通民众对建设福利国家的呼声高涨。基于新政制定的住房保障体系框架，20 世纪五六十年代的美国房地产市场依然在深刻的政府印记中发展。

第二次世界大战后，美国政府首先要解决的是上千万复员军人的住房问题。为了尽快满足军人家庭的购房要求，美国退伍军人事务部（VA）承担起向复员军人提供房贷保险的重任。在 20 世纪 50 年代早期，由政府保险覆盖的住宅占到当时新建私人住宅数量的 50% 以上，成为真正意义上的"全民保险"。第二次世界大战后美国政府机构予以保险的新建私人住宅数量见图 1-7-2。

然而，政府机构慷慨提供住房福利的做法在增强了普通民众购房能力的同时，也起到了为房价上涨推波助澜的作用。1945—1953 年，VA 保障的购房贷款余额从 2 亿美元上涨至 161 亿美元，在全社会房贷债务总量中的占比从 1% 上

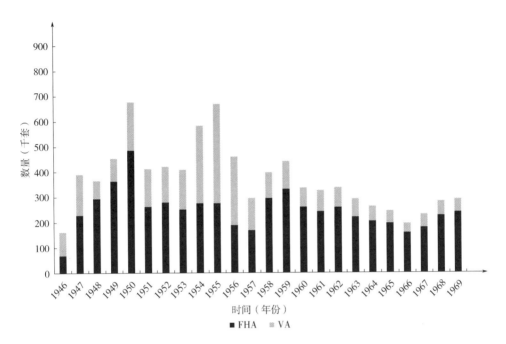

图 1-7-2 第二次世界大战后美国政府机构予以保险的新建私人住宅数量

资料来源:国海证券研究所。

涨至24%。联邦住房贷款银行每年发放的流动性支持贷款也从2.1亿美元上涨至9.5亿美元。同期,美国的平均住房价格几乎翻了一番,可以说与政府的福利政策不无干系。

为了消除由房价过快上涨带来的负面影响,政府在提高住房供给方面采取了一系列措施。沿着新政制定的方针,公共住房建设项目于1949年全面重启。至20世纪60年代末,政府建设公共住房的总花费超过了130亿美元。仅1951年就有7万套公共住房建成,占当年新建住房总量的6%。

官方建设的公共住房不仅价格低廉,而且配套设施和质量都有保障,其建设成本与私人住宅的建设成本不相上下。这些公共住房进入市场,有效地提高了房地产市场的供给量,为平抑房价上涨提供了帮助。因此,随着此类政府调控手段的日益成熟,20世纪50年代后期至60年代,美国的住宅价格褪去了第二次世界大战结束时的狂热，基本保持了平稳。

三、郊区新生活

第二次世界大战后，美国的城市和房地产格局产生了一个新的变化，那就是郊区住宅逐渐流行开来。住房郊区化与这一时期的"婴儿潮"的涌现和交通方式的变革密切相关。

通常来讲，随着城市儿童养育成本的上升，国家的生育率会随着该国城镇化的加快而下降，该规律毫无例外地显现在世界各国的工业化、城市化历史进程中。然而，美国由于战后一些独特的经济、社会因素交织，如社会保障进步、经济长期繁荣、军人回归家庭，出现了生育率大幅上升的奇特现象，"婴儿潮"随之而来。1946—1964 年，美国有 7700 万新生儿呱呱坠地，约占 1964 年美国总人口的 40%。

在当时的美国，一个家庭养育三四个孩子十分普遍。家庭规模的扩大对住宅面积提出了更高的要求。然而，经过了 20 世纪 50 年代初房价的翻倍上涨，城市中的宽敞新房对于一般家庭来说已经过于昂贵。为了给子女们一个更舒适的生活空间，搬往便宜且安静的郊区成了多数家长的唯一选择。

住宅郊区化在当时的美国并非一个新鲜的话题。早在 20 世纪初，借着有轨电车等公共交通工具革新的东风，部分城市郊区已获得了开发。然而，公共交通路线的铺设、运营成本较高，地域局限性明显，导致各郊区发展程度参差不齐，生活便利性取决于当地的公共交通发达程度。

而第二次世界大战后的这一轮住宅郊区化，由于私家汽车的普及，不再受公共交通的制约。在战争中，美国的汽车工业无论是产能还是技术都取得了大幅提升。到了 20 世纪 50 年代，美国汽车市场基本上形成了由通用（General Motors）、福特（Ford）、克莱斯勒（Chrysler）"三巨头"主导的格局，"三巨头"年轿车产量多达 500 万辆。在强大的汽车工业支撑下，美国成为真正意义上的"车轮上的国家"，1960 年，超过 3/4 的美国家庭都拥有了私家汽车。

第一章
楼市的百年沉浮·美国

　　私家汽车进一步普及的同时，美国各地政府也在全力进行城市道路的延伸扩展。从1951年起，美国每年平均新建的公路里程多达3万多千米。1956年，在汽车制造商和总统艾森豪威尔的推动下，美国政府出台了州际高速公路建设计划，计划耗费250亿美元建设长达6.5万千米的高速公路，并将美国所有人口达5万以上的城镇连接起来。州际高速公路计划最终耗费了1140亿美元，成为美国历史上最大的公共工程。

　　跨城市高速公路以及配套的城市快速路铺设后，以往在城市中心居住的市民逐渐搬迁至高速公路沿线、通勤方便的郊区，"都市圈"和"卫星城"的概念得以兴起，而在过去主要承担居住属性的城市次中心则相对衰落。1950—1970年，居住在郊区的人口比例从22%上涨至37%，居住在城市次中心的人口比例从28%下降至21%。今天，连接洛杉矶城区与郊区的"405号公路"每天迎接的车流量高达37万辆，被评为"美国最繁忙的高速公路"，这就是20世纪50年代以来住宅郊区化的最直接演绎。

第八节　1968—1981 年：危机年代——喧嚣与动荡

20 世纪 60 年代，凭借电子产业的科技领先优势，美国商品行销世界，制造业在美国经济中的比重达到巅峰，中产阶级迎来了历史上十分美好的时刻。因为金本位制的存在，美国政府和美联储在赤字与货币投放上相对谨慎，以至于通胀长期保持低位。但与此同时，"婴儿潮"又带来了消费和房地产经济的旺盛。在上述低通胀、高增长的良好环境下，美国度过了 20 年的繁荣时光。

如果说股市是一国经济的晴雨表，那么 20 世纪五六十年代的美股可以说是艳阳高照。1950—1968 年间，美股大盘大涨了 5 倍，意味着美国人的财富增值速度再次创下了历史纪录，甚至超过了著名的"咆哮的二十年代"。

1964 年，美国总统约翰逊在公众演讲时宣称："依靠大家的勇气、同情心和追求，我们会共同建设一个伟大社会，在这里没有儿童会挨饿，没有少年会失学。"一个旨在消灭贫困的"伟大社会"计划由此而来。"伟大社会"计划的内容涵盖医疗、教育、就业、环境等方方面面，但基本上围绕着两条主线：一是通过立法增进民权、缩小种族差距；二是通过财政补贴提高贫困人口的收入能力和福利待遇。

然而"伟大社会"计划虽然为增进贫困人群和少数族裔的权益做出了贡献，但是也给政府增加了不轻的财政负担，巨额财政支出更是让通货膨胀问题日益严重。

德国、日本的工业实力在 20 世纪六七十年代重新赶上了美国。美国商品在国际市场连战连败，国内制造业受到德国、日本同行的强烈冲击，"滞涨"成

第一章
楼市的百年沉浮·美国

为20世纪60~70年代美国经济的代名词。美国经济的衰落和社会的动荡最终在两次石油危机中达到了巅峰,而美国人在战后繁荣中培养起来的对国家的自信心也随之走到了终点。

一、喧嚣的尾声

美国的房地产市场是在一片喧嚣声中进入20世纪70年代的。1972年,全美当年新建了236万套私人住宅(见图1-8-1),这一数字不但较两年前上涨了64%,更是创造了美国房地产历史空前绝后的纪录,至今仍无法被超越。要知道,今日美国总人口数已经较1972年时的2.1亿人整整多出了50%,但住宅建筑活动却始终无法触及1972年的高点。为何经历了战后20年的繁荣之后,美国房地产市场仍能在20世纪70年代初开启如此汹涌的行情?这一切要从联邦政府于20世纪60年代末进行的机构改革开始说起。

图1-8-1 1968—1981年美国已开工新建私人住宅数量

资料来源:国海证券研究所。

1968年,当时的美国政府仍在约翰逊的领导之下。虽然在越南战场上美军的战事不顺让约翰逊焦头烂额，但国内的"伟大社会"计划仍在如火如荼地进行着。和罗斯福新政一样，约翰逊的"伟大社会"计划同样将目光聚焦于民众的住房保障。与经济大萧条时期不同的是，20世纪60年代末美国民众面对的住房问题，已经不再是买不起房和住房条件差，而是购房后还贷压力较大的问题。为了进一步降低民众的购房成本，并将政府的住房福利制度惠及更广大的中产阶层，约翰逊政府对住房福利机构房利美进行了改革。

新政以来，房利美作为政府机构，承担着在二级市场购买由其他政府机构（FHA与VA）担保的贷款，并向投资人按时兑付的责任。但是由于受到政府预算约束，房利美无法最大化地发挥其职能。针对这一点，约翰逊政府选择将房利美私有化，使其脱离政府预算的控制。按时兑付政府担保贷款的责任，则剥离给了新成立的机构"政府国民贷款协会"（Ginnie Mae，又称"吉利美"）。

私有化后的房利美开始"发威"。其在二级市场上购买贷款的金额从1967年的15亿美元跃升至1968年的45亿美元。房利美的不遗余力，起到了压降房贷利率、帮助购房人节省成本的效果，点燃了美国人的购房热情。房利美私有化当年，美国已开工的新建私人住宅数量相较于前一年整整多出了20万套。看到房利美成功后，1970年新一届尼克松政府继续扩大房利美的角色，允许其参与未经政府机构担保的商业贷款市场。同时为了促进竞争，又新成立了另一家与房利美职能相仿的机构——联邦住宅贷款抵押公司（Freddie Mac，又称"房地美"）。

房利美的改革和房地美的成立，空前地活跃了美国住宅市场。因此从1968年起，全美住宅价格进入上涨的快车道，到1972年已经上涨了近30%。即使剔除通货膨胀与建材成本的影响，实际住宅价格依然有明显的上行，一改20世纪五六十年代房地产市场中"加量不加价"的现象。

除了住房福利机构改革引爆了市场，1971年发生的一场美元危机更是让房地产市场"因祸得福"。20世纪60年代后期，胶着的越南战争逐渐成为联邦政府的"财政黑洞"，同时"伟大社会"计划中的福利开支只增不减，美国政府的财政赤字越扩越大。大量的政府赤字导致美元严重超发，国内通货膨胀抬头。然而，布雷顿森林体系中的固定汇率制度导致美元与各国货币间没有调整灵活性，美元渐渐被高估。1965年，法国总统戴高乐率先对美国的固定汇率制度公开表示了怀疑，在他的指示下，法国央行将美元储备换成黄金并运回法国国内。

法国表达质疑之后，20世纪60年代后期美国政府的财政情况依旧不见好转，于是其他国家央行和机构也纷纷投下不信任票，加入换回黄金的队伍。到了1971年，美联储的黄金储备已经下降到极低的水平，时任总统尼克松在未通知国际货币基金组织和其他国家央行的情况下，单方面宣布美国停止美元和黄金的固定汇率兑换，史称"尼克松冲击"，标志着布雷顿森林体系彻底崩溃。

"尼克松冲击"之后，美元即将贬值已经成为全世界的共识，为了让手中的财富不因美元贬值而缩水，美国民众纷纷抢购一切可以保值的商品，这时房产就成为最合适的选择。正是在这样的焦虑与冲动之下，美国房地产市场在"尼克松冲击"后的第二年迎来了巅峰。然而红火的行情持续了没多久，一场突如其来的石油危机，打断了房地产商的"好日子"。

二、突如其来的危机

在中东产油国决定禁运和减产的两年内，国际原油价格从2.48美元/桶飙升至11.58美元/桶。在美国国内，石油短缺的情况随处可见，等待加油的汽车在加油站前排起了长队。对于美国来说，第一次石油危机不仅是一次能源短缺危机，更是一次制造业危机。以石油作为基础能源的工业产品涨价压力巨大，石油危机期间，美国的CPI增速涨至10%以上，企业利润被涨价的石油严重挤压。

除了应对上游能源的供应压力，美国制造业企业还要面临其他国家的商品竞争。石油危机前，能源价格长期低廉，很多美国人养成了肆意挥霍资源的习惯。很多美国生产的商品也依照美国人的消费习惯设计，并未考虑到节约能源的需求。如美国生产的汽车排量普遍较大，家电耗电量也更多。但当石油危机袭来时，石油价格数倍上涨让富裕的美国人也难以承受，经济节能的进口商品开始在美国市场流行起来。

汽车市场便是各国产品激烈交锋的重要场所。在第一次石油危机爆发的当年，丰田、三菱等日本车企便携科罗娜（Corona）、戈蓝（Galant）等拳头产品杀入美国市场，因其燃油经济性和油价上涨的利好，这些新车型很快受到美国消费者的欢迎。美国本土车企反而受到石油危机的冲击，1974 年的产量萎缩了 24%。整个 20 世纪 70 年代，日本是美国汽车市场上的最大赢家，美国每年进口的日本汽车从 1970 年的 38 万辆增长到 1980 年的 199 万辆，而美国车企的市场占有率则从 76% 被压缩到 65%。

作为国民经济的支柱部门，20 世纪 70 年代，美国制造业受能源短缺和同业竞争的双重冲击，从此一蹶不振。制造业发展停滞甚至萎缩，拖累美国失业率从 1969 年的 3.5% 震荡上行至第二次石油危机时的 10%（见图 1-8-2），房地产市场的最大客户群体——中产阶级的"黄金时代"一去不复返，美国民众对新住宅的需求也因为经济形势不佳而消退。虽然在建材成本上涨的推动下，名

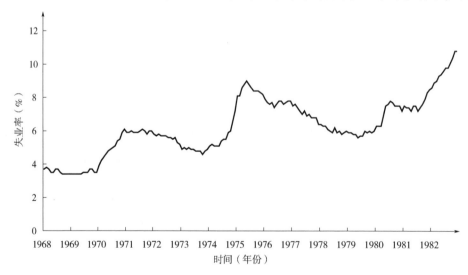

图 1-8-2　1968—1982 年美国失业率走势

资料来源：国海证券研究所。

义房价依然被迫抬升，但房地产的开工量却不断下行，第二次石油危机期间的开工数据更是较 20 世纪 70 年代初直接腰斩。美国经济已经到了"山重水复"的时刻，全社会亟须寻找一条新的道路，才能为房地产市场带来新的春天。

三、我之蜜糖

当突如其来的石油危机给美国制造业带来一片萧条与寒冬时，有一个行业却因此而受益，它就是这场危机的源头——石油产业。虽然依赖石油进口，但自 19 世纪末加利福尼亚州洛杉矶地区发现油田以来，美国始终是一个石油生产大国。在 20 世纪 70 年代的石油危机中，若要论哪个石油产地因油价上涨而受益最大，答案非得克萨斯州莫属。

得克萨斯州的石油发现与开采历史，仅较加利福尼亚州晚了 10 年左右。1901 年，一个矿井工程师在得克萨斯州的东部海岸边打下了第一口油井，拉开了得克萨斯州石油的序幕。而真正让得克萨斯州成为美国石油生产第一大州的，是年近 70 岁的退伍老兵哥伦布·马里恩·乔伊纳。1930 年，他在无数次失败后，终于成功地掘出了第一口油井，喷薄而出的石油标志着得克萨斯州最大油田已被发现。

得克萨斯州东部油田被发现之后，石油公司云集于此，得克萨斯州石油产量迅猛增长。经济大萧条期间，这里的石油供应过多，严重打压了价格。到了 1940 年，得克萨斯州已经毫无疑问地成为美国石油生产第一大州，产量达到了加利福尼亚州的两倍。得克萨斯州城市休斯敦、达拉斯等也因石油采掘、运输、化工等相关产业的发展而崛起。

在石油危机期间，这片蕴藏着"黑色黄金"的南部土地再次吸引了全美国的目光，得克萨斯州石油产业迎来了又一次繁荣。为了抑制通货膨胀，尼克松总统曾用行政命令限制本国出产的石油价格。当世界石油价格已经上涨至 10 美元/桶以上时，美国本土企业出产的石油价格仍被限制在 5.25 美元/桶，这一定程度上损害了旧油田的收入。但为了鼓励石油勘探和增产，新发现的油田不在价格管制范围之内。因此，为了追逐更多利润，大量石油公司和勘探工人涌入得克萨斯州寻找新的油田。在勘探热潮下，美国的采掘业产值占 GDP 的比重也从 1973 年的 1.4% 增长至 1981 年的 3.9%。

经历了 20 世纪 70 年代的石油红利后，得克萨斯州成为继加利福尼亚州之后的美国人口第二大州，其最大城市休斯敦的居民数量增长了 30%，而同期全美人口仅增长 11%。人口的涌入让休斯敦等得克萨斯州城市的房地产市场繁荣一时，10 年间，得克萨斯州的房租价格上涨了 258%，高于全国平均水平。20 世纪 70 年代，得克萨斯州石油行业大发展的影响甚至一直延续至今，在今天得克萨斯州的 254 个镇区中，居然有 223 个出产石油或天然气，不少石油小镇在 20 世纪 70 年代之前还是农田与牧场。石油生产在得克萨斯州如此的普遍，以至于今日的美国人提起得克萨斯州人，部分人脑海中浮现的不再是传统的牛仔，而是石油工人的形象。

第一章
楼市的百年沉浮·美国

第九节　1982—2007 年：IT、金融时代——暗流涌动的新经济

　　1980 年，曾担任两届加利福尼亚州州长的罗纳德·里根⊖参与竞选第四十任美国总统。在他竞选初期，美国经济正处于第二次石油危机的暴风中心。受伊朗伊斯兰革命与两伊战争的影响，石油价格从危机前的 14 美元/桶跳升至 1981 年年底的 35 美元/桶，致使美国国内的通货膨胀率一度超过 14%。高油价使作为经济支柱的制造业步履蹒跚，工厂普遍亏损、濒临倒闭。在制造业衰退的阴影下，美国经济于 20 世纪 70 年代经历了近 10 年的困顿，在 20 世纪 80 年代初依然看不到曙光。

　　针对美国经济中存在的顽疾，罗纳德·里根在竞选演讲时提出，要让美国重新回到罗斯福新政之前的自由市场时代。他采用"供给学派"㇑（Supply-side Economics）的经济理论为自己的施政纲领辩护，抨击强调政府经济角色和政府干预的凯恩斯主义㇐。由于契合了当时糟糕的经济现状和民众对政府管理不满，罗纳德·里根的宣传大受欢迎，最终他赢得了 90% 以上的选票。

　　为了兑现诺言，罗纳德·里根上台后迅速提出了一系列改革。他的这套政策"组合拳"被称为里根经济学，主要包含四大方向：撤销行政干预和企业福

⊖ 罗纳德·里根（1911 年 2 月 6 日—2004 年 6 月 5 日），美国政治家，第 40 任美国总统（1981—1989 年），第 33 任加利福尼亚州州长（1967—1975 年）。踏入政坛前，里根也曾是运动广播员、救生员、报社专栏作家、电影演员。

㇑ 供给学派亦称"供给经济学""供给方面经济学"，是着重从供给方面考察经济现状和寻求对策的一种经济理论。

㇐ 凯恩斯主义，是在英国经济学家约翰·梅纳德·凯恩斯的著作《就业、利息和货币通论》的思想基础上形成的经济理论，主张国家采用扩张性的经济政策，通过增加总需求促进经济增长。

利负担，恢复自由市场；大幅减少个人所得税和公司税；减少政府福利和基建开支；支持美联储的货币政策，严格控制通货膨胀。

罗纳德·里根可以说是无为而治的典范，在他的任期上，联邦政府是自罗斯福以来颁布法案和行政命令最少的一届，与他的前任几乎每天都在签署法案的卡特形成鲜明对比。虽然看起来并不勤奋，但是他的政策方向却直指美国经济中的深层矛盾，并取得了良好效果。例如，他上台后的第一件事就是撤销石油限价命令，因为该命令抑制了本国石油企业的增产行为。恢复市场定价后，美国的石油产量果然恢复了增长，进而帮助弥补了石油供应缺口。

罗纳德·里根在货币政策上也有着清晰的立场。为了解决10年来严重的通货膨胀问题，他不惜以经济衰退为代价，这给了"鹰派"美联储主席沃尔克极大的政治支持。得到支持的沃尔克在罗纳德·里根上任的当月，就将政策利率提高到了20%——这是美联储成立以来政策利率所达到的最高值。就像预期的那样，大幅加息之后，投资需求被摧毁。美国经济在之后的2年间陷入严重衰退，失业率一度上升至10%。在付出巨大的代价后，罗纳德·里根终于得到了想要的结果：1983年，美国CPI增速回落至3%以下。笼罩美国经济10余年的通胀阴影终于云开雾散，沃尔克也一战成名。20世纪80年代前中期，在沃尔克的铁腕治理下，美国的通货膨胀再也没有抬头，经济秩序得以恢复。

物价得到成功控制后，美国民众的消费欲望重新释放出来；结合减税、加速折旧等一系列政策刺激，投资大幅反弹，1983年年底，美国的GDP增速一度高达8%，复苏的春风吹拂着美国民众。这一轮美国经济的繁荣实际上一直持续到了20世纪90年代末，但在舞台上唱主角的已经不再是过去一百年间曾多次发生过的、属于制造业的革新和进步，取而代之的是以信息技术、金融业为代表的高端服务业登上舞台，并逐渐动摇制造业的支柱地位。它们标志着美国已经进入后工业化的"新经济"时代。

一、梦想从车库里走出

1976年，21岁的史蒂夫·乔布斯在北加利福尼亚州圣克拉拉县（Santa

第一章
楼市的百年沉浮·美国

Clara）的一间车库里成立了苹果公司。今天，圣克拉拉县周边地区因为高科技公司云集，被称为"硅谷"。史蒂夫·乔布斯正是在这里组装了50台苹果Ⅰ型电脑，并出售给了当地零售商，掘出了创业的第一桶金。

1977年，史蒂夫·乔布斯和同事开发出了划时代的苹果Ⅱ型个人电脑。该型电脑因为具有彩色显卡和面向消费者的应用程序，功能完善且易于学习，开创了个人电脑的先河，一经推出便获得了市场关注，苹果Ⅱ型个人电脑的销量也水涨船高。仅凭借这一款产品，苹果公司的年收入就从1977年的77万美元上升至1980年的1.18亿美元。1980年，苹果电脑的股票正式在纳斯达克证券交易所上市，460万发行流通股在1小时内售罄，成为自20世纪50年代福特汽车公司上市以来超额认购最多的一次IPO。这次IPO的成功，让苹果公司跻身《财富》世界500强企业排行榜，也宣告了个人电脑时代的到来。

进入20世纪80年代，苹果Ⅱ型个人电脑进一步成为美国学校采购的标准型号，全社会沉浸在学习使用电脑的浪潮当中。个人电脑的普及，让计算机不再仅仅是担任工厂生产线的指挥中枢，更成为普通职员办公的得力工具，个人工作环境和效率发生了翻天覆地的变化，以往办公桌上杂乱的案牍消失不见，所有的信息被存储进电脑。在个人电脑的帮助下，20世纪80年代美国的劳动生产效率显著增长，经济因此而繁荣。

无独有偶，与史蒂夫·乔布斯创办苹果公司的几乎同一时间，比尔·盖茨和保罗·艾伦也在新墨西哥州的一家车库创办了微软公司。不过比尔·盖茨为了照顾家人，很快将微软总部搬迁到华盛顿州西雅图近郊。如果说20世纪80年代美国最耀眼的业界明星是苹果公司，那么20世纪90年代这一桂冠必然归属微软公司。借着苹果公司带来的电脑硬件普及的东风，20世纪90年代，微软公司开发的软件，如Windows操作系统、Office办公软件和IE浏览器相继占领了市场。

特别是20世纪90年代互联网被发明后，用户的指数级增长让创业者和投资机构蜂拥而至，闯进这一片充满机遇的蓝海。反映在股市当中，则是1995—

1999年美国信息技术板块指数上涨了7倍,形成了著名的"互联网泡沫"。作为信息技术板块中的明星,微软公司将三位创始人——比尔·盖茨、保罗·艾伦和史蒂芬·鲍尔默送进了1999年《福布斯》全球亿万富豪排行榜中。

史蒂夫·乔布斯、比尔·盖茨等创始人正值壮年,早早地名利双收,发挥出了强大的示范效应,激励了一批又一批追求财富的年轻人涌入信息技术行业。也因为各大IT公司总部坐落于此,美国太平洋沿岸形成了一条北至西雅图、南达旧金山与硅谷的信息技术产业带。年轻人的涌入、丰富的高薪工作机会,最终反馈到各IT城市的房地产市场当中。1990—2007年,微软总部所在地国王县与苹果总部所在地圣克拉拉县的平均住宅房价分别增长了180%与175%,在全美所有县治中名列前茅。对比而言,同期底特律、匹兹堡、克利夫兰等工业城市的房价涨幅却不过100%。

即使到了今天,美国西海岸的IT传奇依然在持续。在微软、苹果公司的总部附近,亚马逊、谷歌、脸书等IT新贵于金融危机后崛起。这些大型科技公司的利润步步高升,不但在股市中支撑其股价一路长虹,也提示着IT城市的房地产市场依旧沐浴在行业红利当中。事实也的确如此,2014—2019年,西雅图与旧金山都会区的房价分别上涨了63%与53%,涨幅在全美241个城市中排名第9和第27。而处于硅谷中心的圣何塞市,当地住宅价格中位数更是夸张地达到110万美元,冠绝全美。这一创纪录的数字意味着,自美国建国以后的200年间,纽约曼哈顿区一直雷打不动地担当着美国房产价格的"屋脊",然而IT时代的硅谷已超越了曼哈顿,重新定义着美国房产价格的上限。

二、拔苗助长的政府

在20世纪80年代里根经济学重塑政府治理模式的时候,政府的房地产政策思路也发生了重大转折。

在政策框架中首先被改革的,是罗斯福新政中设立、于1949年重启的公共住房建设项目。到20世纪80年代初期,该项目已经进行了超过30年,共建设

第一章
楼市的百年沉浮·美国

超过 200 万套公共住房。虽然解决了众多低收入家庭的住房问题,但是新的问题却随着项目的全面深入而出现。除了老生常谈的政府项目效率过低等问题,公共住房最大的问题是加剧了美国社会的贫富分化和种族隔离。

正是由于这些问题,公共住房项目在 20 世纪 80 年代成为种族平等和政治正确的靶子,在 1983 年修订《住房与社区发展法》时被首先予以革除。取而代之的是允许租户自主选择住房的补贴金项目,该项目规定,如果房租市场价超过低收入家庭收入的一定比例(通常为 30%),那么政府将对"价格收入差"进行补贴。此外,政府也通过抵扣房东税收的方式,支持他们降低向低收入家庭要求的租金。

而在对待中低收入家庭、少数族裔买房的问题上,联邦政府更是竭尽全力。从 1990 年开始,联邦政府十分重视提升中低收入和少数族裔家庭的住房自有水平。不仅联邦政府每年向首次买房的目标家庭提供数十亿美元的补贴,住房与城市发展部(HUD)更是硬性要求"两房"机构(房利美和房地美)每年收购的中低收入家庭房贷规模要超过一定比例,以降低目标家庭的贷款利率和购房成本。例如 1993—2007 年,HUD 向"两房"下达的收购中低收入家庭贷款的比例指标就从 30% 上升至 55%。

对待住房保障问题最激进的,莫过于小布什总统。自从互联网泡沫破灭以来,小布什不但将住房福利制度当作促进社会平等的手段,更将房地产行业视为替代互联网投资、进而刺激经济复苏的一种工具。在他上台后,美国政府相继颁布了《美国梦首付法》和《零首付法》,加大对少数族裔购房首付的补贴力度,并要求将 FHA 保险贷款的首付比例降低至 0。

以 20 世纪 80 年代为分水岭,我们可以发现联邦政府的住房保障政策路径从过去的增进供给转向全面补贴需求端。因此,无论是对目标家庭的租金补贴还是购房补贴,都起到了推动房价上涨的效果。1982—2006 年,美国的平均住宅价格增幅高达 275%(见图 1-9-1),低通胀时期产生如此大的价格涨幅,在美国历史上是前所未见的,这在一定程度上要拜联邦政府的住房福利政策所赐。

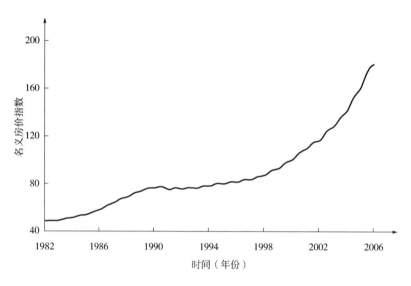

图 1-9-1　1982—2006 年美国名义房价指数

资料来源：国海证券研究所。

特别是在小布什总统任上，由于他激进的住房政策，美国的住宅价格上涨速度进一步加快，以至于吹出了巨大的房地产泡沫。在他的福利保障政策下，大量本来没有购房和抗风险能力的家庭顺利地拥有了新房子，代价却是美国的金融机构和"两房"承担了巨大的信用风险。

2004—2006年，美国每年新发放的次级贷款接近6000亿美元，这些次级贷款形成了巨大的资产"地雷"。当房地产市场向好的时候，这些信用风险都被掩盖，一旦经济形势转差，家庭的收入下滑导致房贷系统性断供，美国的金融体系将会遭受难以愈合的创伤。事实上，仅数年之后，这些被忽视的风险就给了激进的小布什总统一个刻骨铭心的教训，全美乃至全世界都要一起承担美国房地产泡沫崩溃的伤痛。

三、金融大爆炸

20世纪八九十年代，在新兴的信息技术行业经历风口的同时，传统的金融

第一章
楼市的百年沉浮·美国

行业也因为监管松绑,迎来了一次"金融大爆炸",这场"金融大爆炸"深刻地改变了全美房地产市场的运行逻辑。

美国金融行业的系统性监管最早可以追溯到罗斯福新政,其中大部分政策是罗斯福总统和他的执政团队在经济大萧条"血的教训"中总结出来的。半个世纪之后,罗纳德·里根认为这些监管政策过于老旧,已经严重制约了金融行业的发展,不利于整体经济的快速成长,因此开始着手金融自由化改革。时任美联储主席的沃尔克并不认同去监管化观点,他认为金融监管政策对于防范金融风险来说是十分有必要的。可惜的是,罗纳德·里根不仅没有听进沃尔克的话,甚至在1987年将这个美国经济的"功臣"从美联储扫地出门,换上了支持金融自由化的艾伦·格林斯潘,为自己的施政扫清了障碍。

在罗纳德·里根和艾伦·格林斯潘的指导下,美国的金融自由化如火如荼地展开。例如,在1986年,所有存款利率不再设限,美国全面实现了利率市场化。同一年,美联储允许商业银行部分涉足投资银行、保险销售、证券经纪业务。1994年出台的《里格尔-尼尔州际银行和分行效率法》最终在联邦政府层面正式承认全国性商业银行的合法地位,打破了商业银行的地域藩篱。1999年颁布的《金融服务现代化法案》则标志着美国金融业分业经营体制的结束。

在金融自由化的浪潮中,金融机构间的竞争加剧了,但与此同时赚取利润的工具也变得多种多样。为了追逐更多利润,以求在激烈的竞争中脱颖而出,美国各大商业和投资银行都积极投身于金融创新。资产证券化、信用违约掉期等创新型金融工具层出不穷,美国金融衍生品市场获得了急速膨胀。

特别是20世纪80年代以来,美国房地产市场在政府的呵护下一路凯歌,让金融机构纷纷加大了针对房地产资产的投入和创新。在房贷市场上,前端的贷款发放机构、商业银行加大了贷款投放力度,并迅速将贷款出售给"两房"。"两房"再将房贷资产证券化,打包后出售给后端的金融机构。投资银行再基于抵押贷款相关证券进行多种金融工具的创新,并分发给海内外的终端投资人。到2006年,抵押贷款相关证券的存量已经达到8.4万亿美元,较1990年的1.3

万亿美元增长约 5.5 倍。就在这样的层层的包装与传递中,房屋贷款的表面风险被各种金融工具掩盖了,但实际风险却被这些衍生产品数倍放大,并扩散至全球。

"金融大爆炸"对 2000 年后的美国房地产市场泡沫脱离不开干系,同一时间发生的还有以美联储为首的"货币大爆炸"。自艾伦·格林斯潘执掌美联储以来,美联储的货币政策取向一改沃克尔时期的"鹰派"政策,全面转向宽松。特别是在互联网泡沫破灭及"9·11"事件之后,美联储将政策利率一降到底,开启了货币的超宽松时代。无数美元自美联储这个"水龙头"滚滚流出,再经过金融机构,流进了房地产这个"蓄水池"里,最终将房地产的泡沫越吹越大。因此,美联储的过度宽松很大程度上成为 2008 年国际金融危机的源头。

第一章
楼市的百年沉浮·美国

第十节 2008年至今：金融危机——大时代的落幕

2007年夏天，一连串危机的警报在美股市场中此起彼伏并引发了市场巨震。1年半的时间内，美股重挫58%，贝尔斯登、雷曼兄弟等金融巨头轰然倒塌，"两房"被美国政府接管，让全世界第一次清楚地领略到"次贷危机"的威力。但是实际上，引发金融危机的这场房地产衰退，自2006年就已经开始了。

2006年年中，因为房地产泡沫引发通货膨胀上升，美联储终于意识到了房价过度上涨带来的危害，着手收紧货币。然而美联储的行动已经太晚，巨大的市场泡沫已经形成，其中包含的风险已经根植于全世界各大金融机构的资产中。美联储大幅调高利率后，房地产市场骤然转冷，房价开始下滑。紧接着大量没有风险抵御能力的次级贷款人开始违约，住宅资产瞬间从各大金融机构争抢的"香饽饽"变成了"烫手的山芋"。

随着衰退行情的持续，各大金融机构终于被积累的坏账拖垮，危机开始发酵。金融体系的瘫痪，使次级贷款危机转化为全面的金融危机，并传染至实体经济。在危机最为严重的2009年，美国实际GDP缩水了3%，失业率飙升至10%，美国三大汽车公司中的两家——通用汽车和克莱斯勒也申请了破产保护。

由次贷危机引发的金融危机，是大萧条以来美国经历过的最严重的衰退。为了拯救经济，美国联邦政府总共花费上万亿美元清理各金融机构的"有毒资产"，同时拉动需求、托底经济。金融危机不但证明了美国政府在房地产刺激政策上的失败，也证明了20世纪90年代美国金融自由化改革的失败。不但金融危机的"罪魁祸首"——滥用金融创新的华尔街受到了美国民众的广泛抗议，"占领华尔街"运动席卷全美。连一手推动了金融自由化改革的美联储前主席艾伦·格林斯潘也声誉受损，受到了学术界的广泛批评。

贝拉克·奥巴马⊖上台之后，重新启用了坚持监管的美联储前主席沃尔克，制定了经济大萧条以来最全面、最严厉的金融改革法案《多德-弗兰克法案》，严格限制银行业自营、衍生品交易，并赋予美联储更多监管责任。针对房地产泡沫的源头——布什政府的过度刺激政策，奥巴马政府也予以了纠正，不但取消了零首付贷款，还加强了对贷款人偿付能力的审查和披露。

在强监管措施以及经济衰退的双重打击之下，美国住宅价格的下跌一直持续到了 2012 年。在此期间，美国已开工新建私人住宅数量达到了第二次世界大战结束以来的最低值（见图 1-10-1）。虽然在美联储创造的超宽松货币及低利率环境下，美国房地产市场自 2013 年起回暖，住宅价格到今日又有了 50% 左右的增长（见图 1-10-2），但是在表面的复苏之下，美国房地产市场的"大时代"已经宣告落幕。

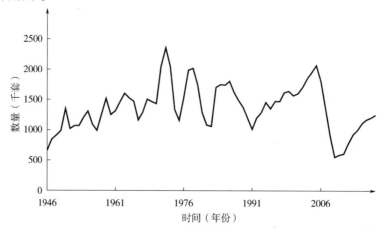

图 1-10-1　第二次世界大战后美国已开工新建私人住宅数量

资料来源：国海证券研究所。

⊖ 贝拉克·奥巴马（Barack Obama，1961 年 8 月 4 日—），2009—2017 年任第 44 任美国总统。

第一章
楼市的百年沉浮·美国

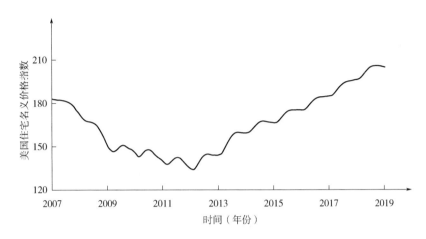

图1-10-2　2007—2019年美国住宅名义价格指数走势

资料来源：国海证券研究所。

一、钢铁已然生锈

2013年7月18日，底特律这座"汽车之城"正式申请破产保护，从而成为美国历史上最大的破产城市。底特律的破产，让世人的目光开始关注美国的"锈带"问题，以及去工业化进程带给这些老工业区房地产市场的创伤。

在底特律申请破产的100年前，第一辆福特T型车从装配流水线下线，那时的底特律刚刚崭露头角。随着各大汽车厂商相继将生产线落户底特律，福特又率先提高了汽车工人的薪资水平，底特律在20世纪一二十年代因此受益，成为全美发展最快的城市，当地的房价上涨幅度也遥遥领先。第二次世界大战后的五六十年代是底特律的高光时代，作为福特、通用汽车的总部所在地，底特律毫无疑问成为首屈一指的汽车之城，这里生产的汽车能够出口至全世界。

然而伴随着美国劳动力成本的上涨和技术优势的丧失，底特律的汽车企业面临的外国产品竞争压力越来越大。20世纪80年代之后，各大车企纷纷将生产线转移至劳动力成本更廉价的地区，并加速了用机器代替人工的速度，底特律的失业问题逐渐暴露。特别是金融危机以来，由于大规模的失业，底特律从汽车之城退化为"犯罪之城",在一些治安不好的街区,房子甚至可以用1美元买到,不禁令人唏嘘。

底特律的问题,是美国东北部五大湖周围,汽车、钢铁、化工产业密集区所面临的共同问题。在匹兹堡、克利夫兰、圣路易斯等地,这些老工业区在百年前都曾有过光辉历史,今日却或多或少地因为工业岗位的流失以及随之而来的低收入、犯罪等问题,让当地的房地产市场饱受打击。例如在克利夫兰,2018年当地的平均住宅价格不过13万美元,在全美100大城市中排名倒数第8,与西海岸IT城市动辄接近百万美元的房价相比,可谓相形见绌。

今天人均GDP已超过6万美元的美国,依然在发展高端服务业的道路上前行,仅凭借人力成本优势实现再工业化,已经是无稽之谈。面对厂区关停、岗位流失的窘境,东北部的老工业城市也在各自寻找破局的可能性,如发展文化创意产业等。但是在找到一条前景光明的道路前,转型的阵痛不可避免,当地房地产市场也将长久地笼罩着低收入和人口流失的阴影。

二、一个时代的终结

一个国家快速城镇化的时期,或者说人口流入城市的时期,通常是房地产市场获得大发展的时期。若要以此为依据,那么美国的房地产市场的"黄金时代"从南北战争后起步,而金融危机则宣告了这个时代的结束。

从多种因素综合来看,今天的美国房地产市场,很可能不会重现如20世纪般的发展盛况。进入21世纪以来,美国的城镇化率已经接近80%,这在发达国家中处于较高水平。即使早于美国半个世纪完成城镇化的英国,2018年的城镇化率也不过83%,证明美国城市已经没有多少吸纳农村人口的空间了。虽然仍有硅谷、西雅图等少数城市凭借先进产业吸引着全国而来的年轻人,但却以其他城市的人口流失为代价。在国家层面上,美国房地产市场已经归于平静。

从年龄结构的角度看,金融危机后占到美国人口1/4的"婴儿潮"一代逐渐退休,意味着美国也面临着人口老龄化的问题。第二次世界大战后,正是上千万年轻的军人对组建家庭、结婚生子的渴望，促成了美国的战后繁荣和房地产牛市。然而，随着城镇化率的提升和养育成本的增高，美国家庭的生育意愿也不可避免地遵循了自然规律，生育率从 1960 年的 3.7 下降至 2017 年的 1.8。年轻人的减少和生育意愿的降低，决定了未来美国房地产需求将长期处于平稳甚至萎缩的阶段。

从住房拥有率的角度看，自 20 世纪 60 年代以来，美国的住房拥有率长期在 64% 左右徘徊。看似仍有接近 1/3 的家庭没能住上自己购买的房子，但这一比例是由社会分层和贫富差距决定的。在小布什政府的刺激之下，2000 年后美国的住宅拥有率曾一度上升至 69%，然而金融危机却用经济规律残酷地打破了这一幻境，美国的住宅拥有率再度退潮。并且由于去工业化造成的中产阶级规模萎缩，美国的贫富差距自 20 世纪 80 年代以来持续拉大，趋势没有扭转的迹象。贫富分化将进一步损害低收入人群的购房能力，不利于未来房地产市场的更好表现。

今天，美国房地产的大时代已然落幕。但回想 100 多年前，美国的城市与工业化一同起步，经历了铁路、钢铁、电力、汽车、电子、信息技术的产业革命。在产业革命的浪潮中，房地产市场与这些实体产业一同沉浮，勾勒出一幅跨度长达百年的城市发展画卷。

第二章
从坎坷中走向成熟·德国

第一节 1945—1969 年：经济奇迹

如今"德国制造"已经成为高品质的代名词，小到一块手表，大到一辆汽车、一架飞机，德国企业生产的高品质产品已融入各种各样的生活场景。在德国城市街头，悠久的历史为德国留下了富丽堂皇的宫殿、巴洛克风格的广场，罗马帝国时期的古建筑与现代建筑交相辉映，而这些建筑恰恰是德国房地产市场发展历史的见证者。

德国房地产市场以长期稳定闻名于世，已经成为世界各国制定房地产相关政策的重要参考。不过，深入了解德国住房市场的发展历史可以发现，这个稳定的房地产市场也曾经历了风光与低迷。只是与其他国家相比，德国的房地产波动幅度比较小，没有明显的大起大落，而德国房地产市场的波动实际上与各个时期的产业变迁和经济发展息息相关。

德国经济发展以汽车、电子、机械制造和化工为支柱，汽车产业是德国国家发展史中不可或缺的组成部分。以慕尼黑的房地产市场为例，汽车产业的发展带来了房价的一路高歌。慕尼黑是著名车企宝马汽车总部所在地，一辆辆汽车从宝马的生产基地运出，慕尼黑的房价也随之步步上涨。在德国经济转型中，以汽车和高科技产业为支柱的慕尼黑，开始以"工业4.0"的智能化要求升级产业，并逐梦金融业，房价在这一阶段中更是突飞猛进。根据德意志银行的统计，2010 年，慕尼黑公寓房房价为每平方米 2970 欧元（同期约折合每平方米 26 165 元人民币），而到了 2018 年，公寓房房价已上涨到每平方米 6540 欧元（同期约折合每平方米 51 336 元人民币），慕尼黑已然成为德国房价最高的

第二章
从坎坷中走向成熟·德国

城市。

如今,在古建筑与现代建筑交相辉映的慕尼黑,有谁能看出今天的德国在第二次世界大战战败后也曾萧条败落,整洁、干净的德国街道也曾经是一片废墟?

一、战后的断壁残垣

1945年5月7日,德国最高统帅部高级官员约德尔代表德军在法国汉斯签署无条件投降协议,欧洲战场的战事宣告终结。1945年9月2日,停靠在东京湾的密苏里号战列舰主甲板上,日本正式签署投降书,给全球带来无尽灾难和痛苦的第二次世界大战终于落下帷幕。

在希特勒自杀、纳粹德国无条件投降后,按照《克里米亚声明》和《波茨坦协定》,作为战败国的德国被苏、美、英、法四国瓜分。1949年,美国联合英国、法国合并西部占领区,并统一经济政策,成立联邦德国政府(以下简称"西德")。而为了与美国形成反击,苏联在德国的东部封锁柏林,成立民主德国政府(以下简称"东德"),昔日的德意志帝国被一分为二。

除了在政治上遭受分裂的制裁,德国的房屋建筑也遭到致命的破坏。在强大的炮火攻势之下,柏林几乎沦为废墟。其他城市的情形也相差无几,轮番轰炸之下,德国城市街头几乎只剩下断壁残垣。

事实上,美国政府曾对西德进行调查。调查结果显示,西德境内的1.2万个工厂和工业设施,只有10%左右能继续进行有限的生产。原有的住房建筑体系中,18%的住房被炮火轰炸成废墟,20%的住房受到不同程度的损坏。而在被炮火集中轰炸的大城市,房屋的毁损率更是高达70%,西德住房体系几乎归零。许多西德人无家可归,无房可住,只能寄居在地下室。在冬季来临时,西德人只能依靠瓦砾、砖头、木纸板挡风御寒。而在炮火轰炸较少的郊区,房屋建筑受破坏程度虽然相对较小,但剩下的住房也只能勉强维持几户家庭挤在一套房子里的情形。

为了解决战后的住房问题，西德政府焦头烂额，政府和民众根本没有足够的资金来建设住宅。曾经实力傲视欧洲列强的德意志帝国，在当时却沦落到连修建住房都捉襟见肘的境地。而导致这一切的原因，除了战争赔款，还要从战后西德受到的生产限制说起。

二、危机后的新转机

第二次世界大战前，德国曾是镶嵌在欧洲大陆皇冠上的一颗明珠，强大的经济和军事能力本质上也是其发起第一次世界大战和第二次世界大战的助推剂。1944年9月，盟军为消灭德国再次发动战争的可能性，提出了"摩根索计划"，旨在破坏德国军事体系的关键基础工业。1946年3月，盟军又签订了"工业水平计划"，这一计划希望通过销毁1500家制造企业的基础设施，将西德的重工业生产水平降低至1938年的50%以下，同时将钢铁的生产量控制在战前的25%以下。

工业生产受限后，西德自然就陷入全面的危机。德国农业产区集中在东部，战前曾源源不断地向西部输送黑麦、土豆和甜菜，而反观西部，80%以上的人口都是非农人口，仅有的农场只能养活2000万人口。此外，在战争的影响下，西部粮食产量只能达到战前水平的2/3，本土粮食供应严重不足。

二战后，东部被苏联封锁，西部地区难以获得东部的粮食供给，剩余的粮食缺口必须通过进口来满足。但工业生产受限，西德经济下滑，根本没有资金支撑大量的粮食进口。迫不得已，西德只能限制饮食摄取，政府将每人每天的饮食摄取量限定在1500卡路里以下，热量仅与10克黄瓜相当。即使是被称为"工业心脏"的鲁尔区，很多矿工的家庭也难以获得足够的食物。可以想象，曾经助力经济发展的重工业受到限制，加上民众基本的粮食需求无法满足，西德的经济必然会陷入低迷。

与此同时，与西德经济活动联系密切的欧洲大陆，也处于百废待兴的局面。

为了重建欧洲，实现欧洲的经济复兴，在刘易斯·布朗做出的《德国报告》基础上，美国政府于1948年通过了"马歇尔计划"。根据这项计划，美国政府向西欧实施超过120亿美元⊖的经济援助，其中对西德的经济援助达14亿美元，同时美国也开始放松对西德工业生产的限制。

在美国的援助计划之下，西德重新购买生产设备、重建厂房，工业企业的生产很快便回到了正轨。西德经济也应声反弹，并开始以惊人的速度恢复。在1951—1960年的10年时间里，西德国民生产总值增速常年保持在7%以上（见表2-1-1），这一快速增长现象也被当时的《泰晤士报》形象地称为经济奇迹。

表2-1-1　1951—1960年西德国民生产总值增速

时间（年份）	1951	1952	1953	1954	1955	1956	1957	1958	1959	1960
国民生产总值增速（%）	10.5	8.3	7.5	7.4	11.5	6.9	5.4	3.3	6.7	8.8

资料来源：国海证券研究所。

三、"工业心脏"的繁华

在西德持续10年的"经济奇迹"中，鲁尔工业区功不可没，在经济发展中发挥了重要作用。鲁尔工业区位于莱茵河下流支流鲁尔河与利珀河之间，区域内煤炭资源丰富。在煤炭开采之前，鲁尔工业区的煤炭地质储量为2190亿吨，煤炭资源占当时德国总储量的75%左右。

鲁尔工业区境内有莱茵河、鲁尔河、利珀河和埃姆斯河4条运河，形成了天然的水运网络。而在陆路，鲁尔工业区可以称得上是"欧洲的十字路口"，地处东西欧往来的"圣路"地带，同时也是北欧通向中欧和南欧的捷径。在发达的水路、陆路运输体系下，鲁尔工业区的煤炭得以输送到西德其他区域乃至整个欧洲市场。

⊖　按照同等的购买力，1950年前后的120亿美元约为2018年的1000亿美元。

早在 19 世纪上半叶，鲁尔工业区便开始了大规模的煤炭开采，钢铁生产随后也在这里如火如荼地开展。鲁尔工业区也因此孕育了德国历史最悠久的城市聚集区，其中包括多特蒙德、艾森、杜伊斯堡等全球著名工业城市，全球最大的钢铁生产商之一蒂森克虏伯也诞生于此。

1850 年前后，克虏伯家族在埃森建立了铸钢厂。随后的德国铁路建设浪潮产生了大量的钢铁需求，蒂森克虏伯也因此迎来了成立后的第一次快速增长，迅速成长为一家大型钢铁生产企业。第二次世界大战时期，蒂森克虏伯一跃成为德国最大的军工厂，其生产的 800 毫米铁道炮是战争期间德国军队使用的最大火炮。除了规格惊人，铁道炮的性能也非常好，即使距离攻击目标 37 千米之外，也能成功发射重达 7 吨的炮弹。

第二次世界大战后，蒂森克虏伯因为对纳粹政权的支持而受到盟军的起诉，生产一度受到重创。朝鲜战争爆发后，美国对军用武器的需求攀升。在资本主义阵营中，德国曾是军工武器生产的主力军。于是，为了尽快在武器上占据优势，美国全面放开了对西德的工业生产限制。蒂森克虏伯在这一期间重启军工业务，生产的军工武器大量出口到朝鲜，迎来了新的增长。朝鲜战争结束之后，蒂森克虏伯继续如火如荼地开展钢铁生产业务，跻身欧洲前十大企业，鲁尔工业区也在当时重新回到"工业心脏"地位。

在这一时期的鲁尔工业区，煤炭和钢铁成为发展支柱。高炉日夜开工，四季不停，炼钢厂的灯光让这片区域的夜晚也像白天一样明亮。下班的煤炭工人还没从矿井出来，换班的煤炭工人就早已从家中出发，来到了矿井口等待着下井命令。

事实上，煤炭和钢铁产业的发展需要大量的劳动力，西德的用工缺口在这一时期也不断扩大。按照当时"经济奇迹"的发展速度，西德每年需要多招揽 3% 的劳动力，才能不断满足增长的用工需求。因此，除了招聘更多西德人，东部省份的数百万难民也全都被西德纳入劳动力队伍。

劳动力大量涌入西德后，如何解决工人的住房问题成为当时政府需要思考的一个难题。西德面临严重住房短缺,第二次世界大战后,西德家庭共有1460万户,但是只有940万套住宅可以居住,住房缺口高达520万套,很多家庭只能共用一套房子(见图2-1-1)。随着新的劳动力不断涌入,西德的住房缺口进一步扩大。

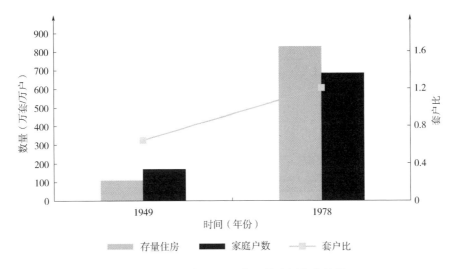

图2-1-1 1949年、1978年西德存量住房情况
资料来源:国海证券研究所。

于是,为了解决缺房问题,西德政府颁布了《住宅建设法》。政府联合大型住房企业共同建设福利住房,合作住房企业可以获得国家财政优惠或者补贴。当时西德的福利住房主要是针对战后居无定所的中低收入人群,以出租为主,基本不对外出售。

同时,为了保证更多西德家庭能入住福利住房,政府与合作住房企业约定,在建成后的20~30年时间里,房租必须设定为建造成本价。住房企业不得擅自提价,只有等到约定期满后,才能按照市场价格对房租进行调整。

当然,除了住房企业之外,用工企业在同一时期也开始搭建职工住宅楼。蒂森克虏伯便在这一时期修建了大量的职工住宅楼,低价或者免费为钢铁工人提供住宿。于是,在多方共同参与的住房建设潮之下,20世纪50年代,西德新建住宅速度明显加快。虽然住房需求并没有完全被满足,但是战后西德严重缺房的问题还是暂时得到了缓解。1949—1973年西德年竣工住房套数见图2-1-2。

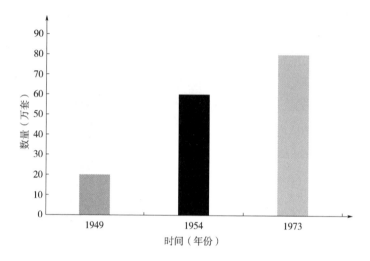

图2-1-2　1949—1973年西德年竣工住房套数

资料来源:国海证券研究所。

第二章
从坎坷中走向成熟·德国

第二节　1970—1979 年：牛市来临

　　钢铁和煤炭产业的蓬勃发展，也为鲁尔工业区埋下了隐患。炼钢厂日夜开工，废气源源不断地从高炉烟囱中排出，鲁尔工业区的空气也因此受到了严重的污染，白天也昏暗得像夜晚一样。而炼钢厂随意排放的废水，也让原本清澈见底的鲁尔河变成了流着黑色不明液体的"臭水沟"，鲁尔工业区的生存环境日益恶化。

　　于是，西德政府开始计划对鲁尔工业区进行整改，希望通过关闭部分钢铁企业来减少环境污染，中小型钢铁企业举步维艰。屋漏偏风连夜雨，在鲁尔工业区进行整改的同时，石油田的相继发现也让全球能源结构的重心逐渐偏离煤炭，煤炭产业的地位开始大幅下降。

　　事实上，自 1960 年开始，中东地区一大批油气田就相继被发现，这其中包括最大的陆地油田——沙特阿拉伯加瓦尔油田，也包括最大的海上油田——沙特阿拉伯萨法尼亚油田，仅仅这两个油田的探明储量便达到了 150 亿吨。1965年，北非的阿尔及利亚发现了哈西迈萨乌德特大油田和哈西勒迈勒特大气田，年产量仅次于加瓦尔油田。油田的相继发现让石油开采量实现了大幅提升，油价也随之大幅下降，石油和天然气开始取代煤炭成为能源主体，全球能源结构也开始从"煤炭时代"迈入"石油时代"。

　　随着石油时代的到来，煤炭的需求量大幅下滑，鲁尔工业区陷入了严重的产能过剩。事实上，经历了一个世纪左右的持续开采，鲁尔工业区的煤炭资源早已不像 19 世纪时那样丰富。当时，鲁尔工业区的平均煤炭开采深度已经超过了650米，开采难度不断增大。此外，全球其他地区也开始了煤炭开采热潮，来自美国和东欧的廉价煤炭和钢铁让鲁尔工业区的竞争力大降低。鲁尔工业区多家煤炭和钢铁生产企业因此面临倒闭或是被吞并的命运，即使是蒂森克虏伯这样的大型钢铁企业，在当时也不得不将每年的钢铁生产计划严格控制在90万吨以下，并勒令关停旗下众多的铸钢厂。

企业的关停潮让鲁尔工业区经济遭受重创，失业率攀升。鲁尔工业区"经济奇迹"期间的辉煌不再，"工业心脏"的地位也岌岌可危，房地产市场跌入谷底。鲁尔工业区的原住民纷纷开始计划搬离，之前建造的房屋住宅也因为环境污染问题而难以卖出。即使频频被挂出降价促销的招牌，原有住宅也鲜有问津。鲁尔工业区因此成为当时西德房价最低的城市之一。

在这次的经济低迷期间，大面积的失业潮让很多西德家庭丧失了收入来源，无法负担住房租金。针对这一问题，西德政府从两个层面着手解决。一是颁布了《住房补贴法》，由政府负责填补实际租金与家庭可承受租金负担之间的差额。政府向租户提供租金补贴，以此来保障租房者的最低居住空间，保证即使在经济低迷期间，西德家庭的基本住房需求也可以得到满足。二是为了扭转经济的颓势，提高人民群众的收入水平，西德政府计划开始实施产业结构升级，由依靠煤炭和钢铁产业转向发展具有高附加值的产业，汽车和高科技等产业因此成为重点发展方向。

一、因汽车而繁荣

可以说，汽车产业是西德产业发展史上浓墨重彩的一笔，早在19世纪，德系车企就已经成为全球汽车行业的发展标杆。在产业转型的背景下，西德的汽车企业又迎来一次新的发展机遇，而在当时发展壮大的汽车企业中，不得不提及的便是大众集团。

大众集团是位于德国北部的一家汽车公司，也是全球汽车行业中实力最强大的跨国集团之一。之所以起名为"大众"，是因为当时的德国政府想建成一

第二章
从坎坷中走向成熟·德国

家"为人民大众生产廉价汽车"的公司。20世纪30年代,德国汽车人均拥有量远低于美国,德国人上下班主要依靠自行车或公共汽车。为了生产让普通人也能买得起的经济型汽车,由当时著名的工程师费迪南德·波尔舍主持设计工作,随后成立了大众汽车集团。不过,大众汽车集团最负盛名的还是其生产的甲壳虫汽车。

在大众集团成立后不久,便由费迪南德·波尔舍携其团队完成了甲壳虫汽车的设计。但是问世后不久,第二次世界大战的爆发让大众集团的生产资源被军方占用,因此甲壳虫汽车在仅仅生产了630辆之后便被叫停。而随着产业结构的转型升级,汽车产业也重新回到西德政府的重点发展版图中,甲壳虫汽车的生产也随之重启。

在甲壳虫汽车出现之前,市场上的汽车类型基本上以外形笨重的"老爷车"为主,而甲壳虫汽车的出现颠覆了世人对汽车的认知。在车身外形上,甲壳虫汽车采用了流线型的设计,几乎没有一丝棱角。在色彩上,甲壳虫汽车用色十分大胆,用明艳的颜色取代以往汽车车身单调的黑色和白色。除了外观上的别具一格,甲壳虫汽车也具有很好的性能。在独特的外形和优越的性能加持下,甲壳虫汽车迅速占领了德国市场,并出口欧洲其他国家。当时,很多欧洲家庭在节假日都会开着甲壳虫汽车去郊外游玩,甲壳虫汽车开始成为欧洲家庭用车的首选。在北美市场,甲壳虫汽车的出口也首战告捷,迅速风靡美国。

事实上,甲壳虫汽车的火爆只是西德汽车产业在当时快速发展的一个缩影。在大众汽车总部——沃尔夫斯堡南部的斯图加特,其他的汽车企业也在这一时期迎来了爆发式增长。曾就职于大众汽车集团的戴姆勒和费迪南德·波尔舍不约而同地选择在斯图加特开展自己的汽车事业。在这两个"汽车大工"的带领下,奔驰、迈巴赫、保时捷等众多汽车企业先后在斯图加特成立。与此同时,博世、采埃孚等汽车零部件巨头也纷纷在斯图加特设立生产基地,斯图加特也因此形成汽车产业集群,而后也被誉为"汽车的摇篮"。

也正是因为汽车产业的高速发展,沃尔夫斯堡、斯图加特等汽车城市的居民开始富裕起来，物价水平也随之提升。面对日益上涨的生活成本，房东们都希望能够上涨房租，增加收入。但是当时住房主要由西德政府联合企业提供，住房市场受到较为严格的管控，房东并不能随意上涨房租。因此，很多房东并不愿意以低价将房子出租出去，房屋供给因此大幅减少。

然而，战后"婴儿潮"一代在当时已经长大成年（见图2-2-1），住房需求开始攀升，与房东的"吝租"形成了尖锐的供需矛盾。为了缓解这一矛盾，西德政府出台了《关于废除住宅配给以及实行社会化租房的法令》，对缺房率低于3%以下的城市取消房租上涨的限制。房屋租金的管控被放开之后，斯图加特的房价普遍迅速上涨了15%~35%，房屋交易量也开始增加。

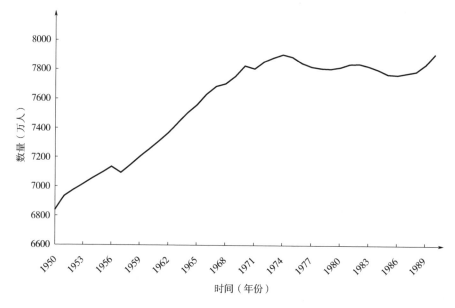

图 2-2-1　1950—1989 年德国人口数量

资料来源：国海证券研究所。

上涨限制取消后，房租的顺势大涨必定会导致中低收入人群的住房需求难以得到保障。果不其然，法令出台后，很多房东随意解除原先签订的低价合同、随意上涨房租，租房合同形同虚设，房客怨声载道。于是，西德政府相继出台了两部《住房解约保护法》，限制房租的过度上涨。在这两部法案中，从租房合同的签订到履行，从租金水平的确定标准到上涨幅度，西德政府都进行了严格的规定。在政府严格的规定之下，低收入人群的住房保障及租房合同违约问题都得到了一定的缓解。

二、房价开始飙升

在同一时期，慕尼黑的房地产市场也一片红火。慕尼黑位于阿尔卑斯山下，是当时西德经济最发达的城市之一，拥有高端汽车品牌——宝马。20世纪70年代前后，随着申奥⊖的成功，慕尼黑的地铁建设计划被重新提上日程。20世纪70年代初，慕尼黑共修建完成了两条地铁线路，总里程超过20千米。

地铁的修建为这座城市的偏远地区带去了流量和人气，原本无人问津的土地也因为地铁线路的开通被房地产开发商视为"金饽饽"。事实上，不仅地产商嗅到了地铁线带来的商机，慕尼黑市政府对地铁沿线的土地也早有规划。在地铁沿线的郊区，慕尼黑市政府单独辟出一片面积约为2平方千米的土地作为高科技园区的建设用地，计划在这片园区重点发展高科技产业。随后入驻这片科技园区的企业中，有一家闻名于世的电气企业，那就是西门子集团。

西门子集团的创始人是维尔纳·西门子。和爱迪生一样，维尔纳·西门子也是一位发明家和技术专家。他出生于汉诺威附近的一个农民家庭，因为家境贫寒不得不放弃进入建筑学院学习的机会。而后，在他入伍普鲁士军队期间，部队的工程学校可以免费教授与建筑学院一样的课程。维尔纳·西门子在这里获得了完成相关课程的机会，随后成功进入柏林联合炮兵学校学习。在部队服役期间，维尔纳·西门子总是爱捣鼓"奇奇怪怪"的东西，孜孜不倦地致力于发明创造，积攒了很多发明专利。退役之后，他成立了电气、电子企业——西门子集团。在随后的100多年时间里，西门子集团不断发展壮大，从小作坊变成了电气企业的发展标杆。

⊖ 1972年第20届夏季奥林匹克运动会在慕尼黑举办。

20世纪70年代前后，微电子领域技术取得重大突破，硅集成电路面世。可以说，微电子领域技术进步的一个重要标志是晶体管和电子线路的不断缩小，这样更多的电子电路功能元器件可以集成到一块面积仅为几平方毫米的硅片上。20世纪70年代，集成电路从实验室研发成功后，越来越多的高科技企业也开始加入集成电路的研发和大规模生产之中。

而当时，受到自身电脑和消费电子产品业务相关需求的驱动，西门子集团也开始对集成电路领域展开相关研究。在前期相关专利的基础上，西门子集团很快在集成电路领域有所建树，并开始大规模生产集成电路产品。不过，早期西门子集团的集成电路产品主要应用于助听器所需要的放大器。而随着计算机业务的蓬勃发展，西门子集团也开始大规模生产二极管—晶体管集成电路，应用于快速发展、市场广阔的计算机业务。

当时的西门子集团生产了约占全球30%的电子表和集成电路产品，但是集成电路其实仅仅只是西门子集团业务的一部分。在西门子集团的业务布局中，还有家用电器、计算机、心脏起搏器等产品，任何一项业务都足够令人震撼。

在西门子集团快速发展的带动之下，多家高科技企业开始入驻慕尼黑在地铁沿线筹建的科技园区。随着慕尼黑科技园区的发展壮大，前往慕尼黑寻找高薪就业机会的年轻人越来越多。慕尼黑也因此迎来了人口迁移的小高峰，成为当时西德人口最多的城市之一。

不过，慕尼黑科技园区位于郊区，虽然地铁线路已经开通，但是从城区坐地铁到郊区花费时间仍较长，通勤不够便捷。于是，慕尼黑市政府联合住房企业，计划在科技园区附近建设新的生活区和相应的配套措施。但是新增住房的建设周期比较长，难以跟上人口迁移的增速，供不应求之下，慕尼黑的房价开始迅速走高。

为了保障中低收入人群的住房需求，西德政府又出台了《惩治经济犯罪法》，其中规定，如果房租涨幅超过正常租金的20%，房客可以选择向法庭提出申诉。如果房租涨幅超过正常租金的50%，那么房东的涨价行为就可以被定义为犯罪，房客申请诉讼后，房东可能面临判刑。

在租金涨幅的限制下，慕尼黑房主的房屋出租热情难以高涨。因此，虽然慕尼黑的经济发展水平较高，但缺房率一直维持在较高的维度。直到1975年，慕尼黑缺房率才降至3%。缺房率居高不下，慕尼黑房价也就一直保持着上涨趋势。无论是商业用地还是住宅用地，价格都一路走高，慕尼黑也因此成为西德房价最高的城市之一。

整体来看，在从"煤炭时代"向"石油时代"的过渡期间，西德的经济只是经历了短暂的低迷。在产业转型升级的背景下，汽车和微电子等产业迎来了发展机遇，西德经济也迅速回暖。而房地产市场也在这一期间迎来了牛市。虽然西德政府试图通过出台多项政策抑制房价的过度上涨，保障中低收入人群的住房需求，但受整体经济上行的影响，房价还是不可避免地延续着上涨的趋势。

第三节 1980—1989 年：低迷与复苏

自石油取代煤炭成为全球第一大能源以后，中东地区为全球经济发展源源不断地输送"新生血液"。1980 年前后，中东波斯湾附近局势开始紧张，伊朗和伊拉克两国之间的边境摩擦不断，不久后，两伊战争便拉开了序幕。虽然波斯湾表面上看起来只是阿拉伯西北部深入亚洲大陆的一个海湾，但深藏在地下的却是被誉为"黑色黄金"的石油。在波斯湾动荡局势的影响之下，中东地区石油断供一触即发。

事实上，两伊战争爆发前夕，边境的摩擦就已经使石油产量锐减。3.7 万名石油炼油工人的罢工，直接导致了伊朗的石油日产量从 600 万桶骤降至 150 万桶。两伊战争正式打响后，油田在炮火之下遭到了破坏，石油运输管网也受到了不同程度的袭击。富藏石油的波斯湾石油供应一度停滞，石油市场原有的平衡也被打破，当时，全球市场每天面临 500 多万桶的石油缺口。

一、石油危机下的魅影

在两伊战争的影响下，石油价格暴涨，全球经济陷入通胀危机，西德也不例外。

早在第一次石油危机时，西德经济就经历了短暂的滞胀。为了应对第一次石油危机带来的滞胀，西德政府花费巨资用于扩大财政支出，刺激消费需求。在宽松的财政政策刺激之下，西德的经济和房地产市场在较短的时间内恢复了稳定。

但是，财政支出的刺激作用并没有持续很久。在第二次石油危机的冲击下，西德经济陷入了更深的泥潭，工业产出和经济活力开始出现快速下滑。在1980年后的四五年里，西德GDP的平均增长率降低至0.8%，工业生产总值也持续下滑，失业人数攀升。

在经济下行的背景下，西德房地产市场也难以为继，住房交易市场门可罗雀。受石油危机的影响，西德居民人心惶惶。其中，受影响最大的非"婴儿潮"一代莫属，这一代人在1980年前后进入婚育年龄。但是，他们目睹经济的下滑与萧条，对未来的经济形势丧失了信心，婚育行为因此大幅延迟。于是，在缺少婚育行为带来的硬性购房需求刺激下，西德住房交易数量不断下降。此外，在经济低迷带来的失业潮下，大量下岗工人丧失了收入来源。对他们来说，租金支付都捉襟见肘，买房更是难上加难，房地产市场也因此变得更加冷清。

除此之外，连续34个月的滞胀危机也让西德房地产建设进程进一步放缓。事实上，20世纪70年代中后期，西德福利住房建设速度就已经放缓，当时户均住宅拥有量已经达到1.21套，住房缺口整体上已经得到有效的解决，政府也就放慢了住房建设规划的脚步。而在滞胀危机之下，政府和地产商也不敢轻易举债建设住宅楼，住宅建设速度随之进一步放缓。因此，20世纪70年代末到80年代初，西德每年新建成的住宅量非常少，每年只有20万~30万套。建设速度最慢时，整个西德全年仅新建了10万套住宅。建筑热潮不再，加上房屋购置需求低迷，西德房地产市场开始进入萧条期。1981—1986年西德房地产指数走势见图2-3-1。

二、改革与反弹

为了应对石油危机下经济的"滑铁卢"，各国政府都设法以各种举措走出阴霾。西德此时在施密特政府的领导下，试图以宽松的货币政策和财政政策刺激需求，但是收效甚微。

因为施政效果不佳，施密特政府焦头烂额。当时，西德民众也将经济的难

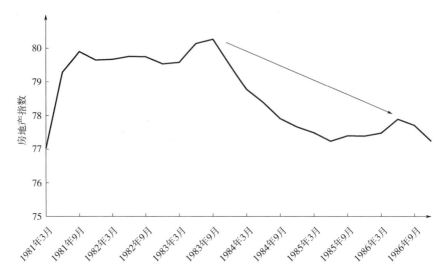

图 2-3-1　1981—1986 年西德房地产指数走势

资料来源：国海证券研究所。

注：西德房地产指数以 2010 年为基期（100）。

以为继归咎于施密特政府的无能，施密特也因此遭到罢免。1982 年，随着基民党领导人科尔上台，西德经济发展出现转折。与施密特政府从需求端刺激的政策方向不同，科尔在《施政纲领》中提出将经济政策转向供给侧，推进产业结构升级。于是，在科尔政府相关政策的指导下，各行各业都如火如荼地开展了供给侧改革。

作为西德经济发展支柱的汽车产业，在这一时期也开始了新一轮的生产转型。石油供应停滞导致燃料能源严重短缺，西德汽车销量因此下滑了 20%。为了降低对石油的依赖程度，汽车厂商纷纷开始转型生产小排量和低油耗的轿车，大众集团当时便新推出了一款名为"高尔夫"的新车型。

与大众之前生产的车型相比，高尔夫汽车将后轮驱动转变为前轮驱动。除此之外，高尔夫汽车在保证动力不减的情况下，实现了小排量和低油耗。因此，在石油价格大幅上涨的 20 世纪 80 年代，高尔夫汽车一经推出便成为年轻一代购车者的首选。当时，美国汽车买家也越来越倾向于购买高尔夫这

第二章
从坎坷中走向成熟·德国

种低油耗的汽车,大众汽车的销量也因此很快恢复到石油危机之前的水平。可以说,在石油危机之后,高尔夫汽车成功取代了之前甲壳虫汽车所拥有的"国民神车"地位,并引领了全球汽车企业的发展方向,成为当时德系汽车企业改革的典型代表。

汽车产业的新生也从侧面反映出当时西德经济改革的成果,西德GDP增速在改革之下也触底回升。改革后的第一年,西德GDP增速便回归到了1.57%,而到了1990年,GDP增速已经提升至5.26%。

除了汽车产业,西德的资本市场也随着经济改革的成效而走向繁荣。供给侧改革后的7年时间里,西德上市企业数量持续增加,DAX指数在这一期间更是增长了2.6倍(见图2-3-2)。在资本市场的蓬勃发展之下,法兰克福的金融中心也热闹非凡。先是为了庆祝法兰克福交易所成立400周年,西德雕塑家莱因哈德受市政府邀请,为交易所设计牛熊雕塑。公牛"本尔哈德"和母熊"本尔瓦德"两座雕塑随后竖立在交易所门前的广场之上,公牛牛角上顶,而母熊的熊掌向下,二者相互较劲。这也成为历史上第一次使用"牛""熊"来展现金融市场上的牛市和熊市博弈。

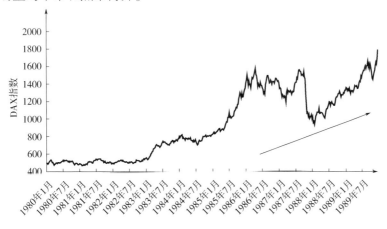

图2-3-2　1980—1989年德国DAX指数走势

资料来源:国海证券研究所。

紧接着，各大金融机构争相修建自己的办公大楼，德意志银行当时也开始总部大楼的修建。德意志银行总部大楼坐落于法兰克福市中心的中央商务区，由 1 座 4 层的基础建筑和 2 座高达 155 米、相距 13 米的塔楼组成。这栋大楼也被称为"双子塔"，外层包裹着一层反光玻璃，玻璃随着光照角度的不同而反射出不同的颜色，其成为法兰克福的地标建筑之一。继德意志银行之后，法兰克福商品交易会大厦也开始动工。各大金融机构的大楼先后亮相法兰克福的天际线，中央商务区的地价也随着最高建筑纪录的刷新而不断创新高。

当然，在这一时期，随着经济的复苏，房地产市场交易热情也开始重启。但是在 20 世纪 80 年代初期的滞胀危机中，西德的房屋建设进程放缓，新增住房量非常少。正如罗马不是一日建成的，政府和房地产商即使全力兴建住宅，也难以在短时间内实现大量的房屋供应。因此，20 世纪 80 年代中后期，户均住房拥有量从 1978 年的 1.21 套减少至 0.96 套，新的住房缺口产生，房价也随之迎来了新一轮的反弹（见图 2-3-3）。

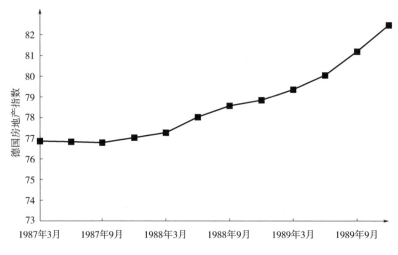

图 2-3-3　20 世纪 80 年代末期德国房地产市场出现复苏

资料来源：国海证券研究所。

第二章
从坎坷中走向成熟·德国

第四节 1990—1994 年：新热潮

1989 年，对于东德和西德而言都是历史上重大的转折点。这一年，随着苏联局势的动荡变化，苏联和美国的冷战形势也开始由剑拔弩张进入缓和阶段。与此同时，东德和西德政府之间也针对东西柏林之间的人口流动展开了多次会谈，口风随之开始松动。

随着东西德人民对合并的期盼越来越强烈，东德政府也逐渐开放了更多边境口岸。到了 1990 年 10 月，柏林墙已经完全被拆除，东德也正式并入西德。

一、来自西德的冲击

第二次世界大战后，原本位于同一起跑线上的东西德在不同体制下选择了两条大相径庭的发展道路。在苏联模式的影响下，东德长期以军事工业和重工业为主，忽视了消费产业的发展。东德政府对日常消费品采用的配给制度更是加剧了商品供应的单一和匮乏现象。

然而，在"一墙之外"的西德，配给制在战后不久就被取消了，各式各样的大型超市出现在街头，商店的橱窗内也摆满了琳琅满目的商品。这样的画面，在两德合并之前，东德人是完全无法想象的，因为当时在东德的街头，人们能见到的只有屈指可数的国营商店。

当时，在德国引起热议的电影《再见！列宁》，便讲述了合并之后原东德人感受到的来自原西德的冲击。故事主人公亚历克斯的母亲在柏林墙倒塌之前心脏病发晕倒，醒来后东德已经被并入西德。但是医生告诉亚历克斯，他的母亲不能再受刺激了，所以母亲后来一直被亚历克斯隐瞒两德已经合并的消息。病愈后的母亲特别想吃腌黄瓜，自己家中并没有，而邻居家也只有西德生产的。如果用西德生产的腌黄瓜，母亲肯定会被两德合并的消息刺激，亚历克斯只得去国营商店寻找东德的腌黄瓜，但是他发现现在的商店已经发生了天翻地覆的变化。

在亚历克斯的印象中，东德的国营商店只有一个货柜。而合并后，西德的大型超市取代了原有的国营商店，超市里货架多达几十排，货架上更是摆满了来自荷兰的腌黄瓜、来自美国的雀巢咖啡、来自西德的怡口莲巧克力……但是琳琅满目的商品中却独独没有母亲偏爱的腌黄瓜。亚历克斯在询问店员后才知道，原来，腌黄瓜的工厂早因竞争不过西德公司而破产了。

除了电影里的腌黄瓜工厂外，在西德的冲击下，东德还有大批企业被迫走向倒闭之路。林根哈尔茨地区的钾盐矿曾经是东德最重要的工业部门之一，但在合并后却受到西德化学公司康采恩的产品竞争冲击。东德钾盐矿销售无路，存货积压，西德托管局也认为这个钾盐矿不再具备生存能力，强行关闭了这座钾盐矿。

除了企业频频倒闭外，亚历克斯发现，西德的房价也颠覆了他们的想象。他本来以为姐姐的西德男朋友在他们家借住时支付的房租已经是一笔巨款。但实际上，这笔房租在西德其实还不够支付几十分钟的电话费。

二、普拉滕堡的改造

在房屋建筑上，东德和西德也存在着诸多差异。当时，东德建筑主要为普拉滕堡（Plattenbau），这是一种由大型预制混凝土楼板构成的建筑。第二次世界大战后，东德住房遭到大面积破坏。与西德第二次世界大战后面临的问题一样，东德当时的经济实力也难以在短时间内解决住房紧张的问题。

当时，苏联首都莫斯科也面临同样的住房短缺问题，传统的建筑一般由人工层层砖砌起来，成本高、耗时长，无法快速满足城市的住房需求。为了在短

第二章
从坎坷中走向成熟·德国

时间内解决严重的住房短缺,苏联建筑师对如何降低建筑成本和压缩建筑时间进行了大量的研究。苏联建筑师对楼房的设计精确到了平方厘米,对厨房、卫生间和门厅的建筑面积都进行了严格的控制,内部也取消了拱门、柱廊等装饰性设计,以经济实用性为设计目标。

为了达到降低成本和缩短工期的要求,这种小户型的住宅楼一般采用预制板结构,在预制场生产加工成型的混凝土预制件,完成后直接运到施工现场进行安装。这种预制板住宅就像搭积木一样,只要把完整的各个部件直接安装组合好,就可以快速搭建一套住宅楼。每一套住宅都可以在工厂中完成工业化生产,最终由起吊机组装起来。只要有一片空地,便能快速组装成一幢幢5层高、外观相同的住宅楼,预制板式住宅楼也因此成为当时苏联特色的建筑风格。

1950—1960年,在苏联的影响下,东德也采用了类似的建筑方案来解决住房问题。这种简易、可快速完成搭建的住宅楼,很大程度上解决了当时的住房问题,也因此成为那个时代东德街头一道靓丽的风景线。

但是,为了缩减成本,普拉滕堡的空间比较小,内部布局不合理,几个人如果同时挤在一个房间内活动都会变得很困难,也很容易碰到桌椅。普拉滕堡的设计虽然让每家每户都拥有了独立的厨房,但是并没有预留电梯和垃圾通道,高层住户只能通过楼梯出入,搬运大件家具非常不方便。

除此之外,普拉滕堡住宅楼的隔音效果很差,婴儿的啼哭声都能轻易穿透墙壁传到邻居家,住户隐私难以得到保护。更让住户苦恼的是,普拉滕堡一半以上的住宅没有洗浴设备或是独立卫生间,能用上热水的住宅楼不超过25%。随着时间的推移,在1990年前后,普拉滕堡开始出现墙体开裂、屋顶渗水等问题,住户苦不堪言。两德合并后,来自西德的住宅冲击更是加剧了东德人对普拉滕堡的不满,东德对普拉滕堡的改造势在必行。

针对普拉滕堡的改造工作,德国先后出台了"复兴贷款计划"和"促进计划",由政策性金融机构德国复兴信贷银行(KFW)等机构负责牵头。KFW等机构重点改造了普拉滕堡的厨房和卫生间,为原有的老住宅铺上了新的水、电、燃气和供热管网，可用住房面积也得到了扩大。与此同时，德国政府也对普拉滕堡的周边配套设施进行了升级，原有的道路被翻新和拓宽，同时在小区内新增了绿地和公共场所，并在小区周边配备购物中心。

在一系列改造之下，普拉滕堡的舒适度得到了大幅提升，房价也开始上涨。不过，还是有很多东德人追求个性化的新建住宅，于是，他们开始举家迁往西德。

三、热潮再现

在20世纪80年代的滞涨危机影响下，西德的住房缺口产生。面对东德大量人口的涌入，西德的住房缺口进一步扩大。于是，西德迎来了一轮新的建筑热潮。一批独居慧眼的建筑商也顺势抓住了这次浪潮带来的机会，大肆囤地、建造高级住宅楼，在建筑潮中声名鹊起，这其中就包括号称德国"建筑业大王"的尤尔根·施耐德。

尤尔根·施耐德出生于一个建筑世家。1981年，获得建筑博士学位的尤尔根·施耐德和他的妻子克劳迪娅，共同创立了尤尔根·施耐德集团（以下简称"施耐德集团"）。在滞涨危机的复苏之中，施耐德集团刚好赶上一波"房荒"，其购买的地皮在房荒中大涨，开发的楼盘价格也随之上涨，尤尔根·施耐德夫妇也因此赚到了第一桶金。

随着两德的合并，尤尔根·施耐德的野心也越来越大。他认为，两德合并后带来的移民潮势必会继续推动德国的房价不断走高，经济的增长也将促进商业用地租金的大幅上扬。于是，施耐德集团开始大肆囤地，在各大城市的市中心疯狂收购土地，大肆修建高端住宅和办公大厦。

当时，在大肆扩张之下，施耐德集团的地产项目几乎覆盖了整个德国。施耐德集团曾以巨款买下了莱比锡市中心的一整条街道，试图将其打造成新的商业区，成为莱比锡的地标。随后，施耐德集团又在慕尼黑买下了19世纪建成的历史建筑伯恩海默宫，在威斯巴登买下了玫瑰大酒店，在汉堡、柏林等城市也

第二章
从坎坷中走向成熟·德国

购置了多栋高级商业公寓，投资金额令人咋舌。

更令人惊叹的是，施耐德集团买下了位于法兰克福中央商务区的席勒通道购物开发区。这个购物开发区身处市中心核心地段，紧邻法兰克福交易所。站在交易所门口的牛熊雕塑旁便可看到这条购物大道，号称"法兰克福第五大道"的歌德大街也在这附近。而这条街最具特色的其实是每周的集会，很多游客慕名前往，是名副其实的人流聚集区。施耐德集团在买下整个购物开发区后，试图将其打造成超越歌德大街的奢侈品购物中心。在这一计划下，善于营销的施耐德集团也顺利地将席勒大街塑造成为寸土寸金的商业地产。

在多次的一掷千金之后，施耐德集团在地产界和金融界可谓风头无两，商业银行都争相向这个大客户放贷。在银行的助力之下，施耐德集团囤积的土地越来越多，进一步助推了德国房价的上涨，施耐德集团的财富也因此像滚雪球一样越滚越多。1994年年底，施耐德集团的商业帝国已经涵盖了80多处房产，很多建筑公司都需要背靠这棵大树乘凉。施耐德集团也因此成为当时德国最大的私人房地产商，尤尔根·施耐德本人也一跃成了亿万富翁，成为20世纪90年代初德国建筑界的神话。1980—1984年德国地产价格走势见图2-4-1。

然而，这些房地产商囤积的土地多用于写字楼或是商业公寓的开发，房地产价格的大幅上涨导致很多居民难以负担高额的租金，人口涌入带来的"房荒"并没有得到根本解决。而此时，战后由德国政府牵头组建的福利住房外形单一，配置一般。随着居民生活水平的提高，大同小异的福利住房越来越难以满足德国人的需求。在这样的背景下，德国开始掀起了自住房建设浪潮，住房合作社又一次登上了历史舞台。

德国的住房合作社制度其实由来已久，最早可以追溯到19世纪。当时，住房合作社的设立是为了解决城市白领阶层的住房需求，这些白领阶层的工作一般对城市的发展比较重要，他们虽然有着比较稳定的收入来源，却难以承担高级商业公寓的租金。因此，在房价大涨的20世纪90年代初，住房合作社再一次成为住房建设市场的重要力量。

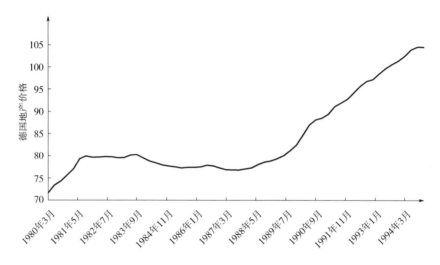

图 2-4-1　1980—1994 年德国地产价格走势

资料来源：国海证券研究所。

注：德国地产价格以 2010 年为基期（100）。

住房合作社一般采用会员制，成员在加入合作社时需要缴纳会费，会费作为住房合作社的运营资金。除了社员的会费外，政府也会向住房合作社提供长期的无息或低息贷款。一般来说，政府给住房合作社批准的住宅用地会低于市场价格，贷款期限通常在 30～40 年，最长可以达到 65 年。

住房合作社负责建造住宅楼，建成后按会员入会的先后顺序向会员分配住房，住房面积一般由入会时缴纳会费所对应的标准决定。住宅楼的所有权归住房合作社集体所有，社员对合作社建造的住房只享有终身使用权。但是在住房的使用年限之内，使用权只能继承，不能转让。社员每月向合作社支付住房房租，但是房租一般会低于市场价。如果在向已缴纳会费的社员分配住房后仍有空置住房，合作社也可以将剩余住宅出租给非会员。

当时的住房合作社本质上属于不具有营利性质的组织，不能通过投资房地产来获取收益。然而，住房合作社在竞拍土地的时候，却需要与商业地产公司按照市场化的原则公平竞争。而随着东德和西德合并后地价的飞涨，商业地产公司财大气粗，住房合作社相比之下财力较弱，不具竞争力。

于是，为了满足更多住房需求，德国政府放开了住房合作社的营利限制，住房合作社可以接受纯投资目的的社员入会，实现商业化运营。在这样的政策背景下，住房合作社获得了更多资金，一批批住宅楼也在住房合作社的运营之下拔地而起。

在这新一轮的建筑浪潮中，德国新建了很多住宅楼，仅在1994年新建的住宅就已经达到48万套。但是，地产商对房价走势的判断过于乐观，随着人们对房价走势的判断逐渐回归理性，房地产泡沫即将破灭。

第五节 1995—2000 年：回归冷静

20 世纪 90 年代初期，德国经济的快速发展主要依赖于政府对东部地区实行的经济援助。仅德国复兴信贷银行集团一家机构，在 20 世纪 90 年代对东部地区的资助金额就已经高达几百亿马克⊖。除了政策性金融机构之外，工业企业在这一阶段也开始大幅向东部地区投资。这些工业企业中包括西门子集团。1991 年前后，西门子集团在东部地区建立了 30 多个生产项目，在其后的 2~3 年时间里，西门子对东部地区的投资总额更是达到了 10 亿马克（约折合 108 亿元人民币）。

德国政府向东部地区的经济援助中其实也包含建筑领域的大规模投资，当时德国在房地产市场的投资规模甚至远远超出同期对机械设备的投资总额。而在建筑领域的投资中，50% 以上的资金流入居民住宅领域，超过 30% 的资金流入商业地产领域。资金的大规模涌入也从另外一个方面解释了 20 世纪 90 年代初期德国房价走高的原因。

然而，德国对东部地区的经济援助并没有达到预期的效果。随着时间的推移，东部地区的人员流失也使经济发展增速再下一个台阶。固化的经济结构下，东部地区企业积重难返，德国经济也随之开始下滑。事实上，在 20 世纪 90 年代初期，除了 1991 年德国 GDP 实现较快增速外，之后德国经济便进入了低迷阶段，1993 年德国的 GDP 更是出现负增长。

⊖ 1 马克≈10.8 元人民币。

第二章
从坎坷中走向成熟·德国

一、地产倒闭潮

20世纪90年代初期，大规模的经济援助不仅没有实现预期的经济增长，而且让德国政府陷入负债累累的困境。1990—1995年，德国政府大规模发行国债，财政资金源源不断地流入东部地区。然而，东部地区的经济表现未如预期，德国政府的债务规模如滚雪球般越滚越大，财政赤字问题也越来越严重（见图2-5-1）。到了20世纪90年代中期，德国政府即使想继续为东部地区输血也有心无力，经济援助力度随之逐渐放缓。

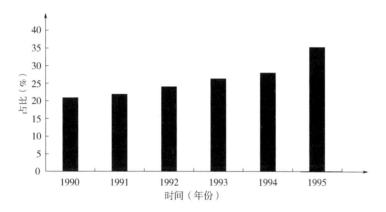

图2-5-1　1990—1995年德国政府债务总额在GDP中的占比
资料来源：国海证券研究所。

随着经济增长的放缓，房地产市场需求也开始逐渐下滑。而20世纪90年代初期建筑潮之下，房地产市场供应逐年增加导致供给处于高位，需求低迷之下房价就此滑落神坛，曾在合并初期的建筑潮中飞黄腾达的施耐德集团也开始陷入危机。在两德合并初期，施耐德集团在柏林市中心开发的写字楼月租金曾高达每平方米100马克，但随着经济的长期低迷，市中心写字楼的租金开始下滑，跌幅高达20%~40%。合并初期形成的房地产泡沫也逐渐开始破灭，大肆囤地的地产商损失惨重。

随着地价和房价的下跌，施耐德集团的资产也大幅缩水，前期过度扩张埋下的隐患终于爆发。原本每年可以坐收 5800 万马克租金的购物广场项目，受房地产泡沫破灭的影响，年租金缩水到不足 1200 万马克。而此时施耐德集团拖欠德意志银行及其他 40 多家金融机构的债务总额高达 50 亿马克，其陷入债务危机之中。因为无力偿还高额债务，尤尔根·施耐德夫妇卷款潜逃，这一私人房地产帝国就此倒塌，成为当时欧洲大陆有史以来的最大破产案。

然而，施耐德集团只是当时房地产泡沫破灭之下倒闭的地产商之一。当时德国房地产市场第二大的建筑公司——百年老店菲利普·霍尔兹曼（Philipp Holzmann）在这一时期也走向破产，这颗巨星的陨落更令人惊叹和唏嘘。

这家百年建筑巨鳄于 1849 年在德国法兰克福附近成立，菲利普·霍尔兹曼早期的成长依赖于德国的国家铁路系统建设，赚足第一桶金后便开始涉足建筑领域，并参与当时德国几个地标性建筑的建造，其中包括法兰克福歌剧院和慕尼黑正义宫。在第一次工业革命后的全球化浪潮中，菲利普·霍尔兹曼也搭上了全球化的火车，开始了国际化之路。菲利普·霍尔兹曼在全球各地承接铁路及枢纽的建造项目，其中包括阿姆斯特丹重要的交通枢纽中央火车站，也包括土耳其安纳托利亚铁路，公司规模在国际化进展之下不断扩大。

除了在欧洲大陆进行业务布局外，菲利普·霍尔兹曼也逐渐将业务延伸到美洲市场，20 世纪初期便在南美建立子公司，随后几年在阿根廷、巴西、智利、秘鲁等国家承接了发电站、桥梁、下水道系统、地铁等项目的建设。此时的菲利普·霍尔兹曼在国际市场崭露头角之后进入高速发展期，逐渐成长为德国最大的建筑商之一。

东西德统一后，与施耐德集团一样，在建筑潮中，菲利普·霍尔兹曼也开始在德国包揽多个房地产建设项目。1990—1995 年，菲利普·霍尔兹曼在德国境内的建筑工地多达 1200 个，在德国建筑业务中的占比也从 53% 上升至 69%。也正是因为如此，随着德国房地产市场走向低迷，在德国房地产市场大规模布局的菲利普·霍尔兹曼开始陷入危机。

房地产的低迷导致菲利普·霍尔兹曼旗下资产大幅缩水，办公楼和商业租赁物业也遭受意外损失，菲利普·霍尔兹曼陷入大幅亏损。在业绩不佳的情况下，菲利普·霍尔兹曼也难以兑现向股东支付丰厚股息的承诺，股价因此受到重挫。雪上加霜的是，1996—2000年，德国房地产市场并没有好转的迹象，反而更加低迷。菲利普·霍尔兹曼也因此深陷财务困境，在21世纪前后最终无力支撑，走向破产，百年老店就此成为历史。

可以说，德国房地产的走势与经济发展密不可分。但是20世纪90年代中期之后，德国错失了全球化浪潮带来的红利，经济增速难以恢复。这是因为在德国的福利体系之下，劳动力成本居高不下，企业如果要解雇员工，必须根据员工的家庭情况给予补贴。劳动力成本让全球产业开始转移到亚洲这些新兴市场，德国经济丧失了增长动力，房地产市场也自然开始冷静下来。除此之外，人口老龄化趋势之下，新增住房需求也开始逐渐消散，房地产市场也因此陷入了长期的低迷。

二、柏林异军突起

20世纪90年代后期乃至整个21世纪初期，在德国房地产市场长期低迷的同时，有一个城市却在风风火火地开展房地产市场建设，那便是德国首都柏林。统一后的德国以柏林为首都。驻扎在波恩的政府机构相继迁往柏林，政府官员以及一大批在首都工作的民众随后举家搬迁至柏林，柏林也因此成为合并初期德国东部地区为数不多的人口实现净流入的城市之一。

从第二次世界大战结束后到两德统一，在柏林墙的阻隔之下，柏林的经济发展受到限制，柏林在欧洲的地位也一落千丈。随着德国的统一，重塑柏林的历史地位便成为柏林市政府乃至整个德国政府的重要任务，柏林的城市建设规划也因此被重新提上日程，欧洲著名的科技园区阿德勒肖夫园区便是规划项目之一。

阿德勒肖夫园区位于柏林市中心勃兰登堡国际机场附近，自19世纪以来便成为高科技企业的聚集地，德国航空科学研究所即选址在此。园区的重建计划在 1989 年便被提出，1991 年德国成立了阿德勒肖夫发展协会（EGA），负责这块园区的规划、建设和管理工作。EGA 在原来的园区基础之上，将周围的几个街区纳入规划范围，将园区的占地面积扩充到了 4.2 平方千米。

在园区规划上，EGA 将 100 万平方米的空置土地用于科学中心和商业办公楼的建设。很快，明亮宽敞的创新和企业孵化中心、光学技术中心、信息和媒体技术中心等办公楼群相继建成。为了吸引创新型企业入驻，EGA 对租金实行了政策倾斜，符合条件的创新型企业入驻园区后，可以享受远低于市场价的租金。此外，EGA 还鼓励高校将部分院系迁移到园区内，柏林著名的高等院校洪堡大学便将数学系和自然科学系迁入。

随着企业和高校的进入，在园区内就业的人员越来越多。EGA 于是开始了园区内配套住宅的建造，开辟了 10% 的土地用于住宅楼建设。针对园区内工人和科研人员的住房需求，园区建造了 7000 多套住宅，其中包括 400 栋别墅，也包括大量的白领和蓝领公寓。

但是随着园区内创业企业的不断成长，在园区内工作的员工也越来越多，园区内有限的住宅难以满足逐渐增加的住房需求，剩余的住房需求只能靠整个城市来满足。于是，阿德勒肖夫园区周围的街区开始受到房地产商的关注，房地产商争相在园区附近拍下土地，园区周围住宅楼的建设也因此如火如荼地开展，房价开始步步高涨，成为柏林城区房价最高的区域之一。

阿德勒肖夫园区的建设只是当时柏林城市规划的一部分。随着欧洲各国之间的联系日益密切和人口的流入，交通设施的改善也成为柏林市政府的重点任务。柏林中央火车站项目就是在这一时期开始重建的。1993 年，德国政府为建设中央火车站，更是举办了一场设计大赛。汉堡的一家著名的国际建筑公司，GMP 建筑事务所，在这次比赛中经历多轮比拼，最终脱颖而出，成为中央火车站的设计者。

在 GMP 建筑事务所的设计中，中央火车站分为地下和地上两个平台。为了便于两层轨道的独立运转，地下平台向下挖掘深度达 15 米。在地下平台，新铺设隧道通向波茨坦广场,并延伸至柏林市中心快速铁路系统的北部,实现了柏林城区南北的连接。而为了提升采光度和建筑的明亮性,在地上平台,柏林的主车站大厅采用的是玻璃屋顶覆盖,柏林中央火车站也因此被称为"玻璃宫殿"。

经过 10 年修建,这一历史性的工程终于完工,中央火车站成为集火车、地铁和电车于一体的综合交通枢纽,每天经过这里的人次数以万计。在巨大人流量的吸引下,中央火车站迎来了几十家百货公司和餐饮企业的进驻,成为柏林市中心新的黄金商业区域,店铺租金不断创出新高。在中央火车站的带动下,周边区域也相继被地产商开发,进一步助推了柏林地产价格的走高。

然而,即使柏林地产异军突起,这一块蛋糕也难以养活整个德国的房地产企业,长期低迷的房地产市场让房地产企业生存愈加困难。可喜的是,在地产商艰难求生不久之后,一场金融风暴为德国的房地产市场带来了新的发展契机。

第六节 2008年至今：后金融危机时代

自2001年前后全球互联网泡沫破灭之后，投资者对房地产市场的热情陡增，房地产市场继股票市场和债券市场之后成为德国的第三大投资市场。但是受制于经济的低迷，德国房地产并没有迎来新的发展机遇，即使房屋贷款利率已经降至低位，自购房需求也始终徘徊在低点。2001—2007年，在德国宏观经济丧失增长动力的背景下，为了降低生活成本，很多人开始从大城市向郊区或是小城市搬迁，大城市的房地产交易市场逐渐萎缩，大量房屋空置。

到了2008年，在美国爆发的金融危机引起了全球范围内的经济低迷。全球进出口贸易因此受到了严重的影响，贸易额大幅缩水。作为当时全球第二大出口国，德国的经济增长高度依赖出口，在金融危机的影响下，德国的经济也开始大幅下滑。2009年，德国的GDP更是创造了1990年以来的最低增速，成为两德合并以来德国经济发展最差的一年。

一、金融危机后的国家经济

为了应对金融危机带来的巨大影响，德国在总理默克尔的领导下，开展了"第二次经济刺激计划"，大规模增加政府公共投资，同时降低企业税负。在新的经济刺激计划之下，德国经济开始逆风翻盘，很快便走出金融危机的阴影。即使是在2010年席卷欧洲大陆的债务危机中，德国经济也能在欧洲独善其身，展现出强势复苏的迹象，并创出两德合并以来经济增速的新高。

与此同时，美国为了走出金融危机阴霾，从2008年起开始实行一轮又一轮

第二章
从坎坷中走向成熟·德国

的量化宽松政策。美联储加大马力印制美钞，资本市场上的资金也随之越来越多，而在西方主要经济体普遍表现低迷的背景下，经济稳健增长的德国自然成为海外投资的宠儿。

2009年，随着海外资金的大量涌入，德国房地产市场获得了新生。德国的金融机构早早地便嗅到了房地产市场的商机，商业银行、保险机构纷纷参与商业地产项目的运作之中。欧洲最大的保险公司德国安联集团，在2008年率先成立了房地产子公司安联房地产公司，用于投资和管理德国的商业地产项目。

安联房地产公司最初成立的目的是接管安联集团的房地产项目，这家公司不负使命，在接管之后便对住宅进行了修缮和改建，对办公楼进行了内部装修改造和配套措施的升级。在专业的管理和营销之下，即使是在经济低迷的2008年，安联房地产公司也成功出租了21万平方米的住宅和办公空间，实现了19%的业绩增长。而在当时的德国，很多房地产公司在经济萧条的影响下只能艰难度日，随时面临破产清算的风险，业绩增长更无从谈起。

随着外资对德国房地产市场的兴趣与日俱增，安联集团也放开了对安联房地产公司的业务限制。安联房地产公司开始由内部的地产项目接管转向外部的并购扩张，在德国房地产市场大展拳脚。为了获得更高的房产增值，安联房地产公司将其目标锁定在柏林、法兰克福、汉堡、巴伐利亚等经济实力雄厚的地区。对安联房地产公司来说，这些区域的项目增值空间更大，更加有利可图。

在柏林，安联房地产公司收购了办公和商业两用的资产Friedrichstrasse 200（以下简称"F200"）。F200位于柏林市中心重要的历史名地柏林墙附近。这笔收购完成后不久，安联房地产公司便将F200高价出租给了一家荷兰的著名能源公司。

而后，安联房地产公司更是着手建造了位于科隆的现代化办公大楼Coeur Cologne，这栋大楼紧邻科隆的中央火车站。这栋高22米的建筑在安联房地产公司的建造计划之下，使用面积高达15 000平方米，在修建成功后便成为科隆新的城市心脏和重要地标之一。全球领先的在线连锁酒店HRS集团、德国最大的私人银行 BHF 也先后入驻，Coeur Cologne 也因此成为科隆地价最高的商务中心之一。

除了在德国境内大肆并购房地产项目，安联房地产公司开始将业务范围延伸到美国。2015 年，安联房地产公司斥巨资收购了纽约第五大道 114 号大楼项目，在美国房地产市场引起轰动。随后，安联房地产公司在美国的收购步伐不断加快，百老汇的股权也被纳入囊中。在一次又一次的收购和运作之后，安联房地产公司逐渐发展成为全球最大的房地产管理公司之一，管理的地产项目规模接近 700 亿欧元。

可以说，安联房地产公司的成长历程是德国房地产在市场化运作下的一个缩影。从 21 世纪初开始，越来越多的写字楼和商业中心开始交由房地产基金或是金融机构设立的房地产公司运作。这些机构一般希望从房地产市场获取更多收益，炒房和投资于是成为这些机构的主要目的，德国的商业地产也因此不断创出新高。金融危机后，在全球地产市场一片惨淡之下，伯克希尔·哈撒韦等海外投资机构开始进入德国房地产市场，也对商业用地价格的走高起到了推波助澜的作用。而事实上，除了商业用地，德国的住宅房地产市场也掀起了上涨的风浪（见图 2-6-1）。

二、大城市的新机遇

21 世纪初期，在经济增长丧失动力的同时，德国各地政府普遍面临较大的政府债务压力，福利住房的运作和管理让政府机构有心无力。在这样的情况，以柏林市政府为代表的政府部门有意出售房地产公司以及福利住房。德国居住房地产集团（以下简称"德国居住集团"）在 2000 年前后收购了柏林市政府旗下的两家房地产公司，以数亿欧元的价格获得了成千上万套私有化公寓。在大量出售房地产公司之后，柏林政府福利住房的规模也随之萎缩，公共住房在住房体系中的占比大幅降低。

由政府主导修建的福利住房体系，随着时间的推移，住宅老化和住房结构

第二章 从坎坷中走向成熟·德国

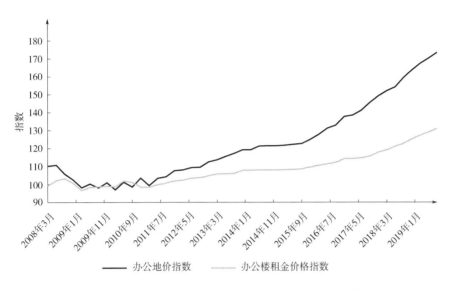

图 2-6-1　2008—2019 年德国办公楼的地价和租金走势

资料来源：国海证券研究所。

注：办公地价指数和办公楼租金价格指数均以 2010 年为基期（100）。

的问题开始显现。特别是在第二次世界大战刚结束时修建的住宅楼，到了 21 世纪，房龄已经达到了 50 年左右。这些老化的住宅楼外墙开始有所松动，内部陈设也较为老旧，不再适宜居住。德国居住集团在收购了房地产公司之后，便开始了原有住房的改造工作。德国居住集团对原有住房的外墙进行加固，为老住房配备了阳台，屋内配置上也将原来的装修进行了翻新，老住房换上了新样貌。

随着金融危机的爆发，类似于柏林、慕尼黑、法兰克福这样的大城市，由于工业生产能力较强，新兴产业发展较好，比小城市及大多数的东部城市更快地走出了阴霾、恢复了城市的正常运转。正因为如此，德国人也开始意识到，只有经济发展较快的大城市才能够为他们提供更多就业机会。于是，德国又开始出现了"再城市化"的特征，原本生活在郊区和小城市的人口开始向大城市迁移，柏林、慕尼黑等大城市又出现了人口增长的现象。

然而，1995 年之后，随着房地产市场回归冷静，房地产商放慢了房屋建造的步伐，德国住宅市场也因此进入存量竞争的时代。随着再城市化趋势的出现，新的住房需求也开始出现。短期内，房地产商即使加快囤地和房屋建造速度，也无法完全满足住房需求。很多大城市出现一房难求的现象，即使是尚未修缮、十分破旧的单身公寓，也有很多年轻人等着排队看房。

对于柏林住房市场而言，数万套住房公寓已经被纳入德国居住集团等大型房地产集团的手中，住房市场开始由地产低迷时需求决定的"买方市场"迈入房地产集团主导的"卖方市场"。于是，这些房地产集团将其在修缮住宅中的部分支出转嫁到房租之中，住房价格因此迎来了新的增长。住宅楼的涨幅也开始超越办公楼的涨幅，住宅用地更是炙手可热（见图2-6-2）。虽然柏林市政府对租金有所限制，但是供不应求之下，受制于这些房地产集团的房价还是在全球房市低迷之下延续了逆势上涨的趋势（见图2-6-3）。

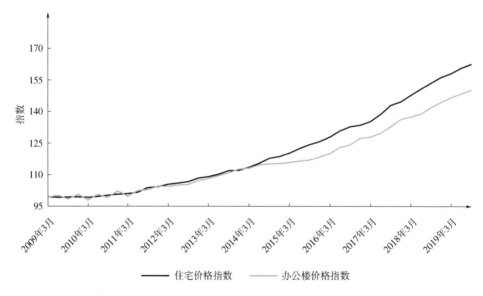

图2-6-2　2009—2019年住宅及办公楼价格变化走势

资料来源：国海证券研究所。

注：住宅价格指数和办公楼价格指数均以2010年为基期（100）。

2015年，随着欧洲难民危机爆发，大量难民涌入欧洲。而德国针对难民出

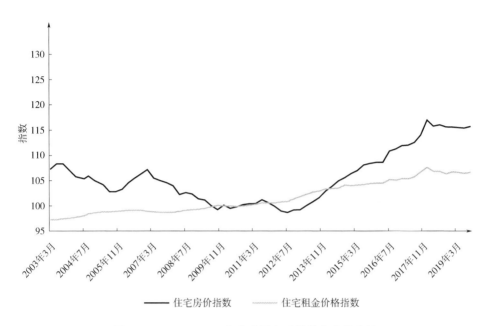

图 2-6-3　2003—2019 年住宅及办公楼价格变化走势

资料来源：国海证券研究所。

注：住宅房价指数、住宅租金价格指数均以 2010 年为基期（100）。

台了"欢迎政策"，一批又一批的难民开始流入德国（见图 2-6-4）。仅在 2015 年，德国便收到了 47.7 万份避难申请，2016 年更是达到了 74.6 万份，创下了 20 世纪 50 年代以来的最高历史纪录。难民的涌入进一步加剧了德国的住房紧缺现状，房价在这一刺激下愈发走高。

然而，房价的大幅上涨也让德国人的生活负担越来越重。为了抑制房租的过度上涨，德国于 2015 年出台了"房租刹车政策"，试图通过规定房租的涨幅，防止房地产集团坐地起价。默克尔也在 2018 年的政府新一年的执政文件中承诺"未来将新建 150 万套新住宅"。但是从房地产市场近几年的反应来看，这些政策的作用效果并不明显，住宅价格整体上依旧保持了较快的增长趋势。

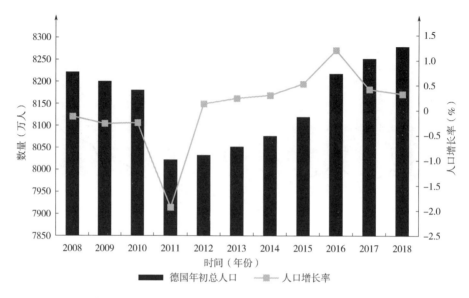

图 2-6-4 难民潮前后德国的人口总数变化

资料来源：国海证券研究所。

三、关于未来

与全球大部分国家或地区相比，德国的房地产市场长期维持稳定。但是这一稳定与德国的相关政策密不可分，第二次世界大战后住房体系几乎归零，为了重建住房，西德政府颁布《住宅建设法》，由政府联合大型住房企业共同建造福利住房，保障住房市场的供给。为了满足中低收入者的住房需求、防止房租过度上涨，《住房补贴法》和《住房解约保护法》也相继出台。为了增加丰富住房市场的供应来源，促进私有住房的建设，《私人住房补助金法》应运而生。在这四大基础法案之下，德国房地产市场在过去的几十年时间里得以保证稳定的供应，顺利度过一次次的"房荒"。

然而，在长期稳定之中，德国的房地产市场也出现了阶段性的波动。回顾德国房地产市场的发展历史可以看出，房地产价格的波动与经济的走势密不可分。经济繁荣期间，德国房价不断创出新高。这一点，无论是在第二次世界大战后的"经济奇迹"期间,还是在供给侧改革后的经济反弹期间,都得到了印证。而在石油危机之下以及20世纪末期经济陷入增长困境之后,房地产市场也应声陷入低迷。

在金融危机之后,经济刺激计划之下稳定发展的德国成为全球房地产投资者的关注市场之一,随着住房市场化的推进,外资的进入让德国住房市场迎来了一个新的春天(见图2-6-5)。但是,对于德国人来说,过热的房地产市场也影响了他们的生活质量。虽然德国政府出台了很多政策,试图提供更多住宅,抑制房价的过度上涨,但收效甚微。

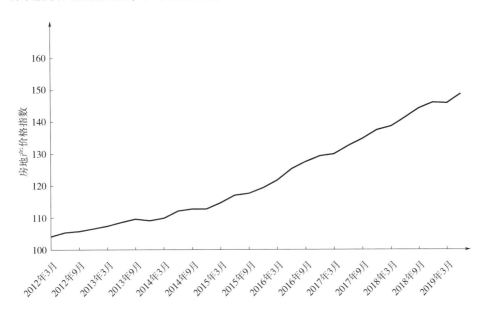

图 2-6-5 2012—2019 年德国房地产价格指数

资料来源:国海证券研究所。

注:德国房地产价格指数以 2010 年为基期(100)。

纵观德国房地产市场的发展历程,2015 年以来,房价的逆势上涨离不开德国经济的稳定表现,离不开"难民欢迎"政策下的人口增长,也离不开向大城市集中的人口迁移热潮。但是,与全球房地产市场相比,特别是与美国、中国对比，德国的房地产价格其实仍处于相对较低的位置，海外投资者对德国房地产市场的兴趣也因此只增不减。虽然德国政府已经宣布要新建多套住房，但是受制于建造周期，短期内住房需求很可能难以得到满足。未来，在多种因素的作用之下，德国的房地产市场将走向何方？让我们拭目以待！

第三章
南半球的王者之路·澳大利亚

第一节　1945年之前：吹响城市文明的号角

作为南半球地广人稀的国家，澳大利亚四面环海，拥有全球第六大的国土面积，但人口总数却仅有2544万人（2019年7月数据）。虽然人口不多，但澳大利亚的经济实力却让很多国家称赞，房地产市场更是有着令人羡慕的高收益率，吸引了海内外众多的投资者。

无论是位于澳大利亚东部的新南威尔士州首府悉尼，位于东南部的维多利亚州首府墨尔本，位于东北部的昆士兰州首府布里斯班，位于南部的南澳大利亚州首府阿德莱德，还是位于西部的西澳大利亚州首府珀斯都是全球公认的适宜居住的城市，也因此吸引了无数移民远渡重洋购置房产。尤其是东海岸的悉尼、墨尔本和布里斯班等长期以来都是移民聚集的城市，经济因为移民的参与而保持着快速的发展，房地产市场在经济的快速发展之下也一路高歌。

澳大利亚的房地产市场除近几年受金融危机影响而发展停滞外，已经保持数十年的上涨趋势，多个房地产公司和金融机构在这里都获得了几十倍的投资回报，澳大利亚房地产市场俨然成为海内外资金的"朝圣之地"。

澳大利亚的房地产市场发展离不开产业和经济增长的支撑。通过深入了解澳大利亚的发展历史可以发现，在18世纪，澳大利亚只是英国众多殖民地之一，是个被用来流放罪犯的荒芜之地，这些流放的罪犯在这里只能靠牧羊为生。由于澳大利亚气候宜人，牧草生长得十分茂密，不久后便迎来了牧羊潮，欧洲人和亚洲人开始远渡重洋来这里寻找新的就业机会，澳大利亚因此形成早期的农业文明。

第三章
南半球的王者之路·澳大利亚

在以牧羊业为主的农业生产中，为了方便搬迁，澳大利亚的住宅几乎都是由简易木板搭建的房屋，并且散落在草原之上。而现在走在澳大利亚的各大城市，除了市中心的高楼大厦，居民住房几乎都是独栋的几层住宅，这些住宅都带有小花园，内部装修也十分豪华。从草地上简易的木板房到如今的城市里的独栋住宅，澳大利亚的房地产市场都经历了哪些变化呢？这就要从澳大利亚农业文明向城市文明的转变说起。

一、汹涌淘金潮

19世纪50年代，在英国殖民统治之下，澳大利亚只是一个以畜牧业为主的农业国家，牧羊业让澳大利亚获得了初始的财富积累，农业文明开始出现在这片南半球的土地上。但是农业文明在出现后不久很快就被城市文明取代，而吹响这一号角的正是在澳大利亚南部发生的淘金热潮。当时，英国著名作家查尔斯·狄更斯在其著作《家喻户晓》中就曾经预言："黄金的发现将会结束澳大利亚原来丛林中的野蛮状态，结束那种迫使牧羊人像猴子一样在荒野上生活的物质落后状态。"

早在19世纪20年代，就有勘探者在澳大利亚东南部的新南威尔士州发现了黄金。但是，牧羊业是新南威尔士州的支柱产业，曾一年向英国出口了近9万千克的羊毛，震惊了整个欧洲大陆。当时的殖民政府担心如果民众知道新南威尔士州发现了黄金，很有可能会离开规定的工作地点，涌向金矿去寻求财富，那么牧羊业的发展势必受到严重破坏。于是，新南威尔士州政府便将这一消息压制了下来。

然而，30年之后，随着美国加利福尼亚州淘金热的开始，澳大利亚的移民开始奔赴美国参与淘金。为了减少人口的流失，澳大利亚殖民政府也随之放开了对金矿开采的限制，并鼓励有偿寻找金矿。这时候，一个名叫爱德华·哈格雷夫斯（Edward Hargraves）的年轻人通过勘探，证明澳大利亚就是一个巨大的黄金仓库。几个月后，在紧邻新南威尔士州的维多利亚州便有勘探者发现了大量金矿。

当时，维多利亚州区域内的金矿多分布在首府墨尔本附近，大量的黄金矿藏也让墨尔本获得了"金山"的称号。墨尔本发现黄金的消息立即在大英帝国传播开来，随后传遍欧洲、亚洲和美洲大陆。越来越多欧洲人变卖家产，举家搬迁到墨尔本。只用了短短几个月的时间，墨尔本便吸引了大量移民，人口从2.5万人快速增长到4万人。

当时的墨尔本几乎遍地都是黄金，第一个矿工赶到位于墨尔本西北部的一座矿山时，他发现不需要向地下深挖便能淘到黄金。在山下的小河中或是淤泥中，他们用平底锅或是摇篮便可从污泥中淘出黄金。墨尔本吸引了越来越多寻找财富的移民，淘金热情随着移民的涌入而愈发高涨。在这样的背景之下，墨尔本上演了一场丝毫不逊色于美国加利福尼亚州的淘金热，黄金被源源不断地从金矿中开采出来。

在19世纪50年代淘金潮的巅峰时期，每周运送到墨尔本财政部大楼的黄金多达两吨。这些黄金如果不运送到欧洲大陆，只需要几周的时间，便能将财政部大楼的金库填满。凭借庞大的黄金产量，维多利亚州不仅偿还了所有外债，还让当时的澳大利亚成为财富的代名词。维多利亚时代的黄金委员会也曾经对淘金潮给澳大利亚带来的发展做出了描述："维多利亚时代金矿的发现让这个偏远的国家（澳大利亚）举世闻名，它以史无前例的速度吸引了大量的移民，并成为世界上最富有的国家。"

然而，随着越来越多的移民登上澳大利亚的土地，墨尔本这座城市感受到了前所未有的居住压力。大量的爱尔兰人和华人没有可以居住的住宅，他们只能在小溪边或者是丘陵附近用帆布搭建帐篷作为他们的临时住所。从远处望去，这些帐篷密密麻麻地分布在金矿附近，形成一片"帆布城"。但是，风吹日晒之下，"帆布房"很快便老化，摇摇欲坠，根本无法挡风遮雨。如果碰上大风天气，这些矿工下班回家之后，他们的"家"可能早就已经被风吹跑了。除此之外，"帆布城"没有配套的基础设施，矿工只能使用露天厕所，能洗一个热水澡对他们来说是件非常奢侈的事情。可以说，当时的"帆布城"与贫民窟并没有本质上的差别。

随着在淘金潮中财富的不断积累，各种各样的生活需求开始出现，矿工们强烈希望能够改善自己的生活环境。于是，在墨尔本政府的规划下，大型基础设施建设计划被提上日程。19世纪60年代前后，墨尔本修建了大量的排屋、独立式房屋和豪宅，矿工纷纷搬进宽敞明亮的独栋二层楼房。屋外是修葺一新的草坪，屋内卫生间、厨房、书房应有尽有，城市中的独栋住宅彻底取代了曾经的"帆布城"。

此外，墨尔本的公共建筑也开始建造，商店和市政大楼先后出现在城市中心，大型银行纷纷在街道中心建起自己的大楼。除了墨尔本，其他的采矿小镇也先后形成，城市的基础设施相继完成建设，澳大利亚的城市文明划破黑夜，在历史长河中吹响了黎明的号角。

二、铁路大潮

19世纪后期，除了维多利亚州，东北部的昆士兰州、西部的西澳大利亚州也发现了金矿，维多利亚州的淘金潮迅速蔓延到整个澳大利亚大陆。然而，在淘金潮中，各州开采出来的大量黄金运送到全球各地的路程却比较曲折。无论是在哪个州开采出来的黄金，都必须先运输到新南威尔士州的首府悉尼，再由海上运输队运送到欧洲大陆。

可以说，黄金的开发催生了澳大利亚铁路运输的发展。因为有了铁路，黄金可以更快、更安全地转送到悉尼。从19世纪60年代开始，澳大利亚全国范围内掀起了一场铁路建设浪潮，各州都开始大力兴建铁路。之后的40年时间里，在各州政府的努力之下，澳大利亚的铁路里程增长了10倍。

作为当时澳大利亚火车线路最密集站点之一的悉尼，由于铁路建设热潮迎来了新的发展。悉尼是澳大利亚最古老的城市之一，曾经是殖民地流放罪犯的第一站。随着维多利亚州的黄金被殖民者发现，移民源源不断地坐船从悉尼登陆上岸。淘金潮之后，铁路网的建设让交通便利、生活富庶的悉尼又成为移民定居的首选之地，1871年悉尼的人口已经增长到20万人，在30年的时间里总人口翻了4倍。

随着悉尼因铁路建设进入新的繁荣时期，欧洲移民开始对悉尼的城市建筑进行改造，悉尼出现了大量的公共基础设施和建筑。19世纪90年代，悉尼在市中心建造了一座大型的中央咖啡馆，这座咖啡馆外观犹如宫殿一般，由5层英式阁楼组成，内部装修美轮美奂。然而，这仅仅是悉尼市内的一座咖啡馆，市政大楼和博物馆更是令人叹为观止。当时的悉尼俨然成了繁华的代名词，澳大利亚人都梦想能够在悉尼拥有一套住宅。

铁路的发展不仅进一步促进了悉尼的繁荣，也让澳大利亚西部迎来了发展机遇。19世纪末，从悉尼到珀斯的东西铁路走廊改变了西澳大利亚人迹罕至的状况，西澳大利亚开始成为悉尼人临时旅游的好去处。正是因为有人前往西部，才让澳大利亚人发现原来西部也有黄金，新一轮的淘金热又如火如荼地开展起来。铁路为这一轮新的淘金热快速输送了更多移民，黄金也可以快速直通悉尼，西部因此迎来了飞速发展。

除此之外，铁路的发展也让澳大利亚各州的联系日益密切，而这恰恰促进了澳大利亚各殖民地独立意识的觉醒，联邦运动随之蓬勃发展。经过10年的规划、磋商和投票，在1901年，澳大利亚终于成立了联邦政府，澳大利亚联邦也成为当时大英帝国的自治领地。到了1931年，澳大利亚联邦彻底获得独立，成为独立主权国家。而联邦政府成立之后，又出现了一个新的问题，首都如何选择？当时，澳大利亚两个经济发展飞速的城市——悉尼和墨尔本为此争论不休。

三、"花园城市"诞生

联邦政府无论是选择悉尼还是选择墨尔本作为首都，都会让另外一个城市心生不满。长期悬而未决之下，各州政府终于达成一个折中方案，将首都设置在新南威尔士州，但该州政府必须拿出足够的土地，而且首都与悉尼的距离必

第三章
南半球的王者之路·澳大利亚

须达到 160 千米。最终在 1911 年，距离悉尼 200 千米、位于悉尼和墨尔本直线之间的堪培拉被选为建设首都的地区。

然而，此时的堪培拉与墨尔本、悉尼存在着天壤之别。19 世纪之前，堪培拉只是一片牧场，没有茂密的丛林，也没有大大小小的湖泊。在墨尔本和悉尼已经在淘金潮中收获惊人的财富时，堪培拉才开始慢慢发展成为一个普普通通的小镇，19 世纪末的堪培拉小镇上只有一间邮局、一个铁匠铺……欧洲人来到这里的时候，发现居然没几栋像样的建筑，街道上甚至不一会儿便能发现几个羊群。没有人敢相信，在淘金潮中开采出大量黄金的澳大利亚首都居然是一个农业小镇。

正因如此，如何快速将堪培拉从一个农业小镇建设成一个国际化的大都市，成为澳大利亚联邦成立之后联邦政府的当务之急。为此，联邦政府甚至专门组织了一场城市设计规划大赛。在这场比赛中，美国的建筑设计师瓦尔特·伯利·格里芬（Walter Burle Griffin）崭露头角，凭借其"花园城市"的设计方案成为堪培拉的城市设计师。

在格里芬的设计方案之中，堪培拉的城市建设以地处市中心的首都山为核心，以"Y 字形"的城市结构分割城市的不同区域。住宅建设其实是这个方案的设计重点，虽然到 20 世纪 30 年代，堪培拉的人口尚不足 5000 人，但格里芬的建设方案已经充分考虑到了未来人口大量增加的情形。

在城市中心的住宅区，建设方案以每 4000 人组成一个小区。除了市中心有高楼大厦，市区内每栋住宅楼都是独立的两层式房屋。因为地广人稀，堪培拉的住宅设计根本不需要考虑土地使用面积的限制。因此，每个小区内都配备了公共的花园，并建设了人行道和自行车道。但是在"花园城市"的建设理念之下，机动车是不被允许进入小区的，只能停靠在小区门口。为了方便汽车开到小区门口，堪培拉城市的街道都十分宽阔，即使是一条小巷，格里芬都将其设置成了双车道。

而在堪培拉的郊区，根据格里芬的设计，数以百计的小城像卫星一样在城市周围包围着市中心。这些卫星城都配有大型的社区公园、集市，虽然身处郊区，但每个卫星城都有宽敞的大道快速通向城市中心，居民生活十分便捷。

在格里芬的规划之下，这个花园城市住宅供应充足，在堪培拉生活的居民都能实现拥有一栋房屋的澳大利亚梦。这样的吸引力之下，战后澳大利亚的移民们也纷纷兴致勃勃地参与堪培拉的建设，希望早日实现自己的澳大利亚梦。但是，在大量移民参与下如火如荼开展的堪培拉建设很快被战争打乱。在第一次世界大战和第二次世界大战的影响下，澳大利亚政府将资源倾斜到前方战场，城市建设步伐就此放缓。堪培拉也只能等待战争结束，才能继续"花园城市"的建设。

第三章
南半球的王者之路·澳大利亚

第二节　1945—1970 年：黄金时代

第二次世界大战让澳大利亚开始意识到，国防对于这个地处南半球、四周无陆地可接壤的国家有多么重要。战争期间，日本空军偷袭了澳大利亚北海岸线的战略要地——达尔文港，而当时的达尔文港的驻兵只有 500 人左右，对于日军的偷袭毫无还手之力。这场空袭给达尔文港带来了毁灭性的破坏，不仅基础设施被摧毁，也给附近的城市造成了重大的人员伤亡。遭受空袭之后的达尔文港几乎成为一片荒芜之地，幸存者寥寥无几，昔日的繁华港口已经变成无人之境。

正是因为在第二次世界大战中受到的残酷教训，澳大利亚政府才意识到必须要增强国防实力。而只有增加澳大利亚的人口总数，才能增强国防实力。如果没有大量的人口，这个自然资源得天独厚的国家可能就会因为一次袭击而彻底毁灭。战后澳大利亚第一任移民部长亚瑟·卡尔维尔在《明天澳大利亚还有多少人》中写道："与已经灭绝的恐龙和海雀一样，我们都属于将要灭绝的种族，正在成为博物馆的标本。"于是，广泛地吸纳移民便成为澳大利亚战后发展的一项重要举措，当时的联邦政府甚至提出了"移民意味着繁荣"的口号。

一、"房荒"

在政府的大力号召下，澳大利亚对移民实施了友好的欢迎政策，移民计划成为战后重建计划的重要一环。战后的澳大利亚相继接收了来自欧洲大陆的移民，包括犹太人在内的战争期间的难民大量被澳大利亚接收。1950—1968 年，澳大利亚每年吸收数以万计的海外移民（见图3-2-1），总人口数也在这一时期较快增长（见图3-2-2）。

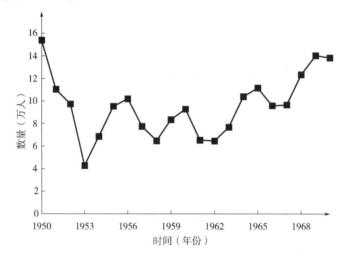

图3-2-1　1950—1968年澳大利亚的海外净移民人数

资料来源：国海证券研究所。

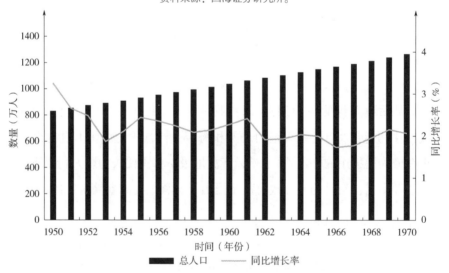

图3-2-2　1950—1970年澳大利亚的人口总数与增长情况

资料来源：国海证券研究所。

第三章
南半球的王者之路·澳大利亚

移民的大量涌入在为澳大利亚带来人口增长的同时，也给澳大利亚的住房市场带来了巨大的压力。第二次世界大战期间，受空军袭击的影响，澳大利亚各大城市的住房受到不同程度的摧残和破坏。很多家庭在受到空袭之后丧失了原有的住所，只能躲在阴暗潮湿的防空洞中艰难度日。经历炮火轰炸之后的澳大利亚住房市场，即使是原有的本土需求都难以满足，更无从谈起满足新增移民的住房需求。在供给远远无法满足需求的情况之下，澳大利亚全国出现了"房荒"的现象。移民们即使屡屡拿出高于市场价格的租金，也难以租到房屋，移民热潮受到很大打击。

于是，为了持续吸引移民，澳大利亚政府着手出台一系列政策来恢复住房市场的供应。正在澳大利亚政府为如何制定政策而发愁时，战后的英国已经开始了对住宅市场的刺激政策，并成立了英联邦住房委员会。当时澳大利亚虽然已经成为一个独立的国家，但是与其他曾经也是英国殖民地的国家共同组成了国际组织英联邦。因此，英国的住宅建设政策也在澳大利亚得到了普及，澳大利亚成立了英联邦住房委员会，负责战后住房问题的解决。

英联邦住房委员会对当时全国的住房供应量进行统计发现，澳大利亚全国的住房缺口至少为30万套。在庞大的缺口之下，英联邦住房委员会将公共住宅的建设提上日程，制定了用于住房建设援助的《英联邦国家住房协议》。

根据《英联邦国家住房协议》，英联邦住房委员会向各州政府提供低价贷款，用于建设公共住房。除了对州政府提供支持，英联邦住房委员会也对承接公共住房的建筑商提供资金援助。在英联邦住房委员会提供的援助之下，澳大利亚全国上下掀起了一场公共住宅建设的浪潮，1945—1955年，澳大利亚全国范围内的公共住房从零增加到了9.6万套，弥补了30%左右的住房缺口。

当时的公共住房建设计划动用了澳大利亚全国的人力、物力。随着公共住房建设如火如荼地开展，住房市场也进入增长阶段。各地住宅用地十分紧俏，住房价格开始缓慢走高。在公共住房建设计划之下，远渡重洋的移民才能够改变居无定所的局面。澳大利亚吸引了越来越多的移民，这些移民为战后的经济发展提供了充足劳动力,澳大利亚各州的能源开采行业便是移民参与的重要体现。在能源开采带来的经济快速发展之下,各大城市在市区和郊区建设了大量的住房,进一步推动了房地产市场的发展。

二、矿车上的国度

在20世纪50年代之前,澳大利亚一直认为国内的铁矿资源比较少,因此自联邦政府成立之后,铁矿石的出口长期被禁止。在20世纪50年代之后,随着珀斯大型铁矿的发现,这一禁令逐步被取消。

珀斯位于澳大利亚的西海岸,是西澳大利亚州的首府。与东海岸大城市云集的景象不同,当时珀斯的经济发展与墨尔本和悉尼相差甚远,人口数量在几大州首府中的排名并不靠前。铁矿的发现改变了这个城市的发展,让珀斯成为澳大利亚的一颗新星。

不久之后,勘探团队在位于珀斯市郊区的皮尔巴拉(Pilbara)也发现了储量丰富的铁矿。大量铁矿的探明让来自全球其他地区的移民纷纷来到珀斯,加入铁矿的开采大军,于是一场铁矿热潮随之开启。

随着西澳大利亚州的铁矿热潮不断升级,铁矿开采公司也在珀斯萌芽,其中便有澳大利亚最大的铁矿石开采公司之一——哈默斯利铁矿(Hamersley Iron)。20世纪50年代,成立不久的哈默斯利便大手笔购买了在皮尔巴拉地区勘探出来的两座铁矿山,并且招聘了大量移民作为矿工。

在这些移民的开采工作支撑之下,哈默斯利铁矿从两座矿山中开采出大量的铁矿石,规模不断扩大,逐渐成长为澳大利亚大的明星铁矿公司,成为当时全球最大的矿业公司之一——力拓集团的重要子公司。在庞大的产量支持下,哈默斯利铁矿的铁矿石远销海外,在海外市场占据一席之位。20世纪60年代中期,日本的一家大型钢铁厂与哈默斯利铁矿签订了为期16年的合作协议。为了保证这笔大单能够按时从矿石厂中运送出来,哈默斯利甚至建造了一条专用的铁路线,将矿石从铁矿山中运送到港口,而这条铁路网甚至成为当时澳大利

第三章
南半球的王者之路·澳大利亚

亚最大的私有货运铁路网。

随着哈默斯利铁矿规模不断扩大，越来越多劳动力来到珀斯寻找工作，珀斯逐渐发展成为当时澳大利亚人口第四大的城市。随着生活在矿山附近的居民越来越多，一个个矿区小镇也初具雏形。然而，这些小镇原本都是人烟稀少的小村庄，只有零星分布的农舍。当时的矿工来到皮尔巴拉地区，基本上只能在附近的防空洞内居住，而这些防空洞居住条件十分恶劣。即使矿工将原有的防空洞隔成一个个单独的房间，这些"房子"也难改潮湿阴暗的特征。每逢下雨，屋内总是会有大量的积水；没有阳光的时候，屋内几乎漆黑一片。

为了解决矿工的住宿问题，在当时的公共住房建设计划之下，哈默斯利铁矿为员工修建了大量住房，矿工纷纷搬进了宽敞明亮的单排房屋。除此之外，哈默斯利铁矿也为小镇进行了基础设施的建设。为了满足员工的基本生活需求，哈默斯利铁矿为小镇进行了用水、设备和铁路方面的投资，而这些基础设施的建设进一步推动了矿区小镇房价的走高。

随着哈默斯利铁矿和这些矿区小镇的发展，来到矿区附近旅游和商务洽谈的人也越来越多。于是，房地产商也相中了这片土地，来到矿区小镇建设酒店，建造别墅，这里的地价不断走向新高。当时，矿区小镇汽车旅馆住一晚的花费可能比悉尼的五星级酒店更高，矿区小镇商业用地的价格从中可见一斑。

不只珀斯，这个时期澳大利亚各地的住房价格都在不断走高。公共住房建设计划之下，受到政府的管制，虽然住房供不应求，但住房价格上涨幅度有限。然而，随着各州铁矿开采带来的经济增长，澳大利亚居民的收入也不断提高。英联邦住房委员会发现，原本为中低收入人群提供的公共住房中，有很多不符合贫困标准的居民入住。20世纪50年代，英联邦住房委员会通过调查统计发现，由政府提供的18.5万套公共住宅中，穷人住户的占比在30%以下，剩下的公共住房的住户收入水平都远远超过贫困线。

于是，澳大利亚政府减慢了公共住房建设计划，允许各州政府以其认为合适的方式将公共住房出售，并鼓励私人建造房屋。在铁矿潮中获得了大量财富的矿工也纷纷在小镇上建起了独栋的两层住宅，住宅用地随之紧俏。住房市场中私人住宅建设的参与，让澳大利亚全国的房地产价格迎来了新一轮增长。

三、石油盛宴

除了一直繁华的东海岸和铁矿开采潮下的西澳大利亚州，澳大利亚南部的房地产市场也在这一时期获得了快速发展，而提起这次发展机遇，不得不提及石油资源的发现。20世纪60年代之前，澳大利亚还是主要的石油进口国，国内的石油开采量比较少。1961年，在南澳大利亚首府阿德莱德成立的海滩石油公司就曾因澳大利亚国内石油产量低迷，在发展初期经营不顺，没有什么影响力。

20世纪60年代前后，石油勘探者在西部的一个海湾中开采出一口喷油油田，为澳大利亚本土的石油开采开启新的篇章。这口油田的发现，让澳大利亚国内重新燃起了对石油勘探的热情。当时位于澳大利亚南部的第三大城市阿德莱德也开始鼓励区域内的石油勘探，终于在20世纪60年代后期被证明储存有大量的石油，这座城市也因此迈入新的发展阶段。

阿德莱德发现的石油主要位于东北部的库珀盆地，当时在澳大利亚人的眼中，库珀盆地仅仅是一片广袤无垠的沙漠。随着20世纪60年代阿德莱德政府对这片盆地进行油气勘探，藏在沙漠之下的油气田逐渐露出真面目。石油公司纷纷来此寻觅石油的踪迹，而海滩石油公司恰是因为地理位置优势，在与大型石油公司的竞争中抢占了先机，成为库珀盆地主要的石油开采商之一。

随着库珀盆地油气田勘探的不断进行，这些石油公司发现库珀盆地的石油和天然气分布非常分散，每个油田和气田的储量都不大。但是库珀盆地的石油井比较多，整体的油气储量还是十分丰富的，因此成为当时澳大利亚最大的陆上石油和天然气矿区。在库珀早早就开始布局的海滩石油公司也因此顺利搭上了阿德莱德石油开采产业发展的快车。随着库珀盆地石油源源不断地被开采出来，海滩石油公司也逐渐成长为澳大利亚最大的石油开采商之一。

第三章
南半球的王者之路·澳大利亚

阿德莱德石油的发现只是当时整个澳大利亚石油开采的一个缩影，在东部的昆士兰州和维多利亚州，大量的石油田也相继被发现。这让澳大利亚从一个石油进口国逐渐转变为石油出口国。20 世纪 70 年代，中东局势的动荡让全球石油产量受到重大打击，石油价格随之飙升，全球各大经济体也随之进入危机。而澳大利亚境内丰富的石油储量让其在这一场危机中能独善其身，经济增速维持高位，进入黄金发展期（见图 3-2-3、图 3-2-4）。

石油的大量开采，让澳大利亚的石油价格长期维持在相对稳定的水平，汽车产业也因为石油产业的发展而获得了新的机遇。随着居民收入的提高，汽车的需求也逐渐增加，越来越多澳大利亚人希望能在周末或是节假日开着自己的车去郊区度假。在这样的需求之下，大量的国际车企进入澳大利亚市场，澳大利亚的汽车产业进入了蓬勃发展时期。20 世纪 70 年代前后，澳大利亚迎来了汽车生产的巅峰，一跃成为全球前十大汽车生产国。

随着汽车的不断普及，城市中心和郊区的交通更加便捷。越来越多在城市里工作的澳大利亚人开始在郊区购置房产，他们每天可以开车往返于城市和郊区之间。对他们来说，通勤时间并没有大幅增加，而郊区的生活更加舒适。于

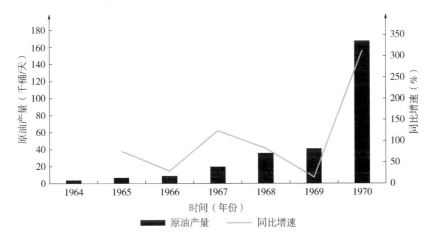

图 3-2-3　1964—1970 年澳大利亚的原油产量及其同比增速
资料来源：国海证券研究所。

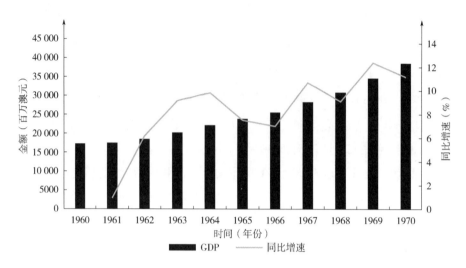

图 3-2-4　1960—1970 年澳大利亚的 GDP 及其同比增速

资料来源：国海证券研究所。

注：1 澳元≈4.8 元人民币。

是，这一时期除了城市的房价走高，郊区的住房需求也开始攀升。房地产企业也纷纷开始开发郊区地产，一批批建筑队伍进入原本无人问津的郊区。大兴土木之下，郊区出现了一片片别墅区，郊区房价也因此拉开了上涨的序幕。

第三节 1971—1990 年：商业地产的春天

在黄金发展时代，凭借在铁矿石、石油等能源领域得天独厚的资源优势，澳大利亚成为全球市场上举足轻重的能源供应商，而从全球各地远渡重洋奔赴澳大利亚的移民，在这一阶段也积累了大量的财富。20 世纪 40 年代，整个澳大利亚拥有房产的人占比不足 30%；到了 20 世纪 70 年代，黄金发展时期的财富积累让越来越多澳大利亚人有资金购置房产。随着郊区住房的不断开发，澳大利亚的"房荒"问题得到了有效解决，住房供应量逐渐增加，房产拥有率也因此得到大幅提升。

然而，随着黄金时代的结束，外部环境的变化让澳大利亚开始面临新的难题。20 世纪 70 年代后期，中东石油危机的爆发，让全球各大经济体都面临较高水平的财政赤字，高通胀的阴霾挥散不去。澳大利亚虽然经济仍保持着较高的增速，但受国内金融管制等政策的影响，通货膨胀居高不下（见图 3-3-1）。

为了走出困境，美国、英国等国家先后逐渐放开了对金融业的管制，放松了对银行存款利率和金融服务的约束，从而使企业能够以较低的成本获取更多的资金，以此提升经济活力。然而此时的澳大利亚仍然在实施对金融业的严格管制。澳大利亚的中央银行对商业银行的存款利率、信贷量、产品类型都进行了限制，金融服务的开展在各个环节都受到了约束。在这样的背景下，澳大利亚很多实体企业特别是中小型企业都难以从商业银行体系中获取资金。

由于澳大利亚国内的实体企业无法获取更多金融服务，越来越多的企业转向欧美资本市场寻求创新性的金融产品，澳大利亚的金融市场也因此丧失了吸

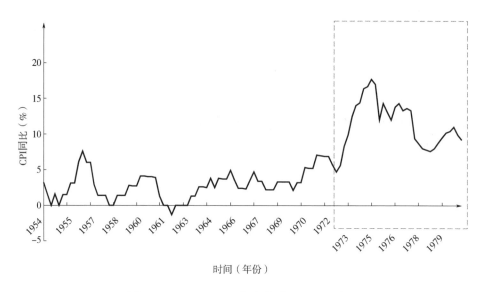

图 3-3-1　1954—1979 年澳大利亚的 CPI 同比

资料来源：国海证券研究所。

引力，难以实现与国际金融市场的接轨。此外，随着全球产业开始向高科技转移，在严格的金融管制之下，澳大利亚的金融机构难以给予这些新兴企业资金支持，在新一轮的产业转型中落入下风。于是，如何为企业提供更好的金融产品服务，如何提升澳大利亚金融市场的吸引力，成为当时澳大利亚政府必须面对的棘手问题。为了解决这些问题，澳大利亚对金融业的放松管制势在必行。而在金融管制放松之下，澳大利亚商业地产迎来了发展的春天。

一、房地产信托投资基金的魔力

1979 年，为加快金融自由化改革的步伐，澳大利亚成立金融体系调查委员会——坎贝尔委员会。坎贝尔委员会对澳大利亚金融体系进行了一次全面的调查，并出具了关于放松金融管制的《坎贝尔报告》。在《坎贝尔报告》的建议下，储蓄存款向高回报的投资活动流动的障碍被取消。养老基金等资金也能以信托形式投资于房产市场，澳大利亚房地产信托投资基金（Australian Real Es-

第三章
南半球的王者之路·澳大利亚

tate Investment Trusts，A-REITs）在这样的背景下迎来了新的发展机遇。

早在20世纪70年代初，澳大利亚就出现了房地产信托投资基金。而这第一个房地产信托投资基金的起源，还要从一个荷兰建筑承包商说起。20世纪50年代初，一个名叫迪克·杜塞尔多普的荷兰人，因承接了几个位于澳大利亚的建筑合同，开启了在澳大利亚的建筑承包商之路。随着规模的扩大，杜塞尔多普逐渐将业务延伸至建筑设计、施工和工程管理，并成立了后来闻名全球的联盛（Lend Lease）集团，而杜塞尔多普也从建筑承包商一跃变成了建筑开发商。

对澳大利亚房地产市场来说，联盛集团最大的贡献莫过于房地产信托投资基金的诞生。随着业务的不断扩张，联盛集团开发的建筑项目也越来越多。为了获得更多资金，1972年，杜赛尔多普设计了一个通用房地产信托，以信托形式吸纳社会公众及机构的资金。但是由于当时澳大利亚对金融业的严格管制，信托的设立、批准流程很长，通用房地产信托并没能大规模出现。

20世纪80年代前后，随着金融管制的逐步放松，房地产商纷纷试水房地产信托，澳大利亚房地产信托投资基金因此吸引了大量资金。这一时期，由于房地产信托的发展，也出现了一批声名卓著的房地产企业，其中不得不说的便是享誉全球的商业地产集团，也是澳大利亚最大的房地产信托公司——西田集团。

西田集团成立于20世纪50年代，创始人弗兰克·洛伊在悉尼西部开设了一家西田购物广场，成为悉尼第一家美国式购物中心。西田集团对购物中心投入巨资，内部装修和配套措施都比较完善，入驻商家品类齐全。在这里，澳大利亚人的各种消费需求都可被满足，无论是奢侈品还是家中的日常用品，西田购物中心都一应俱全。

于是，西田广场很快在悉尼的郊区成为人流量的中心，人们蜂拥而至。开业不到一年，西田广场便成为悉尼西部新的商业中心。到了20世纪70年代末，西田集团的购物中心已经在澳大利亚的主要城市都有所布局，旗下购物中心多达十几家。

但在规模快速扩张的同时,西田集团也面临着负债累累的困境。每新增一个商业大楼,西田集团就需要储备大量现金流。这意味着其如果想一直增加规模,就不得不一直向外界借款。但是传统的金融产品难以满足西田集团大量、长期的融资需求,此外银行借款的定期付息也让西田集团面临较大的资金压力。

随着金融管制的放松,弗兰克·洛伊决定借鉴联盛集团创造的通用房地产信托,创立房地产信托投资基金,为房地产开发项目获取更多资金。这样一来,西田集团的资金短缺问题就迎刃而解了,而西田集团既不用担心定期偿债的压力,普通投资者的资金也可以在西田集团旗下建筑项目的增值下获利。

西田集团突破重重难关,在20世纪80年代初成立了8000万澳元的西田房地产信托投资基金。20世纪80年代澳大利亚股市的下跌,让越来越多资金看到了商业地产的投资价值,纷纷开始投向房地产信托投资基金。这给西田集团带来了新的发展机遇,西田集团开始以更快的速度在澳大利亚各大城市建造购物中心。红色的西田集团标志很快出现在悉尼、墨尔本等城市的市中心,俨然成为当时澳大利亚购物中心的代名词,也成为城市居民生活中不可分割的一部分。

随着西田集团的成功,其房地产信托投资基金的规模不断扩大。在西田集团的带动下,越来越多的房地产信托投资基金公司成立。在这些专注于商业地产的房地产信托公司的推动下,澳大利亚的房价不断创出新高(图3-3-2)。

二、内城"空心化"

在房地产信托市场大规模扩张的同时,澳大利亚各大城市出现了内城"空心化"的问题。随着黄金时代的到来,曾经的城市基础建设难以满足积累了财富的澳大利亚人新的需求。20世纪初期建造的房屋,在经历了几十年的风吹雨打之后已经逐渐老化,住房条件不断恶化。然而黄金时代的发展,让内城这些老旧住宅的房价一路高歌,难以承受高房价和希望寻求更好居住环境的居民逐渐向郊区转移。澳大利亚的很多城市开始出现内城无人居住、郊区成为居民聚

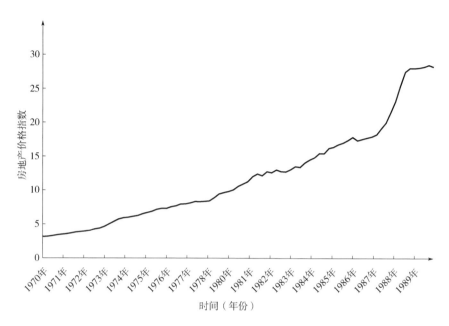

图 3-3-2 1970—1989 年澳大利亚的房价走势

资料来源：国海证券研究所。

注：房地产价格指数以 2010 年为基期（100）。

集区的现象。

然而，郊区的住房建设也难以跟上居民迁移的速度，无家可归的现象多有发生。为了缓解住房压力，也为了解决内城"空心化"问题，澳大利亚各大城市在 20 世纪 80 年代前后开始了对城市的重新规划，重振城市的吸引力，布里斯班便是 20 世纪 80 年代开展城市规划的典型代表。

布里斯班位于澳大利亚东北部，是昆士兰州的首府。在 20 世纪 70 年代的石油开采热潮中，因大量石油田的发现，布里斯班迎来了快速发展，逐渐成长为澳大利亚第三大城市。但在黄金时代结束之后，与澳大利亚的其他大型城市相同，布里斯班也遭遇了内城"空心化"的问题。

随着郊区逐渐成为居民新的聚集区，企业和工厂纷纷搬迁至郊区新建的工业园区，而城市中心原有的厂房却被大量空置下来。由于有工作的居民大量举家搬迁到了郊区，留在城市的人口中便剩下了大量没有工作的流浪汉，因而导致严重的城市治安问题。每至夜晚，即使是在城市中心，居民也不敢随意外出。

除此之外，大量居民迁往郊区，也让城市中心的中央商务区逐渐败落。布里斯班原来的购物中心佛特谷，也由于交通秩序混乱和环境问题，逐渐丧失了人气，往日的人流聚集现象一去不复返。佛特谷也从寸土寸金的商业中心，变成无人问津之地。

与城市中心一片萧条不同，郊区却面临着严重的住房短缺，郊区的住房建设速度难以满足不断增加的住房需求。为了解决郊区的住房短缺，20世纪80年代，布里斯班政府决定开始城市中心再建计划，以此缓解郊区的住房压力，增加城市中心的吸引力，从而解决内城"空心化"问题。

在布里斯班市政府的规划之下，最先着手的便是城市中心公共住房的改建。原有的住房外部在这一计划之下得到了加固和翻新，内部也配置上了新的水电设施，卫生间、洗浴设施应有尽有。城市中心的厂房虽然被企业遗弃，但是地理位置极佳，而且基础的水、电设施仍然能够使用，因此这些厂房被布里斯班市政府改造成了新的公共住房。

经过几年的改造，布里斯班城市中心出现了大量新的公共住房，原有公共住房也焕然一新，居住条件大幅改善。除了公共住房，市政府也联合房地产商，在城市的空置土地之上开发出了大量高级公寓。随着住房设施的改善，城市中心的吸引力也逐渐恢复，越来越多居民从郊区搬回了城市中心。

随着在城市中心的居民越来越多，布里斯班市政府对商业中心做出了新的开发规划。市政府频频向房地产商抛出橄榄枝，希望与房地产商联手开发商业中心，促进市中心的发展。而房地产商也嗅到商业中心开发中带来的机会。一片片商业用地被这些房地产公司拍下，地价不断创出新高，房地产商和投资者也因此获得了高额的投资回报。与此同时，高额的投资回报也让澳大利亚的房地产市场吸引了海内外金融机构的关注，在这些金融机构的资本运作之下，澳大利亚房地产市场又将迎来新一轮的热潮。

第三章
南半球的王者之路·澳大利亚

第四节 1991—2000 年：新热潮

商业地产的繁荣，不仅让一批澳大利亚房地产商获得了高额的投资回报，也让更多澳大利亚人发现了房地产市场的增值空间。在 20 世纪 90 年代之前，澳大利亚的住房市场以自住为主，但房地产市场的稳定增长，让越来越多澳大利亚人希望将房地产作为一种投资工具。20 世纪 90 年代初，澳大利亚政府放开对期房买卖的管制，投资者被允许购买公寓"楼花"[一]，澳大利亚的房地产市场的参与主体由大型住房企业扩展至以家庭为单位的投资者。在"楼花"的运作之下，澳大利亚的住房市场迎来了新的热潮。

除了投资者，善于资本运作的金融机构也试图搭上房地产市场的快车，先后成立了专业的房地产运作基金。20 世纪 90 年代，澳大利亚与亚洲市场之间的联系日益密切，亚洲移民在澳大利亚移民中的占比也不断提升。而在亚洲移民的背后，一批亚洲投资者和投资机构也开始进入澳大利亚房地产市场，开启新的淘金之路。

一、澳大利亚"楼花"大鳄

"楼花"在 20 世纪 50 年代改写了香港房地产的历史，40 多年后，"楼花"在澳大利亚也得到了普及。当时澳大利亚政策规定，外国人在澳大利亚只能购买新房，不能参与二手房的买卖。由于没有获得国籍的移民及海外投资者进入

[一] 楼花（off-the-plan）即期房，指的是在建的、尚未完成建造的、暂时不能交付使用的房屋，购房者只能与开发商签订预售合同。在房屋建成之前，开发商即可获得购房者的资金，而购房者可以提前购买该房产。

房地产市场的需求居高不下，而新房的供给量远远无法满足这些购房需求。为了加快新房供应，房地产商频频向政府部门建议在澳大利亚的房地产市场实行"楼花"模式。

于是，在20世纪90年代初期澳大利亚政府放松期房购买限制之后，房地产商便迅速将"楼花"应用到住宅楼的开发上。在住宅的地基刚刚完成的时候，房地产商便已经开始向购房者出售住宅，住宅供应速度因此明显加快。随着越来越多的房地产商开启"楼花"模式，澳大利亚的房地产"楼花"市场开始逐渐壮大，一批享誉全球的房地产商也因为"楼花"而诞生。这其中不得不提的便是由英国人威廉·奥德威尔创立的、澳大利亚最大的私人房地产开发商，有"澳大利亚'楼花'大鳄"之称的未来集团。

1993年，奥德威尔看到了澳大利亚房地产市场强势上涨的前景，从英国搬到这个移民国家，并加入悉尼市的建筑事业之中。刚刚来到悉尼的奥德威尔还只是众多平凡的房地产商人之一，而他之所以能创建澳大利亚最大的私人开发集团，还要从奥运会给悉尼房地产市场带来的机遇说起。

在奥德威尔来到悉尼的同一年，悉尼成为第27届奥运会的主办城市。为了筹办这场奥运会，悉尼市政府将距离市中心30千米的霍姆布什湾作为奥运会的举办场地。在悉尼市政府的规划之前，这片湾区还只是一片未被开发的荒地，只有几家砖瓦厂和垃圾处理场，环境污染严重。为了给奥运会提供更好的场地，悉尼市政府计划投资30多亿澳元在湾区建设奥运村。

在对奥运村的建设中，悉尼市政府计划建造660间联排别墅、1400间公寓和500间临时组合房。为了避免这些房屋在奥运会后被遗弃，悉尼市政府采取了特殊的销售模式。在奥运会开办之前，市政府先将这些房屋提前卖给投资者。但是这些投资者在奥运会结束之前并不能入住。在奥运会期间，政府从投资者手中租回这些房屋给运动员居住。在奥运会结束之后，这些投资者可以选择自住、卖出或继续将这些房屋出租。

而在奥运村建设的同一时期，奥德威尔在奥运村附近参与了几栋住宅楼的建造。受奥运会的影响,湾区开始成为新的城市中心,附近的房价不断上涨。奥德威尔因为在奥运村附近的开发项目赚得盆满钵满。在悉尼市政府向投资者提前出售住房的销售模式启发下,随着"楼花"限制政策的放松,20世纪90年代后期,奥德威尔带着赚到的第一桶金成立了未来集团,开始专注"楼花"市场。

悉尼市政府为奥运会进行的城市规划,让这座城市的居住环境进一步得到优化,成为全球闻名的宜居城市。越来越多的移民开始在澳大利亚购置房产(见图3-4-1)。为了满足更多需求,未来集团在悉尼的北部购买了11个地块,准备建造高级公寓。在地基刚刚完成时,未来集团便开始炒作售卖"楼花"。来自全球的投资者,在看到澳大利亚房地产市场火热的走势之后,即使只是一个地基刚刚建成的"楼花",也争先恐后地排队购买。

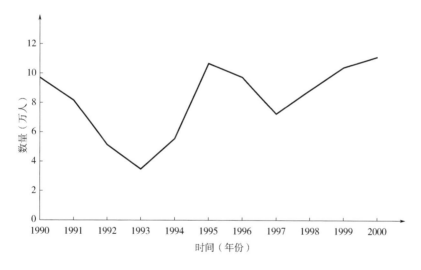

图3-4-1 1990—2000年澳大利亚移民数

资料来源:国海证券研究所。

在"楼花"模式下,未来集团在悉尼拿下了多片土地,建造了大量的高级公寓。这些高级公寓为未来集团带来了丰厚的投资回报,奥德威尔也成为悉尼市地产市场耀眼的新生代人物。在悉尼市场获得成功之后,奥德威尔决定将这一模式复制到全澳大利亚,开始在澳大利亚全境炒作公寓"楼花",未来集团也因此快速成长为鼎鼎有名的私人房地产商。

二、资本的推手

从20世纪90年代到21世纪初,澳大利亚各大城市的房价都在不断上涨。除了房地产商的"楼花"炒作,金融机构也功不可没。这些金融机构或是囤积土地,兴建高级公寓及商业办公大楼,或是将各大城市的地标性建筑纳入囊中,在改造之后再伺机转手卖出。在金融机构的运作下,城市中心的地价屡被推向新高。澳大利亚最大的养老金管理机构——安保资本,便是当时在房地产市场推波助澜的金融机构典型代表。

安保资本成立于1849年。在20世纪90年代之前,安保资本作为一家百年老店,一直扎根于澳大利亚的金融市场。随着澳大利亚房地产市场的不断发展,安保资本开始进入墨尔本的房地产市场。

20世纪90年代前后,安保资本买下了位于墨尔本市中心柯林斯大街的两块土地。柯林斯大街身处墨尔本的核心地段,是当时南半球最著名的奢侈品购物中心之一,街道两旁有香奈儿、路易·威登等众多国际奢侈品品牌的旗舰店,堪称南半球的购物天堂。而街道中间则是各大金融机构总部的所在地,柯林斯大街也因此被誉为澳大利亚的第一街。

在拍下这两块土地之后,在金融市场深耕一百多年的安保资本想要建造的并不是普通的办公楼或是购物中心,而是想要将这两块土地打造成墨尔本的新名片。于是,安保资本邀请全球著名的建筑设计大师贝聿铭来设计两栋多用途的综合性大楼。

在贝聿铭的设计之下,两栋建筑通过玻璃顶大厅的连接形成了一个商业综合体,办公空间与柯林斯街整个街区的零售店可以实现无缝衔接。安保资本将这个建筑综合体取名为柯林斯广场。柯林斯广场所有的开放空间都是由透明的玻璃顶覆盖,因为设计的特殊性,在澳大利亚的建筑圈引起轰动。

柯林斯广场不仅成为南半球最高的办公大楼之一,也成为澳大利亚并不多见的集酒店、影院、商场于一体的综合建筑。由于地理位置优越、功能齐全，在开业后不久，柯林斯广场便成为墨尔本市新的人流聚集地，也成为墨尔本的地标建筑之一。

在人流量的带动之下，柯林斯广场的估值一路上扬，租金也不断上涨，安保资本因此实现了高额的投资回报。在商业地产中实现资本增值的安保资本，在20世纪90年代成立了多只房地产基金，陆续买下了墨尔本市中心的多个地标建筑。这促进了安保资本的不断发展，让其在澳大利亚的房地产市场扬名立万。随着房价的稳步上涨，安保资本开始专注于房地产的运作，在购买房地产之后对建筑进行升级改造，待地价上涨之后再转手卖出，逐渐成为澳大利亚最大的房地产管理者之一。

安保资本只是当时在房地产市场上推波助澜的众多金融机构之一。澳大利亚的跨国投行麦格理集团在20世纪90年代也大肆进军澳大利亚房地产市场，并成立了房地产基金子公司。这些金融机构的进入，让澳大利亚房价迎来了上涨的热潮（见图3-4-2）。

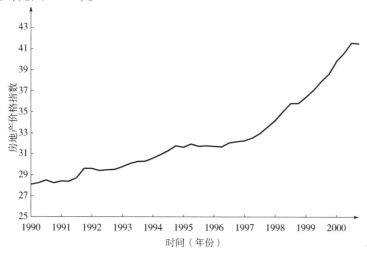

图3-4-2　20世纪90年代澳大利亚的房价走势

资料来源：国海证券研究所。

注：房地产价格指数以2010年为基期（100）。

三、海外资金的澳大利亚梦

20世纪90年代中后期,澳大利亚的经济一直保持着较高的增长,吸引了众多海外投资方的关注。1997年,随着金融风暴席卷亚洲市场,资金纷纷出逃,多年保持增长的澳大利亚房地产市场便吸引了这些资金的关注。而在这些瞄准澳大利亚房地产市场的海外资金中,来自中国的投资者也为澳大利亚的房地产市场发展增添了亮色。

在对澳大利亚房地产的投资案例中,一个不容忽视的重要人物是澳中集团的创始人金凯平。1987年,出生于上海的金凯平,带着仅有的1000澳元,只身前往澳大利亚开启了留学生涯。金凯平并不甘心仅仅获得学位,他更想在这片异国土地上获取更多财富,改变人生的轨迹。

金凯平在完成学业之余,在墨尔本的市中心开设了一个中医小诊所。凭借这个小诊所,金凯平在澳大利亚扎稳了脚跟,用5年时间在墨尔本开了几家分店。雄心勃勃的他并不满足于在澳大利亚开连锁中医诊所。中医诊所租金的年年上涨,让金凯平意识到与房价的上涨相比,中医诊所的收入微不足道。他萌生了进入房地产市场的想法。

金凯平怀揣从中医诊所赚到的100万澳元,准备寻找地段好、面积大、价格低的房子,试水房地产市场。一般来说,很少有房子能同时满足这3个要求,但幸运的是,1996年位于墨尔本市中心黄金地段的霍克大楼,被犹太人房东以800万澳元的低价挂出。当时的霍克大楼基础设施年久失修,空调和办公设备严重老化。因此,即使房东屡屡降价,也无人愿意接手。

金凯平认为,大楼在经营上存在的问题是因为基础设施的维护和管理没有做好,只要将霍克大楼进行翻新,这个黄金地段必定会吸引更多租户。于是他找到这个犹太房东,与其进行了长达3个月的价格谈判。凭借口才和谈判技巧,金凯平最终与房东达成协议,将价格锁定在550万澳元。在这笔交易款中,除了金凯平100万澳元的全部资产和300万澳元的银行贷款,剩下的150万元缺

第三章
南半球的王者之路·澳大利亚

口则由金凯平在未来两年的时间内补全。而作为补偿，他将会向房东支付远高于银行利率的利息。

这笔协议签署之后，金凯平成为霍克大楼的新主人。由于价格低、付款方式特殊，在当时的澳大利亚华侨圈引起了巨大的轰动。当时澳大利亚唯一的金融类报纸——《金融回顾》（Financial Review），对这笔交易进行了详细的报道，称赞这是中国移民在澳大利亚房地产市场第一个漂亮的胜仗。事实也证明，这确实是一次独具慧眼的投资。

在买下霍克大楼后，金凯平立即开始了改造和装修工作，更换了电梯、地毯、空调等基础设施。一年之后，澳中集团的总部搬进了这栋大楼，其他区域则全部出租。到了20世纪末，这栋楼的估值已经达到3000万澳元，澳中集团资产在短短的5年内便翻了几倍。

霍克大楼的收购为金凯平带来了光环，让他之后顺利地购买了越来越多的地产。20世纪末，澳中集团在当时并不发达的墨尔本西区购买了大量土地。随着墨尔本对西区的开发，澳中集团手中的土地价格飞涨。在这些土地上建成的洋房也摇身一变，成为悉尼人眼中的焦点，价格一路上涨。澳中集团凭借在西区的洋房开发再一次大获全胜。在后面的发展中，凭借在洋房开发上的成功经验，澳中集团开始将业务布局到整个澳大利亚，规模不断扩大，逐渐成长为澳大利亚著名的洋房开发商之一。

除了中国移民和投资者，来自新加坡等国家和地区的投资者也在这一阶段进入了澳大利亚的房地产市场。在澳大利亚房地产市场的稳步上涨之中，越来越多的移民和机构获得了财富的积累。但是不久之后，一场遍布全球的金融危机不期而至，澳大利亚房地产市场受到了一定的冲击。伴随着危机后产业的转型和升级，澳大利亚的房地产市场开始出现新的变化。

第五节 2011—2015 年：2008 年国际金融危机后的新变化

在 20 世纪 90 年代，澳大利亚的房地产市场吸引了海内外众多投资者的目光，大量资金涌入房地产市场。但是，澳大利亚的房地产市场并没有因为这些资金的涌入而骤然大幅上涨，而是保持着温和且稳定的增长趋势。在温和上涨的背后，澳大利亚政府对于房地产市场的监管和调控政策发挥了重要作用。

长期以来，澳大利亚对房地产市场都实行了较为全面的监管，以此实现房地产市场的信息公开透明。在土地的开发上，澳大利亚的房地产商管理机构根据开发商的规模，对其每年开发的住宅数量上限做出规定。而在房屋住宅的定价上，新开发的住宅需要提前经过房屋评估机构的测评，在这个测评价格的基础上，开发商再制定新住宅的售价。

在海内外投资者购房需求不断增加的背景之下，为了避免楼市过热现象的发生，澳大利亚政府针对住宅的销售出台了调控政策。在澳大利亚政府的管控下，新建住宅中出售给非澳大利亚籍人士的比例不得高于 50%，以此防止海外资金对房地产市场的过度炒作。除此之外，购房者如果选择申请住房抵押贷款，商业银行会提前对购房者进行严格的信用记录调查和还款能力审查。因此，在 2008 年国际金融危机前后，澳大利亚房地产市场上由住房抵押贷款购买的房屋占比仅达到 35% 左右。

在这一系列的监管和调控措施之下，澳大利亚形成了一个相对透明和公开的房地产市场监督体系。也恰是因为透明和公开的市场监督体系，在 1997 年亚洲金融危机之前，澳大利亚的房地产市场并没有形成较多的泡沫。而且，在

2008年的国际金融危机之中,澳大利亚的经济也实现了平稳的增长。因此,房地产市场在短暂的小幅走低之后便迅速得到了恢复(见图3-5-1)。

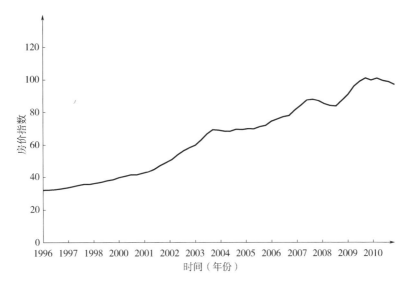

图 3-5-1 1996—2010 年澳大利亚房价走势

资料来源:国海证券研究所。

注:房地产价格指数以 2010 年为基期(100)。

在2008年国际金融危机之中,欧洲、北美的经济都遭遇了重创,大部分国家的房地产市场都交易惨淡。在这场风暴平息之后,投资者的风险偏好也随之下降,具有稳定收益的市场成为资金的关注焦点。在这样的背景之下,2008年国际金融危机中保持坚挺的澳大利亚房地产市场便吸引了更多关注。而随着各类移民和投资者的进入,澳大利亚房地产市场又迎来了新的变化。

一、科技园区兴起

21世纪初,随着互联网和移动互联网的兴起,澳大利亚加快了高科技产业的发展步伐。但是,地广人稀的特征让澳大利亚在高科技产业的发展中面临缺乏大量技术人才的难题。为解决这一难题,澳大利亚对移民政策进行了新一轮的改革，放宽了对高学历和技术型人才的移民门槛，同时进一步放松了对澳大利亚留学生获得绿卡的限制条件。与此同时，在金融危机之中澳大利亚经济的稳定表现以及各大城市的宜居环境，让澳大利亚对移民的吸引力得到了进一步的提升。

在新的移民政策下，技术移民不断增加，澳大利亚因此加快了高新技术产业的发展进程。从20世纪下半叶开始，澳大利亚已经从"骑在羊背上"和"坐在矿车上"的资源依赖型产业结构转变。而随着金融管制的放松，澳大利亚资本市场迎来了繁荣的发展，海内外资金不断进入。这也促进了澳大利亚服务业和旅游业的发展，澳大利亚的产业结构重心开始从第一产业和第二产业向第三产业转移。

随着20世纪90年代互联网和移动互联网的兴起，全球各个经济体都开始了基于互联网的产业革命，特别是2008年国际金融危机后，以互联网为代表的高科技产业逐渐成为各国经济的重点发展方向，针对高科技产业的扶持政策此起彼伏，全球掀起了科技发展浪潮。澳大利亚在科技发展浪潮中也开启了高科技产业的发展，而房地产市场也因此出现了新的变化。

对于墨尔本来说，扶持高科技产业是这个城市发展的必然选择。长期以来，悉尼和墨尔本都在为澳大利亚第一大城市的地位而不断竞争。随着悉尼已经成为澳大利亚人口最多的城市，为了避免人口流失，墨尔本市政府便决定加大对高科技产业扶持力度，试图将墨尔本打造成为南半球的硅谷，以此为居民提供更多高薪工作机会，增强对高素质人才的吸引力。

在21世纪初期，在政府规划之下，位于墨尔本港附近的土地上的废弃的厂房被改造成数码港园区。澳大利亚联邦政府斥资2250万美元（当时约合1300多万澳元）来推进这片园区的建设。

经历了10年的建设，在2010年前后，数码港园区终于建成落地。园区也迎来了大量的租户，其中包括IT、生物科技和数字媒体行业的多家企业。澳洲电信公司（Telstra）便是第一批入驻的企业之一，微软、思科、墨尔本大学等企业和机构也紧随其后与数码港园区签署了入驻协议。正因为这些企业的入驻，数据港园区在建设完成之后，为墨尔本提供了1万多个新的就业机会。

除了数码港，在同一时期，墨尔本市政府也着手建设了针对多个细分产业的高科技园区。随着新的园区先后建成，墨尔本的城市竞争力逐步提升，成为2010年前后全球重要的生物和科技中心，也因此吸引了越来越多的技术移民。

随着技术移民的涌入，新的问题也随之出现。科技园区内的配套住宅无法满足这些技术移民的住房需求，在这些难以满足的需求推动之下，房地产商们开始在园区的附近建设高层公寓。但是由于建设周期较长，园区附近的住房难以在短时间内向市场供应。因此，2010年，园区内技术人员的住房只能依赖于墨尔本整个城市的住宅供应。然而，当时整个墨尔本市的空置住宅并不多见，供不应求之下，墨尔本整个城市的房价也迎来了稳步上涨（见图3-5-2）。

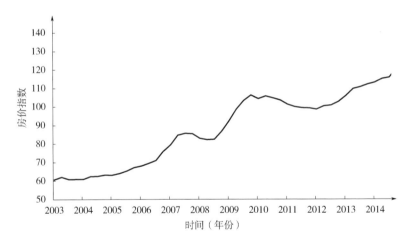

图3-5-2　2003—2014年墨尔本的房价指数

资料来源：国海证券研究所。

注：房价指数以2010年为基期（100）。

二、新一轮供应紧张

源源不断的移民虽然为澳大利亚带来了大量的人才，但也让澳大利亚面临更大的住房压力。在20世纪八九十年代,澳大利亚房地产市场的焦点在于商业地产的炒作,在政府对开发商住宅建设数量的限制之下,每年完工的私人住宅数量并不多。于是,在新的移民涌入澳大利亚之后,随着新的住房需求不断增加,整个澳大利亚开始出现了新一轮的住房供应紧张现象(见图3-5-3、图3-5-4)。

由于经济发达,就业机会较多,悉尼成为澳大利亚新增移民首选的居住城市之一。2010年,在来到澳大利亚的移民中大约1/3的人口都流向了悉尼。然而,早在2008年国际金融危机之前,悉尼市的人口数量已经处于较高的水平。由于每年新建住房数量不多,城市中心住宅小区的房屋空置率常年保持在1%左右,空置房屋非常稀少。

在新移民不断进入的背景之下,悉尼出现了几万套的住房缺口,住房供给压力与日俱增。背着行囊而来的移民以及留在澳大利亚的留学生们只能租住城区年代久远的公寓。随着租房需求的不断增加,市场上可供选择的老旧公寓也

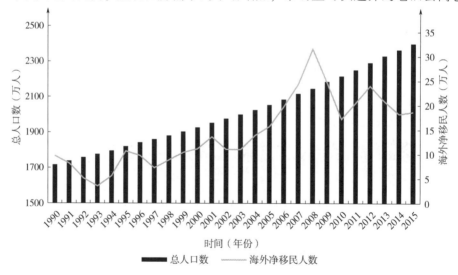

图3-5-3 1990—2015年澳大利亚总人口数与海外净移民人数

资料来源:国海证券研究所。

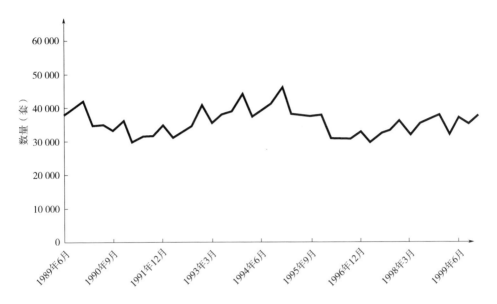

图 3-5-4 1989—1999 年澳大利亚私人住宅完工数

资料来源：国海证券研究所。

越来越少。悉尼多次出现一房难求的现象。

然而，当时的悉尼市中心并没有多余的空地用于建造住宅。房地产商们曾试图买下独栋住宅，将其拆除之后再建造高层公寓。但是，这一想法一方面与政府对悉尼市独栋住宅集群的规划背道而驰；另一方面，独栋住宅拆除后再重建，建设周期较长，成本也比较高，地产商难以获得可观的回报。因此，通过在悉尼市城市中心建造高层公寓增加住宅供应的想法便被切断了。

面对几万套的住房缺口，悉尼的房地产商们将目光转移到郊区的土地上。当时，在奥运村所在的悉尼河畔中心区的西北部，有一片空地尚未被开发。虽然与悉尼中央商务区相隔 50 千米，但是与河畔中心区相邻。对于新移民和城市中心的贫困人口来说，这片房价较低的空地具有较大的吸引力。于是，房地产商纷纷来到这片土地开始住房建设，一批高层公寓和独栋住宅先后出现在这片空旷的土地上。

新居住区的形成也吸引了商业地产开发商的目光，西田集团便在这里建造了一个大型的购物广场。随着基础配套措施的不断完善,搬往这片土地的移民逐渐增加。然而,由于住房建设速度较慢,住房缺口在短期内并没有完全得到满足,悉尼的房价在 2010 年之后的 6 年里不断上涨,2003—2014 年悉尼房价指数见图 3-5-5。

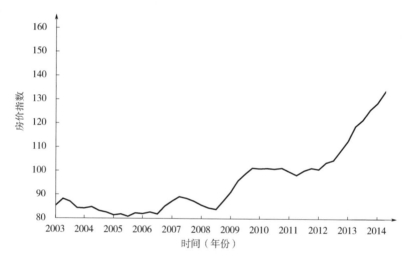

图 3-5-5 2003—2014 年悉尼房价指数

资料来源:国海证券研究所。

三、以房养学

同一时期,澳大利亚的房地产市场上还有另外一个因素对房价的上涨起到了推波助澜的作用,这便是教育产业的发展。随着全球局势的变化,英语在全球语言体系中的重要性愈发凸显。澳大利亚作为一个英联邦国家,英语是澳大利亚的官方语言,在语言上具有先天优势。此外,澳大利亚深处亚太地区,与亚洲各国距离较近。语言和地理位置上的优势让澳大利亚成为亚太地区学生首选的留学国家之一。与此同时,为了提高在国际市场上的影响力,随着国家经济的不断增长,澳大利亚对教育的投入也逐年增加,学校建设在这一时期也得到了加强。

第三章
南半球的王者之路·澳大利亚

除此之外，无论是堪培拉的城市规划，还是悉尼和墨尔本的城市发展计划，都以优良的居住环境为出发点。在工业化时代，全球环境污染问题日益严重的背景之下，澳大利亚作为南半球的一方净土，优良的居住环境也吸引了无数家长。随着澳大利亚移民政策的改革，留学生获得绿卡的概率有所提高，澳大利亚的教育体系，也因此吸引了众多的留学生和留学家庭。

然而，澳大利亚的中小学教育采取的是学区房制度，留学家庭只有在学校附近的指定区域内购买了房产，孩子才能进入对应的公立学校。为了能让孩子进入教育质量较高的公立学校，这些学校附近街道的学区房便成为家长追捧的对象。很多父母为了让孩子"赢在起跑线上"，一掷千金买下学区房，以房养学的投资开始出现。由于教育移民的增加，这些公立学校附近的学区房房价在2010年后的6年里迎来了快速的增长。

对于高等院校来说，学校范围内的公寓难以满足留学生不断增长的需求，留学生只能选择在学校附近寻找公寓。由于供不应求，学校附近的公寓租金不断上涨。在租金大幅上涨之下，很多留学生发现购买公寓的性价比更高。一方面，购买公寓后，住宅内剩余的房间可用作出租以减轻还贷压力，与租房相比，购买公寓的还贷负担并没有大幅增加；另一方面，随着房价的上涨，购买公寓的留学生可以坐享住宅升值带来的投资回报。于是，越来越多的家庭在留学之前便买下了澳大利亚高校附近的住宅，学校附近的住宅房价也迎来了稳步上涨。

2014年，澳大利亚教育出口产业收入创出新高，已然成为澳大利亚的支柱产业之一。随着教育出口产业规模的扩大，因教育而在澳大利亚购置房产的投资者越来越多。墨尔本和悉尼这两个名牌公立学校和重点大学云集的城市，学区房市场不断升温，投资者也因此获得了丰厚的回报。

然而，为了防止房地产市场上涨过快，澳大利亚政府在2015年便收紧了房地产信贷政策。在房地产调控政策之下，海外投资者的投资回报受到影响，地产投资热情是否会因此褪去，澳大利亚房地产市场又将何去何从呢？

第六节 2016年至今:"滑铁卢"后何去何从

2008年国际金融危机之后,澳大利亚房地产市场受到海内外大量资金的追捧。为防止房地产市场上涨过快,从2015年开始,澳大利亚的银行业监管机构——审慎监管局(Australian Prudential Regulation Authority,APRA)要求商业银行对居民住房抵押贷款进行多轮加息。在监管机构的调控政策之下,澳大利亚房地产贷款利率大幅提高,住房抵押贷款的审核也更加严格,购房者获得住房抵押贷款的难度加大。

除此之外,2016年,澳大利亚政府开始了对外国投资者的新一轮限购政策,暂停了向非澳大利亚籍的购房者发放住房抵押贷款,外国投资者的房产购置税更是从3%增加至7%。与此同时,澳大利亚政府针对外国投资者推出了房屋空置税。如果外国投资者在澳大利亚购买的房屋长期空置,需要向澳大利亚政府提出声明,每年需要多缴纳相关费用。如果未向政府提交相关声明,则需要缴纳高额的罚金。

在一系列的限制政策之下,外国投资者在澳大利亚的房产购置成本大幅提升,投资回报大幅降低。房地产投资热情在新一轮的监管政策之下逐渐消散,海外资金开始撤出澳大利亚房地产市场。

一、楼市"滑铁卢"

在澳大利亚房地产市场信贷收紧和海外投资者限购的同时,房地产市场供应量却出现大幅增加的现象。在2010年前后的供应紧张中,房地产商囤积了大量土地。经过几年时间的住房建设,从 2016 年开始,澳大利亚私人住宅的完工数量出现了明显的提升(见图 3-6-1),大量新增住宅出现在住房市场上。而受信贷政策收紧和海外资金撤出的影响,购房需求大幅减弱,澳大利亚房地产市场开始出现了大量住房空置的现象,房价的稳步上涨也就此止步(见图 3-6-2)。

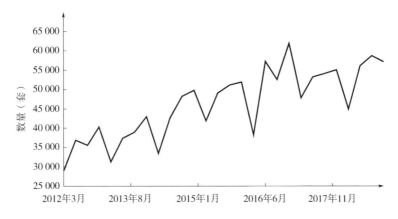

图 3-6-1　2012—2017 年澳大利亚私人住宅的完工数量

资料来源:国海证券研究所。

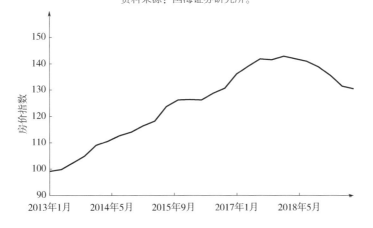

图 3-6-2　2013—2018 年澳大利亚房价指数

资料来源:国海证券研究所。

注:房地产价格指数以 2010 年为基期(100)。

从 2017 年下半年开始，澳大利亚房地产市场迎来了几十年一见的"滑铁卢"，跌幅远超 2008 年国际金融危机期间。在这一次的"滑铁卢"中，澳大利亚房地产企业举步维艰，倒闭风波不断，最大的私人房地产开发商之一未来集团，在这一期间遭遇破产和清算。

20 世纪 90 年代，在奥运会对悉尼房价的推动之下，未来集团的住宅项目获得了丰厚的投资回报。在 2012 年前后，随着位于昆士兰州首府布里斯班市附近的黄金海岸市成为第二十一届英联邦运动会的举办城市，地产商将目光集中到了黄金海岸，未来集团也不例外。深谙运动会对地产房价的提升作用，未来集团在英联邦运动会的吸引之下将业务触角延伸到了黄金海岸。

作为太平洋沿岸的城市，黄金海岸拥有绵延几十千米的海岸线。在申办英联邦运动会之前，黄金海岸已经是全球著名的冲浪、旅游胜地，被澳大利亚人誉为"冲浪者天堂"。未来集团在进入黄金海岸的房地产市场后，计划在这片海滩附近投入十几亿澳元开发高级公寓项目。

按照未来集团的计划，名为红宝石公寓的大型度假村和公寓综合项目在不久后便出现在冲浪者天堂附近的土地之上。未来集团计划通过 4 期的开发，完成 1600 套公寓的建造。除了红宝石项目，未来集团还拍下了附近的大片土地，计划建设集公寓和餐饮中心为一体的蓝宝石公寓。在囤积了大片土地之后，未来集团成为黄金海岸最大的土地拥有者之一。在黄金海岸房价不断上涨的影响下，未来集团开发的公寓受到众多买家的追捧，未来集团在当时风光无限。

但是在 2017 年下半年，澳大利亚房地产市场遭遇多年一遇的下跌（见图 3-6-3、图 3-6-4），公寓市场受到了冲击，冲浪者天堂附近的公寓项目在这一轮下跌中迅速贬值。受公寓贬值的影响，未来集团资产大幅缩水，银行不愿继续向其提供贷款，未来集团资金运转压力倍增，蓝宝石公寓的开发项目也就此终止。而在已开发的红宝石公寓中，撤出项目的买家不在少数，投资者也纷纷声讨要回首付款。面对巨大的还款压力，未来集团最终资不抵债。2019 年，在高额无法偿还的背景下，未来集团遭遇了资产清算，最终被托管并倒闭。

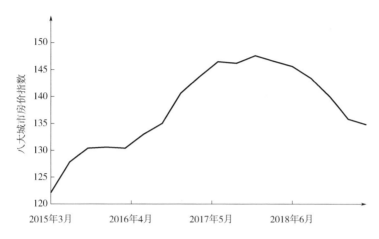

图 3-6-3　2015—2018 年澳大利亚八大城市房价走势

资料来源：国海证券研究所。

注：八大城市房价以 2010 年为基期（100）。

图 3-6-4　2008—2019 年悉尼房价走势

资料来源：国海证券研究所。

注：悉尼房价指数以 2010 年为基期（100）。

可以说，未来集团的倒闭是 2017 年下半年以后澳大利亚房地产市场陷入低迷的缩影。在布里斯班房价动荡的同时，悉尼的房价也一落千丈。长期以来，悉尼就是海外投资者资金的聚集中心。正是由于海外投资者的追捧，悉尼才能成为澳大利亚房地产市场的领头羊。因此，在澳大利亚政府对海外投资者的政策收紧之下，悉尼的房地产市场才会遭遇如此大的冲击。

海外投资者的离场让澳大利亚房地产市场的成交量大幅缩水。面对下跌的房价和缩水的住宅成交量，地产开发商的积极性也遭受打击，私人住宅的开工数量大幅下降，澳大利亚的房地产市场陷入一片低迷之中。

二、刺激与复苏

在房地产市场价格大幅下跌的同时，澳大利亚的经济受到了一定的影响。2018 年，GDP 增速便出现了明显的下滑。为了应对房地产市场出现的"滑铁卢"现象，实现稳定的经济增长，澳大利亚政府出台了相关政策。

2018 年，为了刺激澳大利亚房地产市场的发展，斯科特·莫里森政府对房地产市场制订了"首次置业贷款首付计划"。购买首套房的首付比例将由 20% 降低至 5%。（其中，澳大利亚政府为首次购房者提供 15% 的信贷支持，购房者只需提供 5% 的首付），首付压力大幅降低。在这一计划之下，首次购房者的房屋贷款保险也被免除。澳大利亚首次购房者的成本得到了大幅的降低，众多的澳大利亚年轻人可以更容易地实现购置物业的梦想，澳大利亚房地产市场的需求开始反弹。

审慎监管局也开始放松对客户还款能力的评估标准。在 2014 年之后的 5 年时间里，审慎监管局都实行较紧的贷款政策，要求银行以 7% 的贷款利率来评估购房者的还款能力。而在房地产市场大幅下跌的影响下，审慎监管局逐步放松了对评估利率的限制，银行可以按照相对较低的实际利率对购房者进行还款能力评估。在还款能力审查基准要求降低的背景下，购房者获得住房抵押贷款的难度随之降低。与此同时，澳大利亚储备银行（Reserve Bank of Australia）也有所行动，在 2019 年 6 月将基准利率调低 0.25%，住房抵押贷款利率也因此下降。

在一系列政策的刺激之下，市场需求开始不断增加。然而，在 2018 年前后，受房地产低迷的影响，澳大利亚房屋开工数量较少，短期内新增的需求难以得到满足（图 3-6-5）。在住房数量供不应求之下，从 2019 年 6 月开始，澳大利亚的房价逐渐走出阴霾，出现了复苏的迹象（图 3-6-6）。

三、未来何去何从

与全球各主要经济体相比，澳大利亚房地产市场是为数不多的能够常年保持上涨的国家。可以说，从 20 世纪 70 年代开始，澳大利亚的房价每 10 年便能实现翻倍，房地产也因此成为重要的投资工具。悉尼和墨尔本这两个城市更是澳大利亚房地产市场的领头羊，作为澳大利亚人口最多的两个城市，房价不断创出新高，市中心寸土寸金，也因此吸引和孕育了大量闻名全球的房地产开发商。

纵观澳大利亚房地产市场的发展历史，房地产市场的发展离不开产业的变

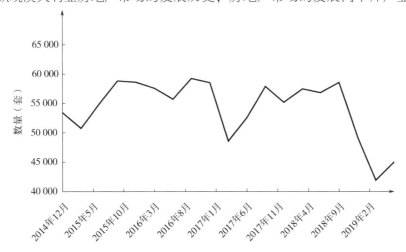

图 3-6-5　2014—2019 年澳大利亚房屋开工数量

资料来源：国海证券研究所。

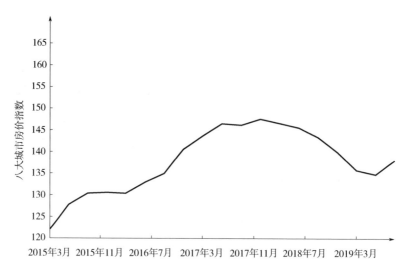

图 3-6-6 2015—2019 年澳大利亚八大城市房价走势

资料来源：国海证券研究所。

注：八大城市房价以 2010 年为基期（100）。

迁和移民的涌入。随着淘金潮、铁矿潮和石油开采热潮的到来，越来越多的移民远渡重洋来到澳大利亚参与"澳大利亚梦"的建设。随着财富的不断积累，澳大利亚也出现了越来越多的联排别墅和独栋住宅，市中心的高层建筑拔地而起，房价也开始稳步上涨。

除了产业变迁和移民涌入的影响，澳大利亚房地产市场的上涨也是资本运作的产物。在 20 世纪 70 年代金融管制放松的背景下，资金向房地产市场流动的限制随之放松，澳大利亚的房地产信托应运而生。在金融机构和地产商的推动之下，澳大利亚房地产信托成为全球房地产信托的典型代表。在房价多年保持上涨的背景之下，包括中国和新加坡在内的海外资金也进入澳大利亚房地产市场，进一步推高了澳大利亚的房价。即使在东南亚金融危机和 2008 年国际金融危机中，澳大利亚房地产市场在海内外资金的追捧之下，在经历了短暂的动荡之后便快速回到了不断上涨的轨道之上。

与其他国家相比，澳大利亚房地产市场还有一个特点是全面和透明的监管体系，从土地开发到定价、出售，澳大利亚政府都制定了相应的监管政策。在一系列的监管和调控措施之下，澳大利亚的房地产市场在 2008 年国际金融危机之前也没有出现较多的泡沫，得以长期保持着稳定且温和的上涨趋势。

但是，成也萧何，败也萧何。恰恰是因为这个监管体系的收紧，从 2017 年下半年开始，澳大利亚房地产市场遭遇了多年一遇的大幅下跌。虽然在首次置业贷款首付计划推出、基准利率下调和监管放松的刺激之下，澳大利亚的房地产市场出现了反弹的迹象，但是未来澳大利亚房地产市场能否从上一轮的"滑铁卢"中彻底恢复，能否继续书写过去几十年的辉煌篇章，还需要经历时间的检验。

第四章
绽放与幻灭·日本

第一节 1960 年之前：荒芜中的新生

日本的国土面积仅有约 37.8 万平方千米，GDP 却位居全球前列。除此之外，日本的城市化率在 2010 年前后就已经达到了 90%，东京、大阪和名古屋更是全球赫赫有名的都市圈。而这一切都要归功于日本在第二次世界大战后的经济崛起。

在经济发展和城市化进程不断推进的同时，日本的房地产市场也在历史的长河中绽放光彩。经济的快速发展推动着日本各个城市的房价不断走高，在对日本经济发展趋势的美好预期之下，房价也逐渐走向巅峰。

但是今时今日，在"失去的三十年"的阴霾之下，日本的房地产市场陷入低迷。纵观当前的日本地产市场，房价和地价已经失去了增长的动力，曾经繁荣的房地产市场似乎只是"黄粱一梦"。日本的房地产市场是如何走向辉煌，又是如何从云端落入泥潭的？这一切，还要从第二次世界大战之后日本房地产市场从荒芜走向新生说起。

一、保障住房是第一要务

20 世纪 40 年代中期，受战争的影响，日本住宅被大量摧毁，住宅体系面临供不应求的局面。而与此同时，在前线的日本士兵相继撤回国内，住房需求激增，供需矛盾进一步激化。当时，日本全国面临着 400 多万套住宅短缺，约 2500 万人没有属于自己的房产，居无定所是当时日本社会的常态。

为了尽快解决住房短缺的问题，1945 年 9 月，日本政府颁布了《罹灾都市

第四章
绽放与幻灭·日本

应急简易住宅建设纲要》。日本政府希望通过国库资金的支持，在1946年建设完成30万套应急简易住宅，为无房者解决住房问题。但由于战争占用了大量的财政资金，第二次世界大战后日本也面临大量的战争赔款，国库资金一度十分匮乏。以当时的财力，日本在1946年仅完成了30万套住宅建设计划的15%，远远不及预期。

为解决资金实力不足这一问题，日本政府在1947年推行"倾斜生产方式㊀"的发展策略，将有限的资金优先投入以煤炭、钢铁为主的基础产业的建设，以重工业的发展带动经济的增长。在"倾斜式生产方式"之下，日本的住宅建设事业也迫不得已缓慢推进，住房短缺压力成为横亘在日本政府面前的一道难题。到了20世纪40年代末，日本经济仍面临着较大的通缩压力，国民收入微薄，住房供应短缺现象屡见不鲜，普通家庭根本无法实现买房的梦想。

1950年6月，朝鲜战争的爆发为日本经济乃至住宅体系的发展带来了新的机遇。朝鲜战争期间，美国将日本作为战备补给基地，向日本提供了大量的军需订单。而在"倾斜式生产方式"发展策略之下，日本重工业生产能力也得到了大幅提升。卡车、机车等军需物资源源不断地从日本运送到朝鲜半岛，日本的经济因为军需订单的增加而实现了快速的增长，迅速走出萧条的阴霾。

在经济发展的助推下，日本政府终于摆脱战后资金匮乏的局面，公共住宅㊁建设事业终于不再因为财力的限制而止步不前，住房体系的建设终于被重新提上日程。除了公共住宅建设，日本政府也开始推行保障性住房政策，推行以公建租房为主的住房政策。

为了更快地推进住房建设，日本政府还颁布了《住宅金融公库法》，设立了住宅金融公库（Government Housing Loan Corporation，GHLC）这一公营机构。日本政府希望通过住宅金融公库为难以筹集资金进行租房、建房、购房的个人和企业提供低利率的长期贷款。除了民间机构和个人以外，住宅金融公库也为

㊀ "倾斜生产方式"是日本在第二次世界大战后初期为恢复经济所采用的发展策略，规定将当时有限的资金、原料等资源集中到以煤炭、钢铁为主的基础产业上，优先恢复生产力。

㊁ 日本的公共住宅主要包含公营住宅、公团住宅、公社住宅以及公库住宅等。

中央政府或者地方政府建设公共住房提供资金支持。日本政府终于解决了住房供给困境中的资金供给问题。

日本政府还颁布了《公营住宅法》。在这一法案之下，日本政府规定由地方政府直接建设并管理公营住宅，允许当地低收入且住房困难的家庭申请租住。自此，公建租房的时代正式开启。

当时，租住公营住宅的家庭支付的租金不到市场租金的一半，且租金长期维持稳定。此外，公营住宅在建设时，一般选址在车站附近，住户出行十分便利。而且，公营住宅会配套建设居民生活必需的基础设施，如公共浴室、儿童游园、集会场所等，对基本能满足住户的休闲娱乐等生活需求。

正因为公营住宅具有多方面的优点，一经推出便受到了日本居民的欢迎。1953年，公营住宅建设总户数有了明显突破，逐渐开始进入大量供给阶段。这意味着，在突破住房困境的道路上，日本政府在房源供给数量方面取得了重大突破。

在军需订单大量增长的背景之下，钢铁、造船、汽车、电子等引领日本经济腾飞的支柱性产业在东京、大阪、名古屋三大都市圈快速发展。作为日本自古以来的核心地区，东京、大阪、名古屋的发展和城市化进程进一步加快，规模快速扩张。随着三大都市圈的企业和工厂源源不断地吸纳劳动力，周边城市人口也随之涌入。1945—1965年日本城市化进程见图4-1-1。

然而，当时推出的公营住宅是由地方政府管理建设的，具有较强的地方属性，只有当地的低收入家庭可以申请，大城市新增的外来人口并不满足申请条件。这些前往大城市工作的普通工薪阶层一时间也面临着无房可住的现象，他们在给中心城市带来活力的同时也带来了新的难题，住宅供不应求的矛盾再一次被激化。

为解决大城市人口大量涌入带来的住房紧张问题，日本政府在1955年颁布了《日本住宅公团法》，由中央政府牵头设立住宅公团机构。住宅公团机构主要负责在城市圈或者周边地区建设集群化住宅，将中心地区的住房压力引至郊

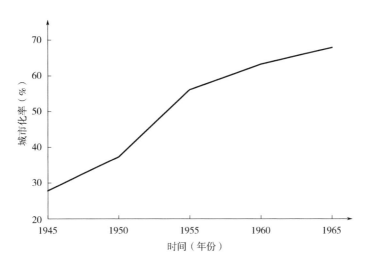

图 4-1-1　1945—1965 年日本城市化进程

资料来源：国海证券研究所。

区缓解，进而解决这些普通工薪阶层的住房短缺问题。

政策颁布的第二年，东京都市圈的千叶市和大阪都市圈堺市便率先完成了第一批公团住宅的建设。紧随其后，位于大阪郊外千里山新城、名古屋郊外高藏寺新城、东京郊外多摩新城的公团住宅也先后建成，有效缓解了各中心城市住房供应压力。至此，日本也正式完成了以住宅金融公库、公营住宅、公团住宅为支柱的保障性住房体系的搭建。

二、"管屋"

保障性住房体系的搭建，让日本的住房短缺现象得到了有效缓解。但是由于日本特殊的地理位置，台风和地震等自然灾害时有发生，刚刚从战争之中有所恢复的住房体系不得不面临新的挑战。

20 世纪 50 年代初，一场台风席卷了日本关西地区。灾后，受伤人员无处安置，营救工作也必须顶着强风和余震的干扰战战兢兢地开展。

在经历了多次自然灾害之后，当时一个名叫石桥信夫的日本年轻人发现，水稻和竹子在遇到灾害时依然可以在强风中摇曳，因为它们具有空心的特点。石桥信夫在观察到这一现象之后，萌生了一个大胆的想法——如果房屋的架构也是空心的，那么在强风和地震的袭击之下，应该也能保持坚挺。

1955年，石桥信夫创立了大和房屋工业株式会社。在与18名技术人员经过多次探讨之后，大和房屋工业株式会社决定以更加结实的钢管取代木材建造房屋，推出"管屋"项目。而与之前的房屋建造体系不同的是，"管屋"并不是在土地上一层一层地搭建起来，而是提前在工厂将房屋的各个组件建造好，出厂后便可快速组装成一栋栋房屋。

"管屋"项目一经推出，被称为"日本列岛大动脉"的日本国铁便向大和房屋工业株式会社抛出了橄榄枝。第二次世界大战后的日本，道路基础设施遭受严重破坏。为了保证经济大发展下货物运输的效率，日本国铁急需在全国各地恢复车站的建设，每个车站也需要搭建简易的仓库和车库来存放货物。而"管屋"具有可以快速组装的特性以及抗灾能力强的特点，能够有效满足日本国铁快速建造临时车站仓库的需求。继日本国铁之后，包括日本电信电话公社在内的政府机关等客户接踵而来。而随着订单量的不断增加，"管屋"模式也得以快速推广至日本全国。

可以说，"管屋"的诞生和推广是时代发展的必然。日本作为一个岛国，树木资源十分有限，传统住宅建设模式下木材消耗量巨大，而日本本土的树木资源难以支撑。除此之外，第二次世界大战后日本大力发展以煤炭、钢铁为主的重化工业，钢铁资源丰富（见图4-1-2），"管屋"的原材料可以直接从日本国内获取，因此可以实现快速复制，日本建筑工业化的道路也由此正式开启。

三、汽车之城

20世纪50年代，钢铁产业的快速发展催生了"管屋"这种新型房屋建造方式。而另一个产业的发展对日本房地产市场产生了更重大的影响，直接改变了一个城市的命运，这个城市便是后来赫赫有名的汽车之城——丰田市。

第四章
绽放与幻灭·日本

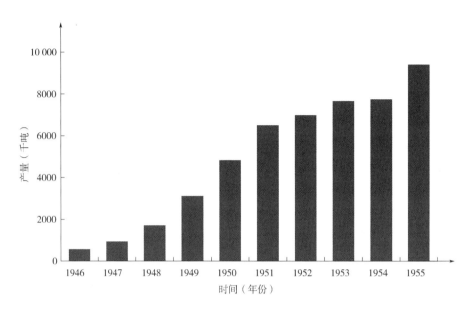

图 4-1-2　1946—1955 年日本钢铁产量

资料来源：国海证券研究所。

丰田市原名举母市，因早期该地区盛行养蚕而得名。20 世纪初，举母市作为日本重要的丝绸产地，向全球出口大量的蚕丝和丝织品。然而，第二次世界大战以后，人造纤维产业开始崛起，迅速取代了蚕丝成为纺织业的主要原材料，日本的养蚕业也因此逐渐没落（见图 4-1-3），举母市的经济随之跌入低谷。

正当举母市为未来发展担忧之时，日本纺织大王丰田佐吉的儿子——丰田喜一郎带着他的汽车梦，在举母市成立了"丰田汽车工业株式会社"（以下简称"丰田汽车"）。第二次世界大战和朝鲜战争期间，在军用物资订单的助推之下，丰田汽车得到了快速的发展。随着一辆辆军用汽车从丰田的车间运送到战场，丰田汽车的规模不断扩大，成为举母市闪耀的新星和崛起的希望。

朝鲜战争结束后，丰田汽车从军用车生产转向民用轿车的生产。20 世纪 50 年代中期，丰田汽车推出新车型——"皇冠"。与当时的其他汽车相比，"皇冠"拥有新颖美观的外形设计和独具一格的车体构型，变速箱和发动机也得到了充分的磨合，轻踩油门即可唤醒强大的动力，驾驶体验得以大幅提升。

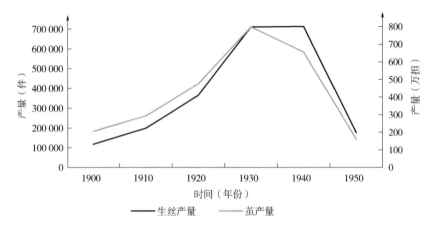

图 4-1-3 20 世纪 50 年代之前日本养蚕业的发展情况
资料来源：国海证券研究所。

在多维度的精心设计之下，"皇冠"汽车推出后便深受欢迎，成为日本人购车的首选车型之一。可以说，"皇冠"汽车的广受欢迎为丰田的发展带来了充足的信心，准备加快生产线扩张的步伐。但是，丰田汽车很快发现当时举母市的基础设施仍处于养蚕业时代，根本无法满足先进汽车制造业的发展需求。除此之外，日本汽车产业的零部件生产商分布在全国各地，丰田汽车生产所需的零部件难以快速运送到举母市。

为了解决发展过程中遇到的这些瓶颈，丰田汽车与举母市政府签订了技术城的合作协议，共同负责举母市的开发和管理。丰田汽车号召主要的零部件供应商将生产基地搬迁到举母市或周边地区，而举母市将为这些入驻的企业提供生产方面的多项支持。在丰田汽车和举母市政府的努力之下，280多家零部件供应商聚集到举母市及周边地区，昔日落魄的举母市因为丰田汽车及其产业链的发展而重新繁华起来。

也正是因为丰田汽车对举母市的重要性，1959年元旦，举母市正式改名为丰田市。随着丰田汽车及其产业链的发展，当时的丰田市几乎成了丰田汽车的工业园区，并与美国的汽车之城——底特律结为"姐妹城市"。

第四章
绽放与幻灭·日本

对于丰田市来说，丰田汽车不仅改变了其经济发展轨迹，而且重燃了房地产市场的发展信心。在丰田汽车和其产业链发展的带动下，工厂和办公大楼拔地而起，工业用地因此复苏，价格一路走高。随着丰田汽车规模的扩张，周边农村地区的廉价劳动力开始被源源不断地吸收到产业链之中，丰田市的人口也因此快速增长，住房缺口由此产生。供不应求之下，丰田市的房价随之开始上涨。

丰田市仅仅是当时日本工业地产崛起的一个缩影，东京、大阪等多个城市也新兴了一大批工业园区，致使整个日本工业用地的价格被快速抬升（见图4-1-4）。日本第二次世界大战后房地产市场的荒芜景象一扫而空，取而代之的是欣欣向荣的新面貌。

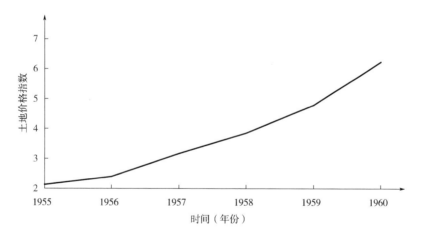

图4-1-4　1955—1960年日本城市土地价格指数走势（工业用地）
资料来源：国海证券研究所。

第二节 1960—1975 年：繁荣初现

20 世纪 50 年代，在美国军需订单的刺激下，日本工业快速发展，经济随之进入增长的快车道，而日本的国民收入水平在经济繁荣之下也有了实质的提升。前期在经济萧条之下压抑已久的消费需求爆发，以"三种神器"（黑白电视机、电冰箱、洗衣机）为代表的"消费革命"便在国民热情的推动下如火如荼地开展起来，上述电器开始走进人们的生活。1965 年，日本黑白电视机的普及率高达 95%，在家看电视几乎成为每个家庭的娱乐项目。

20 世纪六七十年代，日本经济继续一路高歌猛进，进入黄金高速发展时期。当时的日本，GDP 已经突破"每 5 年实现 2 倍增长"的目标（见图 4-2-1），1970 年日本的 GDP 已经增长至 1965 年的 2.23 倍。

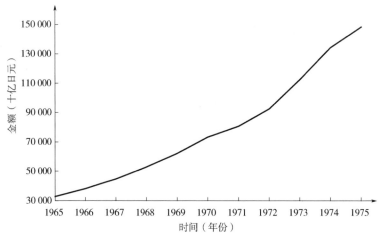

图 4-2-1 1965—1975 年日本 GDP（现价）走势

资料来源：国海证券研究所。

第四章
绽放与幻灭·日本

在经济增长速度加快的背景下,日本国民的消费需求也随之开始升级,以彩色电视机、小汽车、空调为代表的"3C产品"开始走进人们的生活。特别是在1964年东京奥运会的带动下,日本人的民族自豪感进一步提升,对住房也提出了新的要求,私人住宅市场的精彩故事因此开始演绎。在日本居民消费热情高涨的背景下,以购物中心为标志的商业地产和以度假酒店为代表的观光地产迅速崛起,迎来了新一轮的繁荣。

一、奥运会来了

对日本人来说,经济的发展极大地提升了民族自信心。此时的日本人急需在全世界彰显其经济发展的繁荣景象,而1964年东京奥运会的成功申办便给了日本这样一个机会。事实上,日本在历史上曾经获得1940年奥运会的承办资格,但是由于战争的爆发,这一场奥运会无疾而终。

由于日本是战争的发起国之一,经济回暖的日本在国际上长期被孤立,因此重新获得国际社会的认可成为日本全国人民的心愿。在获得1964年奥运会承办资格之后,日本举国欢呼,试图通过这一场运动会向全世界展现焕然一新的日本形象,整个日本也因此投入如火如荼的奥运会筹备工作之中。而在这一系列的筹备工作之中,不得不提及的便是日本新干线的修建。

随着以东京、大阪、名古屋为中心城市的三大都市圈的快速发展,原有的铁路线网很快便无法满足急速增长的运输量,修建加强三大都市圈之间联系的新铁路在这时就显得十分迫切了。在奥运会筹备工作的规划之下,东海道铁路新干线的建设计划加快了步伐。在当时日本全国备战奥运的激情之下,日本国铁甚至从世界银行借款288亿日元⊖,结合从日本国内获取的资金,共斥资3800亿日元风风火火地开展新干线的建设。

在大量的人力、物力和财力的投入之下,新干线的建设周期从5年成功缩短至3年。1964年10月1日,新干线正式开通。作为当时日本举全国之力修建

⊖ 1日元≈0.06元人民币。

的铁路,新干线应用了日本最先进的技术,也因此成为全球最快的铁路,东京与大阪之间的往来时间也成功地被缩短至原来的一半,拉开了日本铁路"新速度时代"的序幕。新干线在安全性、舒适性以及运输能力等诸多方面远超原先的铁路线网,在东京奥运会中承担了重要的运输任务,获得了全球的广泛认可。

新干线的开通,除了成功地服务奥运会,还拉动了沿线区域的发展。在东海道新干线巨大的客流量吸引下,酒店、百货商店、游乐场甚至商务办公楼等等设施不断向车站附近聚集,车站周边迅速发展成为城市新的CBD。在人流量的吸引之下,房地产开发商也纷至沓来。

在奥运会和新干线的刺激和拉动之下,日本出现了新一轮的建筑热潮。为了满足全国的建筑需求,日本在1964年还废除了对修建高度超过31米高层建筑的限制,一栋栋高层酒店相继在东京拔地而起。在日本政府对奥运村的建设投资之后的几年时间里,东京周边的公寓建设迅速发展起来。而在新干线开通之后,大都市附近的郊区也因为交通的便捷一跃成为人流的聚集之地,新的社区和生活圈相继出现,郊区住宅的建设则进一步推动了日本房地产市场的繁荣,地价和房价进一步走高(见图4-2-2)。

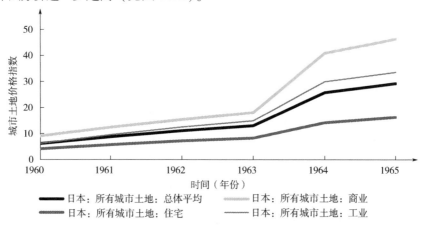

图4-2-2 1960—1965年日本城市土地价格指数走势

资料来源:国海证券研究所。

注:1964年及之后,城市土地价格指数以2010年3月末为基期(100)。

第四章
绽放与幻灭·日本

二、中产阶级的起点

第二次世界大战后,面对巨大的住房缺口,日本政府一直试图推进"公私并行"的住房建设政策,在构建公共住房体系的同时,鼓励私人贷款买房。但由于战后初期日本居民财力有限,政府只能被迫采取公建租房的住房政策,以保障性住房政策增加公共住宅供应,初步缓解日本的住房紧张问题。

在奥运会带来的景气之下,日本经济发展增速被推向高点,迈入黄金发展期。值得一提的是,这一时期日本的经济总量超越了德国,成为仅次于美国的全球第二大经济体。在经济快速发展的带动下,城市化进程也再次快速推进。20世纪70年代中期,日本的城市化水平已经达到了75%。这一期间,日本的国民收入得到了大幅提高,新的需求开始出现。在城市进程加快的背景下,城市住房的结构性压力也开始出现,人民不再满足于租赁,而开始想要拥有属于自己的房产。

与此同时,战后"婴儿潮"带来的问题也开始发酵。第二次世界大战后,日本新生人口快速增长,仅1947—1949年的3年时间里便有806万个新生儿出生,数量超过当时总人口的1/10。由于这3年内新生人数量极其庞大,这批新生儿也被日本人亲切地称为"团块世代"。20世纪60年代,随着"团块世代"逐渐步入适婚年龄,结婚购房需求开始攀升。但从出生便见证着日本经济快速增长的"团块世代",已经不像他们的父母辈一样满足于公共住房。对于他们来说,日本经济如此繁荣,何不拥有一套能代表日本欣欣向荣景象的私人住宅呢?

于是,在居民住房需求发生新变化和"团块世代"的结婚购房需求之下,日本私人住宅的需求大增,供不应求的现象再次上演,房价因此一路上涨(见图4-2-3)。但与战后初期日本政府的捉襟见肘相比,在经济的快速发展之下,这次日本全国的房屋建设进程明显加快(见图4-2-4)。

针对这一轮的住房供应紧张问题,日本政府在1966年提出了《住宅建设计划法》,制订了第一个住宅建设五年计划——"一个家庭一套住房"。在这一目

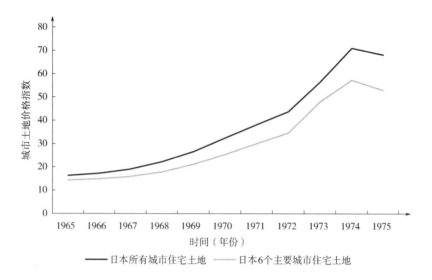

图 4-2-3　1965—1975 年日本城市土地价格指数走势（住宅用地）

资料来源：国海证券研究所。

注：1964 年及之后，城市土地价格指数以 2010 年 3 月末为基期（100）。

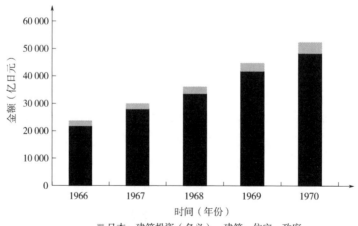

图 4-2-4　1966—1970 年日本的住宅投资状况

资料来源：国海证券研究所。

第四章
绽放与幻灭·日本

标的指引下,无论是政府还是民间,对住宅建设的投资力度都不断加大。1970年,日本住宅建设投资总额已经高达5.23万亿日元。在充足的住宅投资的资金支持下,日本住宅建设在全国范围内如火如荼地开展,从1966年开始的5年内,日本完成了670多万套住宅建设,其中私人住宅占比超过60%。

在推进住宅建设的同时,政府还通过促进民间金融机构提供购房贷款资金的方式鼓励私人贷款购房。日本政府开始推行"先存后贷,以存定贷"的住房抵押贷款业务,都市银行和地方的中小银行纷纷开展住房抵押贷款的业务。三和、三井、神户等一些都市银行甚至联手设立了日本第一家专门以办理个人住宅抵押贷款为主要业务的住宅金融专业公司——日本住宅金融会社,并逐渐成为居民住房贷款的主要来源。

在住房抵押贷款规模的快速扩张之下,私人住宅体系得到了快速的发展,以"团块世代"为代表的新中产阶级购房梦相继实现。到1973年,日本已经实现了"一家一套"的住宅建设目标,第二次世界大战后的住房供给困境基本上得到了解决。

三、购物中心遍地开花

20世纪六七十年代,在私人住宅市场快速发展的同时,日本的商业地产也在"消费革命"的热潮之下不断创出新高。源自美国的购物中心开始走入日本市场,在这一时期,一些独具慧眼的商业地产企业在购物中心的发展之下实现了飞黄腾达,高岛屋便是其中的典型代表。

19世纪30年代,饭田新七夫妇在日本京都创立了高岛屋,主要经营二手服务及棉料制品。在勤勤恳恳的经营之下,饭田新七夫妇成功打响了高岛屋这一品牌。在明治时代,高岛屋一跃成为日本皇室御用的吴服⊖商。在随后的百年历史巨变中,高岛屋成功实现了从服装店到百货商店的转型。20世纪30年代初,随着具有现代建筑特征的大型商店在东京和大阪的顺利开业,高岛屋正

⊖ 吴服又称吴织,在日语里指中国面料。

式跻身百货商店之列。

20世纪60年代，日本经济腾飞，国民消费需求持续高涨，百货商店随之迎来了蓬勃发展，高岛屋顺利跻身日本百货业的亚军地位。但是，在日本市场耕耘百年的高岛屋并没有满足于此。当时在美国，购物中心已经蔚然成风，而日本却鲜少见到购物中心的踪迹。在美国购物中心如火如荼发展态势之下，商业嗅觉敏锐的高岛屋迅速意识到这种购物中心模式大有可为。高岛屋当机立断派员工赴美考察，同时着手考虑购物中心的选址。

对高岛屋来说，繁华的东京是其打响购物中心第一站的绝佳选择。起初，高岛屋试图将新店址选在位于东京城南的核心地段——涩谷。但由于当时的涩谷在经过多年的开发之后已经没有足够的空间来建设商业区了，高岛屋陷入了窘境。

就在高岛屋准备放弃之时，有人提出选址二子玉川附近的建议。二子玉川当时还是东京周边一个尚待开发的郊区，但地理位置优越。二子玉川坐落于流经东京和神奈川之间的多摩川河上，是重要的交通枢纽，东急田园都市线和大井町线这两条重要的运输线路在此交汇。

经过综合考虑，高岛屋认为虽然二子玉川尚需开发，但在良好的生态环境和便捷的交通条件下，人流量还是能够得到保证的。高岛屋在深思熟虑之后，将购物中心的选址确定在了二子玉川。1969年，玉川高岛屋购物中心建成开业，成为日本第一家美式购物中心。凭借琳琅满目的商品，以及集购物、餐饮、娱乐于一体的多维体验，玉川高岛屋购物中心迅速成为东京人民议论的焦点。

为了吸引更多人，高岛屋为购物中心修建了停车场，便于周边居民驾车前往，同时联合周边的小商铺一起运营。在这种商业模式之下，玉川高岛屋购物中心吸引了越来越多的顾客，东京人民纷纷前来体验这种新潮的"百货商店"，二子玉川从郊区摇身一变成为繁华的人流聚集地，地价一路上涨。

在玉川高岛屋购物中心建成之后，一批又一批的购物中心如雨后春笋般出现在日本各个城市的街道上。而在消费革命浪潮之下，家庭汽车的普及率得到

第四章
绽放与幻灭·日本

大幅提升，郊区住宅市场也因此得到发展。于是，大量的购物中心开始出现在日本各大城市的郊区，整个20世纪70年代，日本郊区新建的购物中心高达502家。

在购物中心大量出现的推动下，日本商业地产顺势崛起。商业用地价格一路上扬（见图4-2-5），带动日本房地产市场进入新一轮的繁荣。但是，这仅仅是日本房地产精彩历史的一小部分，接下来的日本房地产市场更为令人惊叹！

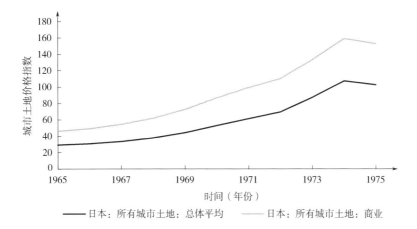

图4-2-5　1965—1975年日本城市土地价格指数走势（总体和商业地产）

资料来源：国海证券研究所。

注：1964年及之后，城市土地价格指数以2010年3月末为基期（100）。

第三节　1976—1990 年：阳光下的泡沫

20 世纪 70 年代初，中东石油危机爆发，油价的上涨导致全球物价上涨，经济陷入通胀。在石油危机之下，美国和英国的经济增速一度触底，面临危机。然而，这场危机并没有对日本的经济产生较大的影响，通货膨胀始终维持在可控的范围之内。

在石油危机中，日本之所以能保证可控的通货膨胀水平，汇率发挥了极其重要的作用。20 世纪 70 年代初期，布雷顿森林体系瓦解，日本放弃了固定汇率制度，转向浮动汇率制度，日元被迫升值。作为日本的进口商品，油价的上涨部分被日元的贬值所抵消，通货膨胀率因此没有出现快速的大幅上升。

与此同时，日本的工资决定机制发挥了不容忽视的作用。20 世纪 70 年代，在经历了战后复苏和繁荣后，日本人的国家和民族认同感不断加深。在当时的日本，员工的工资与企业的兴衰紧密联系，员工们通常具有与企业同舟共济的意识。工会认为，在通货膨胀时要求加薪将会使企业处于不利地位，反而会导致员工失业，造成两败俱伤的局面。因此，日本企业的员工们在危机时刻一般愿意与企业共同克服通胀困境，并不会强烈要求涨工资。

正因为如此，日本平稳度过了两次石油危机，日本经济赢得了长达 10 年的稳定增长。汽车产业和半导体产业在此期间获得了快速发展。经济的稳定增长为房地产市场创造了良好的条件，20 世纪 80 年代，住宅建设工业化、科技城建设和旅游地产在日本全国范围内蓬勃发展。

一、走向工业化

日本的建筑工业化起源于 20 世纪 50 年代中期，上文提到的"管屋"便是

第四章
绽放与幻灭·日本

建筑工业化的产物。凭借低成本和高效率的优势，由大和房屋工业株式会社推出的"管屋"项目不仅解决了灾后应急的问题，还成为风靡全国的工厂厂房、储物仓库、办公用楼。

而工业化建筑正式叩响住宅市场的大门，还要从日本明仁皇太子结婚这一契机说起。20 世纪 60 年代，皇太子明仁迎娶平民女子美智子，成为当时日本口口相传的爱情佳话，也引发了当时日本全国的结婚热潮。在这一契机之下，大和房屋工业株式会社推出适用于新婚家庭的"超小型房屋"。这种新住宅由于面积灵活、建造方便、内部构造齐全的特征，在当时刚结婚的年轻人中广受欢迎，住宅工业化时代随之拉开了序幕。

20 世纪 70 年代，工业化住宅也开始出现了新的变化。当时，在保障性住房体系和"公私并行"的住房建设体系之下，日本的住宅短缺问题基本上得到了解决。然而，战后初期建造的住宅在经历 30 年的风吹雨打之后，开始出现各种各样的质量问题。随着日本经济的发展，日本居民对新建住宅的质量要求逐渐提升，工业化住宅进入住宅品质提升阶段。在这其中，最具代表性的是由日本住宅公团推出的公团试验住宅项目（Kodan Exprimental Housing Project，KEP）建设体系。

在住宅公团推行的 KEP 建设体系之下，住宅建造在设计开始时便会同时考虑住宅主体、内部分布、用水体系等多种因素，以满足日本居民对住宅建设的多样化需求。在预制主体建造完成之后，购房者可以根据自身的喜好和需求灵活地分配住宅的内部空间，自主选择厨房、家具、卫浴等住宅部品⊖在住宅内的位置。通过提供菜单式的住宅建造服务，购房者能够参与住宅设计过程，工业化住宅建造体系由此进入开放式的住宅建设时代。

可以说，KEP 建设体系的推进极大地提升了住宅建设的灵活性，迎合了当时日本居民对住宅建设的多样化需求，成为新的建筑风潮。与纯人工的建造方式相比，工业化住宅建造由于对部件都制定了统一的规格标准和质量要求，在

⊖ 住宅部品是指按照一定的边界条件和配套技术，由两个或两个以上的住宅单一产品或复合产品在现场组装而成，构成住宅某一部位中的一个功能单元，能满足该部位一项或者几项功能要求的产品。例如厨房、卧室、家具等。

工厂预制的生产方式之下更能满足日本民众对住宅质量的新需求。

在20世纪80年代中期，随着日本住宅体系进入高品质阶段，纯人工建造的住宅几乎不再出现，转而采用工业化组件，而这其中完全采用工业化生产的装配式住宅占比已达20%，工业化住宅建设迈入新时代。

二、筑波科技城

在工业化住宅迈入新时代的同时，日本工业地产也出现了新变化。随着以东京、大阪和名古屋为核心的都市圈汇聚了越来越多的人口，中心城市的发展压力与日俱增，卫星城市的建设计划被日本政府提上日程。而与此同时，日本在20世纪60年代推行"技术立国"的政策，提出建设科技城的构想。在卫星城市的建设计划之中，科技城成为可选的重要模式之一，位于东京大都市圈的茨城县境内的筑波科技城就是其中典型的代表。

筑波在1961年即被日本政府选址为东京的卫星城市，当时在政府的规划之下，筑波将为东京都缓解国立教育机构以及科学研究机构过于密集引发的土地、交通和人口等各方面的压力。随着筑波科技城的动工，日本内阁规划将42个实验性研究和教育机构迁移到筑波，旨在打造一个以国家实验研究机构和筑波大学为核心的综合性学术研究和高水平的教育中心。

在耗费大量资金、历经多项浩大工程之后，20世纪70年代末，42个机构的迁移工作终于建设完成。但由于在建设初期，筑波科技城以机构的迁入为主，基础设施并没有跟上科技城的建设步伐。当时的筑波科技城与东京市中心交通并不便利，也没有公园、购物中心等配套设施，很多在东京市工作的研究员都不愿意搬往这个"乡下之地"。在20世纪70年代末，筑波科技城的人口总数仅有12.4万，与日本政府22万人口的计划相去甚远。

这一局面在20世纪80年代出现了转机。这一年，日本政府针对筑波科技城制订了一个周边开发计划。在这一计划之下，科技城将加大公共设施和住宅的建设力度，完善诸如公园、道路、学校、商业购物中心及停车场等城市的配

第四章
绽放与幻灭·日本

套设施,以此吸引更多研究机构和研究人才。

与此同时,在 1985 年,日本政府还在筑波科技城举办了以"人类、居住、环境与科学技术"为主题的世界博览会(以下简称"世博会")。在世博会期间,日本各大公司在筑波建造了 28 个展览馆,筑波也接待了 2000 多万人次的参观游客。正因为世博会的火热,东京和筑波之间的特快专线热闹非凡,每趟列车几乎都是满载。筑波的国际知名度由于这场世博会而得到大幅提升,日本开发科技城作为中心城市的卫星城模式也引起了全球的关注。

在配套措施逐渐完善和世博会的带动之下,越来越多的研究机构与企业自主迁到筑波这个科技氛围浓厚的卫星城,工业用地需求随之增加,地价不断上扬。随着研究机构和企业的入驻,越来越多的年轻人从东京搬迁到筑波,新增的人口也推动着筑波住宅建设体系的发展,大量的住宅需求之下,筑波的住宅用地价格也实现了快速的增长。

可以说,筑波科技城是当时日本各大都市圈为缓解城市发展压力,修建卫星城市的典范。随着各大科技城在大都市周边兴起,工业用地和新的住宅圈推动着房地产市场的发展,工业用地和住宅用地价格也迎来了快速上涨(见图 4-3-1)。

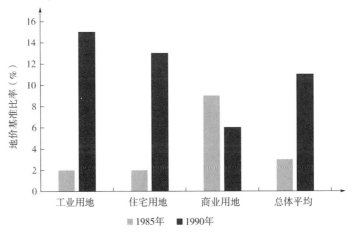

图 4-3-1 1985 年、1990 年日本东京大都市圈基准地价变化

资料来源:国海证券研究所。

三、不一样的地产项目

20世纪80年代前后，除了工业化住宅发展提速以及科技城先后出现在中心城市附近，在消费革命的浪潮之下，旅游观光产业也得到了快速的发展。房地产商逐渐将目光从住宅和购物中心建设转移至观光地产，度假村、观光饭店先后出现在日本各大景区，房地产商也由于旅游观光产业的发展而成为冉冉升起的新星，西武集团便是在这一时期走向巅峰的房地产商代表。

西武集团成立于第一次世界大战结束之时，由堤义明的父亲堤康次郎一手创建。通过在东京、横滨等大城市大肆购地和炒地，西武集团规模快速扩张，飞速成长为商业巨子。在20世纪50年代，西武集团的商业帝国已经覆盖地产、酒店、百货、铁路等多个板块。20世纪60年代，29岁的堤义明接手西武集团，但出于对父亲"10年不投资新的不动产"的承诺和日本政府防止地价暴涨的情报，接手西武集团后的堤义明并没有大规模开展不动产开发业务，而是退出日本房地产市场，优化集团管理，西武集团则因此躲过了东京的不动产投资损失。

20世纪70年代后期，随着与父亲的10年之约到期，堤义明在完成对西武集团的重整之后，终于可以在不动产业务上大展拳脚。在消费浪潮之下，堤义明提出布局休闲观光和酒店业务的想法。但是，休闲观光产业的发展必须以配套措施为基础，要发展观光酒店和度假村，交通和旅游项目的发展必不可少。在堤义明的带领下，西武集团走上了以地区开发为基础的休闲观光地产发展之路，东京品川地区便是西武集团布局观光地产之路的第一步。

西武集团先是在品川修建了富丽堂皇的王子大酒店，希望在品川地区的观光旅游发展中分一杯羹。但由于当时的品川地区游玩项目较少，很多游客并不会选择在品川留宿，王子大酒店的效益难以实现快速突破。于是，堤义明提出打造酒店周边业态，在酒店周边增建溜冰场、滑雪场、网球场等娱乐设施。随着周边业态的不断完善，被吸引来品川地区的游客成倍增加，游玩项目的增加也让更多的游客愿意在品川留宿，王子大酒店的入住率得到了明显提高。

第四章
绽放与幻灭·日本

为进一步推动品川观光地产的发展，堤义明还创设了"成套销售法"。西武集团将酒店的住宿服务与娱乐设施的服务配套提供，以套餐价包揽游客在那游玩、住宿甚至饮食的全部费用。这一创举深受消费者的欢迎。在一系列的措施之下，品川王子大酒店周围逐渐发展成为繁华地段，酒店的效益大幅提升，王子大酒店成为品川地区的地标性建筑。

在品川地区成功打响第一枪后，西武集团开始将这一模式复制到其他地区的地产开发上。这一次，西武集团将目标瞄准位于日本中部地区的轻井泽町。轻井泽町是著名的避暑胜地，西武集团拥有的土地约占轻井泽町全境面积的1/20。在庞大的土地储备之下，西武集团开始大展拳脚，先是修建了一个包含674个房间的王子大酒店，而后在酒店周边建设了8个大规模的高尔夫球场及多个网球场、滑雪场等娱乐和运动设施。

随着西武集团开发计划的进行，轻井泽町也出现了新变化，从一个避暑胜地摇身一变转型为一个综合性的旅游景区。在西武集团的运作之下，当时的轻井泽町可谓商贾往来、游人如织，已然成为繁华的代名词。

品川地区和轻井泽町只是20世纪80年代前后西武集团观光地产发展的冰山一隅。随着消费浪潮席卷整个日本，西武集团在日本全境大肆购买土地开发旅游观光景区，在多地建设王子大酒店、滑雪场以及高尔夫球场等设施，大肆扩张让西武集团再次雄踞日本地产巨头之列。

西武集团真正走向巅峰，还是在20世纪80年代中期。1985年，美国为了改善长期国际收支不平衡的状况，联合日本、联邦德国、法国和英国在纽约广场饭店召开了一场会议。五国最终协商一致，签订了"广场协议"，美元随之开始贬值，而日元则大幅升值。

为了应对日元升值的压力，日本政府当即下调基准利率。日本全国的融资成本大幅降低，融资约束随之开始削弱。西武集团趁机从金融机构大量贷款，不断地投资于休闲娱乐设施和酒店的建设。

西武集团在堤义明的带领下，不断融资开发新地产，逐渐走向巅峰。最辉煌时，西武集团共购置了占全日本 1/6 的经营性房地产，掌舵人堤义明也因此连登 1987 年和 1988 年两年的《福布斯》世界榜首富。日本的房地产市场在全民的狂欢之中走向前所未有的大繁荣，地价、房价一路飙升（见图 4-3-2）。

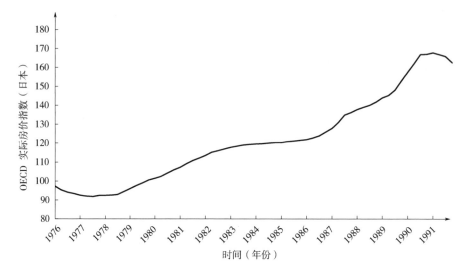

图 4-3-2　1976—1991 年日本实际房价指数走势

资料来源：国海证券研究所。

注：日本的 OECD 实际房价指数以 2015 年为基期（100）。

第四章
绽放与幻灭·日本

第四节 1991—2000 年：梦醒时刻

随着第二次世界大战后经济的不断发展，日本人民终于不再囊中羞涩，不再需要为生计担忧。1985 年签订的"广场协议"更是推动日本经济急速膨胀，股市、房地产市场价格飙升。20 世纪 80 年代末期的日本人民，对日本经济的未来充满了信心。然而这种信心，却充满了具有历史味道的熟悉感。

1929 年以前，美国人民也十分看好美国经济的未来。当时，谁也不曾想到自己所在的时代，竟然会被世人所铭记。更不曾想，载入史册的不仅有当日之繁华，更有紧随繁华之后的经济大萧条。20 世纪 80 年代的日本，亦是如此。

为了刺破经济中的泡沫，20 世纪 80 年代末期日本政府开始上调贴现率。1989 年 5 月—1990 年 8 月，短短的 15 个月间，商业银行贴现的资金价格持续上行，从 2.5% 一直上调到 6%。对居民和企业来说，融资成本几乎一夜提高，依赖融资发展的房地产企业因此陷入增长困境。

屋漏偏逢连夜雨，1990 年攻占科威特的伊拉克受到国际制裁，原油供给中断，全球油价一路飙升，一度突破第二次石油危机期间的油价高点。全球经济再一次陷入衰退。这一次，日本没能幸免于难。

高额的利息和昂贵的石油造成了日本内忧外患的局势，恐慌情绪涌上日本人的心头。1990 年，繁荣多年的日本股市结束了巅峰时期，股价一泻千里（见图 4-4-1）。随着日本政府开始限制金融机构房地产融资总量，房地产市场的泡沫被刺破。1991 年，日本的房价迈入下滑通道。

股市和房地产市场泡沫的幻灭让日本人民的资产大幅缩水，但还债压力却

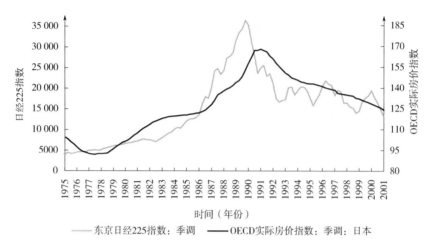

图 4-4-1 1975—2001 年日本股市、房价指数走势

资料来源：国海证券研究所。

注：日本的 OECD 实际房价指数以 2015 年为基期（100）。

无法随之消散。一时间，资不抵债的阴霾笼罩在日本人民的心中。日本企业也陷入水深火热，随着生产成本和融资成本的抬升，日本企业纷纷遭遇现金流动性不足的问题。为了维持企业的正常运转，在经济繁荣时期抢购的土地此时成为企业争相变现的烫手山芋，地价因此一再下挫，房地产企业破产的情况多有发生。除此之外，日本的房地产业也遭到美国资本的打击，房地产行业迎来了第二次世界大战后的至暗时刻。

一、湮灭

早在 19 世纪 90 年代，三菱财团就开始布局房地产开发，在丸之内买下了第一块地皮，建造丸之内大厦。在随后的 100 多年时间里，三菱财团成立了三菱地所，通过不断地投资与开发，将丸之内 30 多栋大楼收入囊中，成功将丸之内一带建造成自己的地产大本营。

20 世纪 80 年代，日本房地产一片繁荣之际，三菱地所坚信日本的不动产价格会一路攀升。在这样的乐观情绪影响下，三菱地所开启了在海外的资产并

第四章
绽放与幻灭·日本

购。20 世纪 80 年代末，美国的房地产市场低迷，三菱地所认为当时正是美国房价低点，便低价购入了全球财富和权力的象征——洛克菲勒中心，希望在美国房地产市场企稳回升之时大赚一笔。

这笔并购对当时的三菱地所来说，最具诱惑力的并不是未来的资产增值，而是收购这个全球财富象征之后，三菱地所将在全球房地产市场扬名立万。因此，纵然自有资金不足，凭借这一幅宏伟蓝图，当时的三菱地所在日本迅速获得了大规模融资，将数千亿日元投资在洛克菲勒中心这片土地上。

然而黄粱美梦，终有一醒。就在三菱地所刚刚完成对洛克菲勒中心的收购时，日本的经济环境开始恶化。1989 年，日本政府终于看清了国内经济中的泡沫，无数人通过买卖房产便可成为富翁，而真正勤勤恳恳工作的年轻人却难以实现购房梦。为打破这种不正常的社会现象，日本政府在 1989 年年中开始上调基准利率，紧缩银根，地产公司融资成本逐步升高。

1990 年，伊拉克攻占科威特，两个中东产油大国的战争直接引发了新一轮的石油价格大涨。内忧外患之下，日本全国对于未来经济走势的恐慌情绪开始蔓延。日本的股市在恐慌情绪之下出现了抛售狂潮，1990 年日经 225 指数的跌幅达到 35.14%。在股市大跌之后，日本的房地产市场遭遇重挫，融资困难的企业为缓解流动性压力，将之前抢购的不动产相继变卖套现。随着房地产市场的供给大增，日本的地价也开始下跌，房地产市场的繁荣落下帷幕。

雪上加霜的是，为了防止房地产市场过热，日本央行于 1990 年 3 月推出"金融机构房地产融资总量限制"的通知，进一步加大了对房地产企业的融资限制。日本大藏省在 1992 年也出台了地价税的征收法案，在这一政策之下，繁华地段高端百货每年的地价税甚至超过经营利润的 20%。于是，各大地产商纷纷抛售不动产，但在日本政府的管控之下，鲜有人愿意接盘。地产开发商陆续竣工的住宅和公寓也没有住户，当时的日本到处都是空置的房屋，房价一泻千里。

房地产市场的持续走低，让三菱地所持有的国内不动产的价值大幅缩水。

无奈之下，三菱地所只能将希望寄托于海外市场，却发现美国房地产市场仍未有复苏的迹象，洛克菲勒中心的租金下跌，让本就深陷泥沼的三菱地产受到更严重的打击。三菱地所还需要偿还购买洛克菲勒中心的借款，每年都需为此支付上亿日元的利息。为避免陷入债务危机，也为获取流转资金，1995年9月，三菱地所决定将洛克菲勒中心12栋大楼的所有权转卖给洛克菲勒房地产公司以止损还债。

三菱地所变卖洛克菲勒中心，只是当时诸多日本房地产企业身陷困境的案例之一。对于地产巨头来说，在危难之时，还能通过变卖资产实现自救，避免破产的命运；而对于小房企来说，日本国内不动产难以变现，自身抗击风险能力也不如地产巨头，最终难逃破产的噩运。仅1995年当年，日本每月破产的房地产企业便有56家，昔日繁华的日本房地产市场陷入低迷。

二、住专公司的危机

楼市的大厦倾塌之时，曾经大规模注入的资金也化为泡影。为住房贷款、楼盘开发提供借贷资金的金融机构迅速堆积了大规模的坏账，这些金融机构在房地产行业的寒冬之下难以独善其身，倒闭破产的也不在少数。日本住宅金融专业公司（以下简称"住专公司"），便是受到冲击的金融机构典型代表。

住专公司的发展起源于20世纪70年代，当时随着个人住宅抵押贷款市场如火如荼的发展，三和、三井、神户等一些都市银行联手设立了日本住宅金融会社⊖。随着经济的不断向好，日本国内越来越多的金融机构想要在个人住宅抵押贷款市场分一杯羹，于是住宅贷款服务会社、协同住宅贷款会社等7家住专公司陆续成立。

20世纪80年代中期，随着日本国内金融自由化的发展，住宅金融专业公司突破《贷金业规制法》的限制，将投资方向逐渐从个人住宅贷款转移到向企业发放房地产开发贷款。随后，住专公司向企业发放的房地产开发贷款迅速增

⊖ 日本住宅金融会社是日本第一家专门以办理个人住宅抵押贷款为主要业务的住宅金融专业公司。

第四章
绽放与幻灭·日本

加,到 1990 年,在其全部贷款业务中的占比已经高达 78.6%,在整个房地产的融资市场中份额也增至 11.8%。

住专公司一路伴随房地产市场的繁荣而不断发展,并且对房价的走高起到了不小的推动作用。但是,随着日本房地产市场泡沫的破灭,住专公司的不幸在 1991 年开始了。曾经风生水起的住专公司由于房地产开发商无法按时偿还贷款,坏账不断堆积,开始陷入水深火热。1991—1992 年,除协同住宅贷款会社外的 7 家住专公司坏账总额达到 4.65 万亿日元,占其贷款总额的 38%,住专公司的经营危机此时也开始显露端倪。

当时,日本农林系统的金融机构向住专公司借出了 5 万多亿日元,占据住专公司负债总额的半壁江山。住专公司危机出现的时候,农林系统的金融机构认为住专公司的股东银行应该负全部责任,而股东银行则认为其仅承担部分责任,损失应由所有资金拆借方共同承担,二者因此纠纷不断。

面对日益加剧的矛盾,大藏省提出住专公司重建计划尝试解决住专公司的坏账问题,试图再将股东银行以及农林系金融机构的资金引入 7 家住专公司先供其周转。但是,这一方案收效甚微。1995 年,这 7 家住专公司的平均坏账率已经猛增至 76%,濒临破产。

无奈之下,大藏省只得再次反复联合各债权方开会商讨住专公司问题,经过激烈的争吵,最终达成一致意见。农林系统的金融机构放弃部分住专公司债权,其他金融机构放弃住专公司的全部债权,7 家住专公司剩余部分债权的兑现由政府动用财政资金来完成。

虽然这样的方式解决了住专公司的危机,但是让纳税人共同承担这一巨额损失的处理方法引发了日本国民的强烈不满,集会、游行、抗议电话等反对行为数不胜数。同时,日本在野党借住专公司问题向政府发难,引发了日本朝野的政党纠纷,桥本龙太郎政权也因此遭遇重大阻力。

住专危机仅仅是日本金融机构因房地产市场暴跌而陷入危机的一个缩影,陷入窘境的金融机构反过来也使得房地产市场因为无法继续获得融资导致经营情况再度恶化。随后爆发的亚洲金融危机，使得日本诸多银行在内忧外患之中破产。与此同时，日本房市还遭受了另一重打击，美国的资本在日本房地产低迷之时趁机侵入，高盛、美银美林和摩根士丹利等金融机构大举低价收购日本房地产，日本的房地产市场陷入深渊。

第四章
绽放与幻灭·日本

第五节　2001—2010 年：在黑暗中前行

对于日本来说，20 世纪末期无疑是暗淡的。在泡沫破灭与亚洲金融危机的先后冲击之下，存活下来的房地产商也举步维艰。这些房地产商手中的土地和开发的地产难以卖出，基准利率的多次上调更加大了地产开发商的融资难度。新世纪的到来也没有给日本房地产带来崭新的面貌。为了盘活土地、住宅等不动产，日本政府在新世纪伊始推出了筹谋已久的房地产信托投资基金（REITs）。

与此同时，站在新世纪起点的日本人民在泡沫刺破之后，对未来盲目看好的信心不再，开始冷静审视日本房地产市场的发展。他们开始注意到，譬如东京这样经历过几十年繁华的大都市，在城市建设上也面临诸多问题。东京的旧城区建筑的空间利用效率低下、抗震能力差，交通堵塞严重，种种现象都在制约着东京的发展。于是，日本政府开始重视都市重建计划，将其定为实现经济增长、提高城市活力的新药方。

从新世纪初到 2010 年，日本政府先后在各大城市推出都市重建的相关政策，以东京为代表的大都市开始如火如荼地开展旧城改造工作。伴随着都市重建计划的推进，日本日趋严重的老龄化问题催生了养老地产的发展，养老地产项目在这一时期登上历史舞台，为日本低迷的房地产市场带来一丝色彩。

一、创新的出现

房地产信托起源于 20 世纪 60 年代初的美国，对于房地产企业来说，REITs 可为其融资带来多重便利。第一，房地产企业可以将其流动性较低的房地产项目打包成信托产品，从而获得融资；第二，房地产信托通过发行股份筹集资金的方式降低了房地产投资的门槛，可以吸引更多的投资者和资金进入房地产市场。

正因为房地产信托给地产企业融资带来的便利性，日本政府在20世纪80年代末便引入了房地产信托。但当时由于日本房地产市场发展极为繁荣，房地产信托只能勉强起到锦上添花的作用，发展并不快。20世纪90年代，随着日本房地产市场的泡沫破灭，不良资产充斥整个房地产市场，几乎人人"谈房色变"，房地产企业面临着融资难题。日本政府成立了房地产信托研究机构，试图推出适合日本的房地产信托业务，改善房地产企业面临的困境。

2001年，日本政府陆续修订完成《关于资产流动化法》《关于投资信托以及投资法人法》，终于在法律上允许信托投资房地产业务，日本房地产信托投资基金（Japan Real Estate Investment Trust，J-REITs）也以新的面貌在历史舞台上亮相。日本两大房地产巨头——三菱地所和三井不动产抢得头筹，作为首批发行人，在东京证券交易所成功发行 JRE（Japan Real Estate Investment Corporation）、NBF（Nippon Building Fund Inc）两只 J-REITs 产品，日本房地产投资的多元化时代由此开启。

然而，J-REITs 的开局并没有预想的那么顺利。"9·11"事件之后，美国经济一度瘫痪，日本受到牵连，经济再度陷入衰退，房地产价格跌幅不止。城门失火，殃及池鱼，最早发行的这两只 J-REITs 产品也跌破了发行价，投资者对 J-REITs 的热情也因此在低位徘徊。

为了促进 J-REITs 的发展，日本政府在2003年做出了政策上的调整，将资本利得和股息税率下调至10%，并且允许 FOF 基金对房地产信托的投资。与此同时，东京证券交易所也开始发布房地产信托指数——东证 REIT 指数。

在一系列政策的刺激下，日本房地产信托的投资热情发酵，J-REITs 产品数量快速增加。短短的两三年间，日本房地产信托市场规模迅速扩张（见图4-5-1）。以早期由三井不动产出资设立的 NBF 为例，在投资热情不断增加的背景下，规模迅速扩张。NBF 投资的公寓的租户数猛增（见图4-5-2），在2005年突破 1000 户之后也没有就此停下上涨的脚步,入住率一路上涨,几乎达到了 100%。随着写字楼租户不断增加,NBF 的收益一路上行,而这进一步吸引了越来越多的投资者进入房地产信托市场。

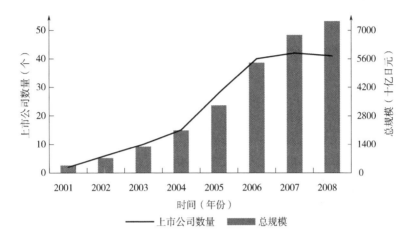

图 4-5-1　2001—2008 年 J-REITs 市场发展规模

资料来源:国海证券研究所。

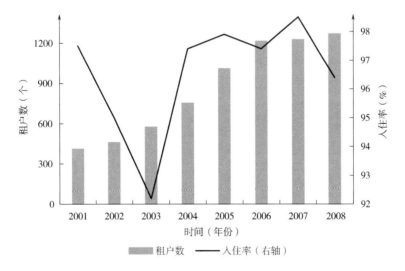

图 4-5-2　2001—2008 年 NBF 投资公寓情况

资料来源:国海证券研究所。

随着房地产信托市场的发展，日本的房地产开发商终于突破了融资困境，并开辟了新的盈利增长点——积极增持物业，通过专业化运营管理获得稳定收益。与此同时，提供配套服务的房地产资产评估、咨询、管理等专业性公司也迎来了新的发展，低迷的日本房地产市场迎来了一丝新的转机。

二、城中新城

20世纪80年代，在商业发展空前繁荣的影响之下，日本的旧城改造和城市综合体计划被提上了日程。在这其中，最著名的便是被誉为城中之城的六本木新城（Roppongi Hills）。

六本木位于东京城市中心附近，在历史上曾是诸侯官邸聚集之地，第二次世界大战结束后逐渐成为餐饮、酒吧和夜店汇集的繁华之地。随着时间的推移，六本木城区逐渐成了一个破旧的老城区，城区内遍布由日本住宅公团在20世纪60年代建造的低矮木制住宅楼和中低层楼房，房屋严重老化，很容易引起火灾。

当时的六本木城区用"狭窄"便能完美概括其特点，住宅区只有狭窄的单行道，一遇到雨雪天气，交通堵塞现象时有发生，与东京的繁华相差甚远。整个城区内只有10%的公共空间和绿地，居民生活十分不便。为了改善居民的居住环境，东京在20世纪80年代末期开始了对六本木的改造计划。

但是，六本木城区的改造计划在20世纪80年代末期并没有付诸行动，这是由于日本土地具有私有化的属性，旧城区的拆迁和重建工作必须征得400多位土地所有者的同意。为了解决这一问题，作为旧城改造主要开发商之一的森大厦株式会社提出"协商共赢"的口号，经过10年左右的商讨，最终形成了7个拆迁补偿方案，补偿方式由居民自主决定（见表4-5-1）。

2003年，随着居民的陆续搬迁，六本木的改造计划终于登上了历史舞台。为了向全世界展现日本的建筑水平，建造一个未来城市发展的模板，日本政府邀请了美国捷得国际建筑事务所和KPF负责设计工作，日本颇具盛名的景观设

表 4-5-1　六本木旧城拆迁补偿计划

补偿方式	方案 A	方案 B	方案 C	方案 D	方案 E	方案 F	方案 G
资产折价、货币补偿	√			√	√		√
房屋置换、以旧换新		√		√		√	√
资产折价、入股分红			√		√	√	√

资料来源：国海证券研究所。

计师佐佐木叶二也受邀参与新城设计。在这些著名机构和大师的参与之下，改造工程如火如荼地开展起来。

由于城区面积并不大，六本木新城在改造过程中充分利用了竖向空间。在住宅建设上，森大厦株式会社以两栋 43 层高的双子塔为中心，配备了 4 栋 20 多层的住宅公寓，用高层现代化公寓取代了原有的木质房屋。在住宅区附近，六本木新城也新建了多个花园，居住环境焕然一新，附近的东京市民也纷纷来到六本木新城排队购买新公寓。

除了居民区外，六本木新城最吸引人之处便在于商业、艺术和居住的融合。六本木新城建设的初衷之一便是将附近优质企业汇集于此，为此，森大厦株式会社在新城中心建造了一栋 54 层高的写字楼，每层楼都配备了 4500 平方米的办公场所。在建成后，这栋写字楼便因令人仰望的高度成为六本木新城的地标建筑。而在对艺术的追求上，六本木新城配备了森艺术中心、森美术馆、毛利庭院等，很快成为当时东京新的艺术中心。在这一系列的建筑完工后，六本木新城逐渐成为集商业、文化、信息中心于一体的综合性区域。

凭借商业中心和艺术中心的定位，六本木新城成为超越迪士尼的人流中心，每年吸引游客超 4000 万人次。在人流量的带动之下，六本木新城逐渐发展成为日本东京著名的购物中心和旅游景点，无可争议地成为东京新地标，六本木新城的房地产市场开始回暖。

同一时期，除了六本木新城，东京中城、大阪难波公园的改造也在有序开展，城市郊区台场的改造也在蓄力。可以说，在这一时期，日本各大都市圈，从城市到郊区，都在有序地开展着旧城改造和商业中心重建工作，而这也为低迷的日本房地产市场带来了几丝希望。

三、地产行业的新机遇

20世纪70年代，老龄化成为影响日本经济活力的一大问题。21世纪初期，日本老年人口占比高达17%（见图4-5-3），在之后的几年时间里，"团块世代"也逐渐迈入老年。20世纪90年代，随着经济泡沫破灭，年轻人面对未知的未来，结婚和婚育行为大幅延迟，日本的出生率随之下降，老龄化问题愈发严重，日本经济陷入了恶性循环（见图4-5-4）。老龄化问题虽然给日本经济增长蒙上了一层阴霾，但也给养老地产带来了发展机遇。

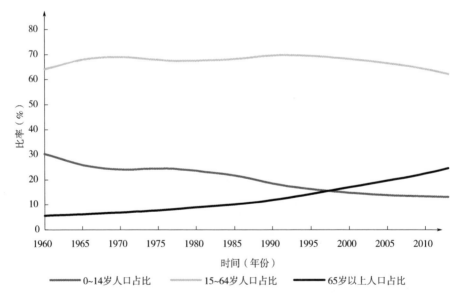

图4-5-3　1960—2010年日本老龄化问题日趋严重

资料来源：国海证券研究所。

第四章
绽放与幻灭·日本

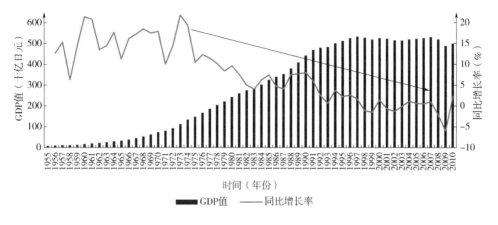

图 4-5-4 20 世纪 90 年代开始日本 GDP 缺乏增长动力

资料来源：国海证券研究所。

随着老龄化问题受到社会的日益关注，越来越多的企业嗅到了养老地产发展的机遇，这其中颇具代表性的便是日本著名的保全企业西科姆（SECOM）。为进军养老地产，西科姆先是派员工进行实地考察，最终将地址定在东京世田谷区。西科姆之所以将进军养老地产的第一步选在这里，是因为世田谷聚集了大量的富人，老龄人口占比较高。

在选址完成之后，西科姆买下了世田谷下马地区的一片土地，联合当时东京的房地产开发商——森大厦株式会社联合建造高端养老院，吸纳需要照顾的介护老人⊖和能够自理的老人。不过，由于以介护老人为主要服务对象，西科姆在养老产业的运作过程中采用组团式的管理方式。西科姆将所有住户平均分组，并为每个组都配备固定的服务人员，这其中包括护士、餐饮管理人员、园艺管理人员以及心理健康管理人员，为入住的老人提供全方面、全天候的照料服务。

西科姆在基本达到平均 2 名工作人员服务于 3 个老人的基本配置比之后，仍然会尽可能地提供更多服务，试图了解每一位老人的喜好，实施个性化的养

⊖ 介护老人，这类老人生活自理能力重度依赖别人，全部日常生活需要他人代为操持。

老服务。由于差异化、个性化的服务较好地维护了老人的尊严感和生活的私密性，西科姆旗下的养老机构在2006年投入运营之后便受到世田谷地区大量老年人的欢迎，仅仅两年时间便完成满租，之后的入住率也一直维持在90%以上。

除了实业企业，房地产开发商也对养老服务跃跃欲试，在这一期参与到养老产业的代表便是美邸养老服务公司。1998年，少子和老龄化问题成为日本报纸和电视台关注的焦点问题，日本房地产企业家高桥诚一看到后决定进军养老企业，成立美邸养老服务公司。

但是，20世纪80年代的泡沫让大量的房地产企业意识到高杠杆下企业经营的压力，于是，高桥诚一决定采取租赁的方式，由房地产开发商将建筑建造完成，而后美邸养老服务公司再将其租下来，以此实现轻资产运作。

与其他养老机构不同的是，美邸养老服务公司并没有选择以能独立自理的老人为主要的目标客户，而是以照顾患有阿尔兹海默症的老人为主要护理对象。为了提高入住率，美邸养老服务公司为每一个养老机构配置专业的护理人员，定期对他们进行培训，从礼仪到餐饮事无巨细地为老年人着想。除此之外，美邸养老服务公司在选址时也注重对当地经济水平和养老意识的考察。正是由于高桥诚一在养老地产战略和战术选择上的眼光，美邸养老服务公司在2004年之后便实现了快速扩张，仅2004—2006年的3年时间里，美邸养老服务公司便新增了81家养老机构，一跃成为日本几千家养老机构中的翘楚。

在房地产信托、城市重建和养老地产的发展下，日本的房地产市场终于结束了长达14年的下跌走势，在2005—2008年出现回升。但是随着美国次贷危机的出现，日本经济也开始转势下滑，房地产市场受到波及，刚刚出现的转机在2008年前后转瞬即逝。

第四章
绽放与幻灭·日本

第六节 2011年至今：新的希望

20世纪90年代，在经济泡沫破灭之后，日本居民的资产大幅缩水，内需一直在低迷中徘徊。雪上加霜的是，2007年，美国次贷危机爆发，最终引爆了一场全球范围内的金融危机，日本经济也受到了严重的影响。在这样的背景下，日本房地产市场在经历了21世纪初的一波小繁荣之后，又一次陷入泥沼之中。2009—2019年日本城市土地价格指数走势见图4-6-1。

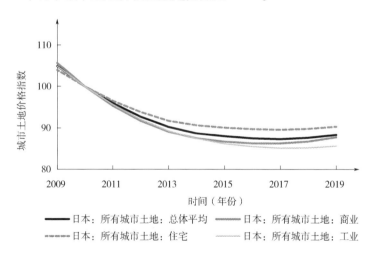

图4-6-1 2009—2019年日本城市土地价格指数走势

资料来源：国海证券研究所。

注：土地价格指数以2010年为基期（100）。

在经济增长缺乏动力的影响下，日本房地产市场曾经的狂欢盛世似乎已经烟消云散。随着消费浪潮的褪去，曾经开遍日本全国以高奢品为主的购物中心也难以维持往日的流量，于是房地产商们也开始试图通过转型挽救业绩。然而，商业地产的转型，也未能为日本的房地产市场带来明显的起色。

一、格林木购物中心

在2008年国际金融危机的影响下，日本居民的消费意愿锐减，购物中心"把商品陈列出来，挂一个促销招牌宣传一下，就能把商品卖出去"的日子一去不复返。购物中心竞争日益激烈，各大地产开发商纷纷开始谋划转型，希望以此挽救业绩。被誉为日本零售之王的7&I集团，率先做出运营模式创新，成为购物中心转型的典型代表。

当时的日本购物中心，一楼往往都会开设化妆品、奢侈品和黄金珠宝等高租金的店铺。在泡沫破灭之后，日本居民的资产大幅缩水，奢侈品消费随之大幅缩减，这些以高租金店铺为人流量吸引抓手的购物中心难以重现往日的繁华。

于是，在经济低迷背景下，7&I集团计划运营一个大家都乐意来玩的地方，让人们在玩的过程中顺便买一些东西带回家。在这样的构想之下，7&I集团在日本川崎市中原区投资开发了一个休闲购物理念的购物中心新项目——格林木。

对以7&I集团为代表的房地产开发商来说，商业地产转型的关键在于如何吸引人前来消费。在格林木购物中心商圈，人流以上班的白领为主，他们平时对奢侈品和黄金珠宝的需求比较少。为了便利上班族，格林木购物中心将食品超市等布局在一楼，方便附近上班族在回家时顺便购买食材和日用商品。

除了针对上班族的便利，格林木购物中心还设有年轻家庭喜欢的时尚品牌店、母婴用品专卖店、儿童保育院、儿童社区和屋顶花园等。这些便利设施不仅满足了客户的日常生活需求，还提供了很多休闲选择。整个格林木购物中心都围绕着如何便利商圈附近的消费者进行布局，十分重视客户的休闲体验，弱化购物的概念，让购物的过程伴随着休闲娱乐进行得更加自然。

正是由于这些人性化和便捷的购物体验，格林木购物中心一开业便深受消费者欢迎。格林木购物中心的5千米范围内的住户人数仅117万人，而格林木

第四章
绽放与幻灭·日本

购物中心却在开业后的短短 13 天之内就创下了累计客流量突破百万、日均客流高达约 8 万的奇迹。

格林木购物中心是小区型购物中心在日本购物中心举步维艰时期转型的成功典例。在当时的大竞争背景下，购物中心转型的产物还有很多，如将产、学、研、展、商一体化的大阪 Grand Front，还有将"梦中的生活地"作为主题的主题购物中心永旺幕张新都心，这些都是在商业地产发展的新模式。直至今日，这些购物中心仍旧位列日本前 10，足以见得它们各自创新的成功。但遗憾的是，创新并未使商业地产快速走出沉寂，而仅仅是为日本房地产市场带来微弱的曙光。

二、曙光能否延续？

与全球各国的房地产市场相比，日本是当之无愧的大起大落典型代表。随着第二次世界大战后的经济崛起，日本的房地产市场在 20 世纪 50 年代—90 年代，几乎一直保持着上涨的趋势。以东京、名古屋和大阪为中心的三大都市圈，聚集着日本一半左右的人口，每年吸引着众多年轻人前去寻找工作，也因此成为日本房价的标杆。随着 20 世纪 90 年代经济泡沫的破灭，日本的房地产市场从云端跌落，至今也未能回到历史高位。

纵观日本房地产市场的发展历史，房价的起伏与日本的经济环境和人口特征密不可分。20 世纪 50 年代，受第二次世界大战的影响，日本面临严重的住房紧缺。随着战后经济的崛起，日本搭建了以住宅金融公库、公营住宅、公团住宅为支柱的保障性住房体系。由此，日本房地产市场大起大落的历史拉开了序幕。

在经济快速发展的助推下，日本的住房供应从政府主导的保障性住房供应到私人住宅迅速崛起，住宅用地价格一路上涨。在对未来经济发展的自信之下，日本全国上下燃起了一轮又一轮的消费热潮，购物中心大量出现在各大城市。房地产公司不断加大杠杆，从市场获取大量融资，囤积土地，建造房产，一批房地产开发商声名鹊起，商业地产和工业地产也不断创出新高。然而，随着20世纪90年代日本经济泡沫的破灭，房地产市场应声下滑。

人口特征也对日本的房地产市场发挥了难以忽视的影响。20世纪60年代，"婴儿潮"一代进入适婚年龄，助推了日本私人住宅的发展。20世纪90年代，随着少子和老龄化成为日本主要的社会问题，日本的房地产市场丧失了增长的动力，养老地产的兴起也未能为其带来明显的起色。为了将房地产市场从泥沼中解救出来，日本政府推出了房地产信托和旧城改造计划等举措，但收效甚微。

今时今日，站在历史的潮头，日本的房地产市场在"失去的三十年"影响之下，如今的日本房地产市场仍处于历史低位。但值得庆幸的是，2011年以来，在旅游热潮（见图4-6-2）和城市重新开发的带动下，东京、大阪和名古屋三大都市圈的土地价格（见图4-6-3）出现了回升，为日本的房地产市场带来一丝希望。在经历几番波折和几轮大起大落之后，日本房地产市场的曙光能否延续，日本房地产市场能否从阴霾中崛起，还是一个值得关注的问题。

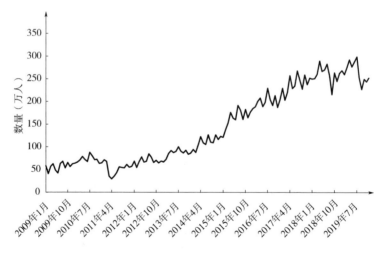

图4-6-2　2009—2019年日本国外入境旅客人数

资料来源：国海证券研究所。

第四章
绽放与幻灭·日本

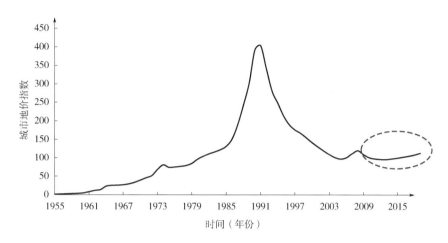

图 4-6-3　21 世纪初日本六大城市地价开始出现回升

资料来源：国海证券研究所。

作为全球房地产市场大起大落的代表，日本房地产市场发展历史对全球各国最大的启示在于如何避免房地产泡沫对实体经济产生恶劣影响。即使在当下，这段历史仍值得我们借鉴和反思。

第五章
开辟新的天地·新加坡

第一节 1965 年之前：历史车轮的推手

新加坡是一个十分袖珍的国家，国土面积只有 700 多平方千米，不及我国广州市的 1/10。但新加坡的常住人口有 500 多万人，地少人多，是个寸土寸金的地方。然而，新加坡这个土地资源极其贫乏、世界人口密度第二大的国家，却被联合国评为最适合人类居住的国家之一。除去"花园城市"的美誉、发达的经济水平、良好的教育设施，独具特色的住房体系也是新加坡吸引各国居民纷沓而至的重要因素。新加坡更是以高住房自有率成为全球的典范，被公认为全世界解决住房问题最好的国家之一。

深入了解新加坡的发展史可以发现，早在 70 多年前，这个"花园城市"还是欧美人和日本人避之不及的"脏乱差"之地。第二次世界大战给新加坡带来了巨大的破坏，再加上当时新加坡建筑密度非常低，因此数十万的人民群众只能居住在棚户区和肮脏的商店里，能住上正常居民区的人可谓少之又少。"屋荒"问题一直困扰着当时的新加坡。

如今的新加坡已从"屋荒"的泥潭中走了出来，并实现了令世界各国称叹的高住房自有率，在解决住房问题上可谓实现了质的飞跃，而这很大程度上受益于"居者有其屋"政策的推出。那么，为什么新加坡会推行"居者有其屋"政策？这一政策推出的背后又有怎样的历史背景和关键人物？这就要从新加坡独立前后所处的政治和经济环境说起。

新加坡是典型的港口城市，在英国长期的殖民统治下，经济结构单一，一直以转口贸易为主。自治之初，新加坡制造业占 GDP 的比重不足 9%，工业发

第五章
开辟新的天地·新加坡

展十分落后。再加上当时的新加坡拥有大量以华人为主的移民，且人口出生率保持在 5% 左右的较高水平，人口急剧膨胀，人口密度已经达到每平方千米 6000 多人。

经济落后和急剧增长的人口给新加坡带来了各种各样的问题。当时，新加坡失业率在 10% 以上，有 25% 的人民生活在贫困线以下。而失业和贫困使人民群众不满情绪十分严重，社会秩序异常混乱。因此，成立之初，自治政府便将发展经济和稳定社会作为首要目标。

对于改善人们生活现状、维持社会秩序稳定的目标，居民住房问题便是一大难题。在当时，新加坡 84% 的家庭居住在店铺或简陋的木屋里，其中 40% 的人居住在贫民窟和窝棚，仅 9% 的居民能住上像样的公共住房。当时的陋屋区没有基本的通明和通风实施，而且房子大多是用破旧箱子和金属片草草搭建而成，不仅脏乱差，而且极易发生火灾。

在这样的情形下，新加坡于 1960 年颁布了《新加坡建屋与发展法》，并根据该法令成立了建屋发展局（Housing & Development Board，HDB），开始全面负责新加坡公共住房的建设与管理，试图为人们提供可负担得起的组屋㊀及附属配套设施。

这一时期，政府主要以满足中低收入（可收入不超过 800 新元）家庭租赁需求为主要目标，大规模兴建低标准的小户型住房，并以较低的价格租给中低收入群体。一间一房式组屋的每月租金仅有 30 新元㊁左右。1960—1965 年，HDB 共提供了将近 5.5 万套组屋，有效缓解了中低收入家庭住房紧缺的问题。

对于新加坡的经济发展问题，自治政府制订了进口替代的工业化发展战略，对绝大多数进口商品征收关税，以保护国内产业的成长与发展，希望借此来提升新加坡自身的工业化水平。但是，新加坡先天存在自然资源缺乏、国内市场狭小的问题。

㊀ 组屋，即由新加坡建屋发展局承担建筑的公共房屋。

㊁ 1 新元 ≈ 4.8 元人民币。

当时的新加坡面临的是经济发展受阻、民族矛盾问题更加严峻的困境。而新加坡是移民国家，很多人民都没有国家认同感，眼看着新加坡随时都有支离破碎的可能，李光耀一直在思考"如何建立每个公民跟国家及国家前途之间的利害关系"的问题。后来，他有了"有恒产者有恒心，如果每个家庭都有自己的住房，国家将会更加稳定"的想法。他认为，"为了让那些儿子必须履行国民服役的父母觉得新加坡是他们自己的国家，值得他们的孩子去捍卫，就必须让新加坡的每个家庭拥有自己的资产，特别是拥有自己的住房"。1964年，李光耀提出了"居者有其屋"计划。HDB的任务目标也从"满足低收入者住房租赁需求"转变成"满足中低收入者住房自有需求"。新加坡住房自有体系建设就此拉开序幕。

在HDB推出低价组屋后，由于当时新加坡发展落后，居民收入也比较低，即使是廉价的房子，很多家庭依旧买不起，以致当时的购房率一直不高，1964年，组屋购房数量占建成组屋数量的比例竟不到3%。对于新加坡政府和建屋发展局而言，"居者有其屋"愿景的落地还有很长的路要走，不过这段精彩又重要的故事则发生在新加坡从马来西亚独立之后了。

第五章
开辟新的天地·新加坡

第二节 1965—1975 年：突破重围

自新加坡和马来西亚合并之后，两者之间的各种分歧不断出现，双方关系日渐恶化。新加坡被迫脱离马来西亚，于 1965 年 8 月正式成为一个独立国家。

新加坡的"被迫"独立带有强烈的悲情色彩，新加坡由于自然资源太过匮乏，连淡水供给都严重依赖于马来西亚，而且新加坡四周强敌环绕，危机重重。很多西方媒体评价新加坡为"勉强成立的国家"，认为新加坡是看不到前途的。面对几百万人的生计问题，李光耀内心也是迷茫的。他曾在自传里这样写道："1965 年 8 月 9 日，我带着惶惑不安的心情启程，走上一条没有路标和茫无目的的道路。前途茫茫，不知道何去何从。"

在新加坡独立之初，重重的危机感笼罩在新加坡人民的心中。当时的新加坡别无选择，只有背水一战。而这一时期，新加坡顺利突破重围，在经济发展和人民生活等方面均取得了巨大的提升，一跃成为"亚洲四小龙"之一。这一时期，"居者有其屋"计划也在多项政策的推动下加速落地，到 1975 年，新加坡组屋居住人口已经占总人口的半壁江山。

一、大刀阔斧的改革

自 1964 年李光耀提出"居者有其屋"计划之后，HDB 便开始推出低价组屋。但是，该计划的落地与实施不是一帆风顺的，土地供给便是 HDB 面临的首要问题。1965 年，新加坡国土面积只有 580 多平方千米，低成本、高效率地获取和开发土地资源，就成为大规模地顺利推行低价组屋的先决条件。

1966年，新加坡政府颁布了《土地征用法》（Land Acquisition Act）。在该法令的授权下，HDB 具有强行征用私人土地的权利用于住房建设，而且只有政府才有权调整征用土地的价格。因此，征用土地价格基本不受市场影响。这不仅保障了 HDB 拥有充足的土地资源，而且限制了土地的投机买卖，使 HDB 能以非常低的价格获得土地。这一政策颁布之后，新加坡国有土地面积占比出现了大幅的提升，1965—1975 年，新加坡国有土地占国土面积的比重提升了 20%左右。

新加坡政府还通过填海造陆的方式来增加土地面积。据统计，1960—1980年，新加坡填海面积达到 40 多平方千米。这些都为 HDB 大规模修建低成本的公共组屋奠定了坚实的基础。

土地征集只是 HDB 多项职责中非常重要的一个。作为新加坡公共组屋的唯一管理机构，HDB 不仅负责前期的住宅发展规划与设计、土地征集和工程建设，还负责后期的组屋分配、管理和维修。当时，HDB 还设有自己的下属工厂，专门负责各项业务的发展。譬如，盛邦新业集团（HDB Corp）前身便是HDB 的建筑与开发部门，由该部门企业化形成，之前一直是 HDB 的独资子公司，后来被转给了淡马锡控股（Temasek Holdings）。

淡马锡控股是一家新加坡政府的投资公司，新加坡财政部对其拥有 100%的股权。由于它不必像其他上市公司一样公开财务报表，所以在外界看来一直是一家非常神秘的公司。该公司掌控了新加坡电信、新加坡地铁、新加坡电力、新加坡航空等众多对新加坡而言非常重要的企业，可以说，淡马锡控股几乎主宰了新加坡的经济命脉。

除了投资新加坡本地企业，淡马锡控股也积极参与其他国家市场的投资，先后投资过马来西亚、印度、中国等国家的众多优质企业，中国银行、民生银行、建设银行等公司的股份都曾被淡马锡控股购买过。所以说，能被淡马锡控股看上的公司大部分都很优质，盛邦新业集团也不例外。

自成立之日起的 50 多年的时间里，盛邦新业为新加坡人们修建了上百万间高品质的住房及相应的综合生活配套设施。公司涉及建筑和基础设施设计、建设、物业管理、填海造地等多项业务，如今已逐渐发展成为一家国际化的房地产咨询和城镇开发公司，在全球拥有众多办事处，参与建设的项目更是遍布100多个城市。盛邦新业在中国有多个项目，在无锡、成都、西安等众多城市开发的城镇住宅项目受到大家的追捧。

盛邦新业的卓越表现从侧面反映了当时HDB专业化的运作水平。正是在HDB专业化、一体化的运作下，1966—1975年，HDB共修建了17.4万个住宅单位（组屋），与之前相比出现了大幅的提升（见图5-2-1）。

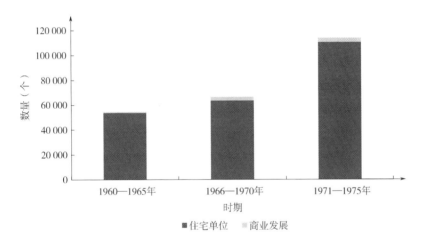

图5-2-1　1960—1975年HDB不同期限内完成的建筑数量
资料来源：国海证券研究所。

政府能够提供足够的组屋只是解决了供给方面的问题，而组屋的需求方同样面临着难题。尽管政府对组屋的定价已经很低，但并不意味着新加坡的居民们能够支付得起。事实上，在1964年HDB推出低价组屋之初，新加坡就出现了购房率很低的现象。针对居民无力购买组屋的问题，1968年，新加坡政府专门出台了《中央公积金修改法令》（Central Provident Fund（Amendment）Act），开始允许住房购买者使用中央公积金来购买公共组屋，这就涉及新加坡的另一个部门——中央公积金局（Central Provident Fund Board，CPFB）。

CPFB 成立于 1955 年，是新加坡统一管理中央公积金的法定机构。也是在这一年，新加坡正式建立中央公积金制度并开始实施。起初，中央公积金制度只是一个强制性储蓄计划，由雇主和雇员共同缴费，保障范围仅包括公积金会员退休或因伤残丧失工作能力后的基本生活。后来，新加坡政府又推出了一系列公积金计划，其中，公共组屋计划是第一个。目前，公积金已经涵盖住房公积金、医疗、教育等多个生活领域。

除了政府允许人们使用中央公积金购买公共组屋，中央公积金还被用来投资组屋建设或者通过购买政府债券的方式转移给政府，再由政府以贷款和补贴的方式给 HDB，进而支持组屋的建设。所以说，中央公积金是 HDB 重要的稳定资金来源。CPFB 与 HDB 相互配合，相辅相成，共同推动了组屋的建设与落地。

《新加坡土地征用法》和《中央公积金修改法令》分别解决了组屋发展的土地供应和资金来源问题，随着这两项法律法规的落地，"居者有其屋"计划得到了有效的实施。1965 年，新加坡组屋居住人口占总人口的比重仅有 23%，到 1975 年，这一比重已经达到了 47%，翻了一倍多。

还有一个间接的推动力就是新加坡计划生育的实施。由于新加坡是以华人为主，而华人又受"多子多福"的传统观念影响，所以独立之初，新加坡的出生率仍然比较高，将近 3%，但同一时期美国的出生率只有 2% 左右。而针对这一问题，新加坡推出了计划生育政策，大力宣传"Stop at Two"活动，并且针对拥有两个以上孩子的父母制定了一定的惩罚措施，包括医院会对超生的孩子收取更高的费用，家庭的第 3 个及第 4 个孩子在教育上只能享受更少的权利等。

随着计划生育政策的实施，新加坡的出生率出现了显著的下滑，新加坡粗出生率从 1965 年的接近 3% 持续下降至 1975 年 1.8%（见图 5-2-2）。出生率的下滑从一定程度上减轻了新加坡人口持续膨胀带来的住房压力，间接抬升了组屋居住人口占总人口的比重（见图 5-2-3）。所以说，计划生育也是新加坡政府为解决"屋荒"等社会问题给出的重要举措。

第五章
开辟新的天地·新加坡

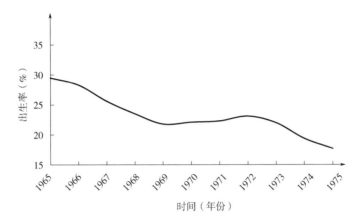

图 5-2-2　1965—1975 年新加坡出生率

资料来源：国海证券研究所。

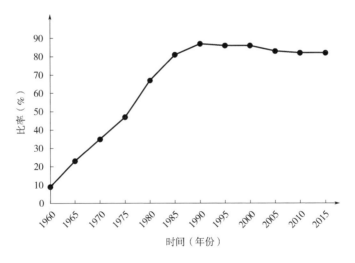

图 5-2-3　1960—2015 年新加坡组屋居住人口占总人口的比重

资料来源：国海证券研究所。

二、裕廊镇的崛起

新加坡政府出台的各项制度和政策为"居者有其屋"计划的落地提供了保

障，与此同时，新加坡工业的蓬勃发展也间接抬升了组屋的吸引力，其中，裕廊工业镇这个卫星新镇的崛起便是典型代表。

独立之初，新加坡工业发展十分落后，加上脱离马来西亚联邦后失去了广阔的市场，原有的进口替代工业发展战略遭受严重打击。雪上加霜的是，1967年，英国政府宣布将在1971年全部撤回其在新加坡的军事基地。要知道，这个军事基地为新加坡贡献了1/5的国内生产总值和就业岗位。在这种情形下，新加坡调整原有的经济发展战略，转向发展出口导向型工业，并且积极鼓励招商引资，希望借此带动本国出口工业的发展。

在当时，一些经济学家认为，跨国公司是廉价的原材料、土地和劳动力的剥削者，被认为是"新殖民主义"。但是李光耀却不这样认为，他认为："我们的责任就是为新加坡200万人提供生计。如果跨国公司能让我们的工人获得有报酬的工作，并教授他们技能、工程技术和管理技巧，我们就应该把它们争取过来。"当时，全球制造业正处于第三次大迁移的阶段。在李光耀务实主义的指导下，新加坡开始了自身的第一次工业革命。

新加坡政府为促进出口工业的发展做出了很多努力。政府不仅对制造业公司实施低税收，降低进出口关税，而且改善国内的企业发展环境，大力建设工业园区，并采用优惠的政策吸引外资来新加坡建厂。新加坡的老牌园区——裕廊工业区便在这一时期崛起。

裕廊工业区位于新加坡岛西南部的海滨地带，距离市区大约10千米。该工业区原本是一片荒地，沼泽丛生，后来新加坡政府在此划定了6000多公顷土地用来发展工业园区，并拨了1亿新元来进行基础设施建设。到1968年，园区内的厂房、铁路、公路以及电力、供水等基础设施便基本完成了。起初，新加坡以劳动密集型产业为主，裕廊工业区的工厂主要生产假发、玩具、蚊香、金银纸等产品，附加值非常低；比较有技术含量的，便是拆船与船舶维修及石化工业了。

新加坡之所以重点发展拆船与船舶维修及石化工业，与其地理位置有重要的联系。一方面，新加坡是典型的港口城市。随着港口贸易的繁荣，往来船只数量巨大，船舶自然需要维修和燃料油；另一方面，新加坡地处马六甲海峡东口，位于太平洋航道与印度洋航道的咽喉要道，可以充分利用海上石油运输枢纽的优势。这一时期，新加坡引进了美孚、埃索等知名跨国企业在新加坡建厂，但整体来看新加坡石化产业仍然处于发展初期。

随着新加坡各产业的快速发展，新加坡的经济迎来了黄金发展期。除了1974年之后因受石油危机的冲击出现了大幅的下滑，1966—1973年，GDP增速一直保持在10%以上（见图5-2-4）。与此同时，新加坡的就业情况出现明显改善，失业率从独立之初的两位数降低至5%以下。新加坡已经逐渐从独立之初穷困的处境中走了出来。

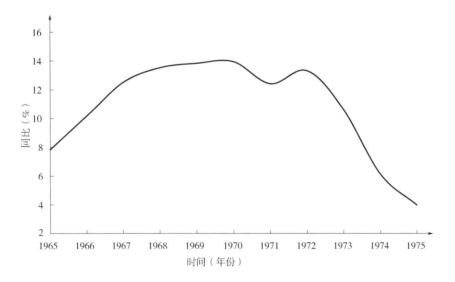

图 5-2-4　1965—1975 年新加坡 GDP 不变价同比增速

资料来源：国海证券研究所。

随着裕廊工业区的发展与壮大，前往裕廊工业区上班的工人越来越多。由于裕廊工业区离市区较远，生活非常不方便。为了扭转这种情形，裕廊工业区的生活配套设施逐渐得到了完善。

1968 年，新加坡政府专门成立了裕廊管理局（Jurong Town Corporation，JTC），负责这块工业区的规划、建设与管理工作。裕廊管理局很快便在裕廊工业区附近建设了第一批组屋及基本生活设施，包括学校、商场、体育馆等，为在这里工作的工人提供了很大便利，而这也进一步提升了裕廊工业区的吸引力。就这样，裕廊镇应运而生。加之裕廊管理局在对裕廊镇进行开发时一直兼顾环境保护，裕廊镇很快发展成为一个集生产、商务、生活、娱乐于一体的产业新城镇。

裕廊镇的崛起是新加坡工业快速发展的缩影。最初的裕廊镇只是一片沼泽地，根本没有工业生产和人们居住。随着新加坡第一次工业革命的推进，裕廊镇迎来繁荣发展，不仅为数以万计的新加坡人带来了工作岗位，还减缓了原有市区人口的集聚程度，创造性地解决了人们的住房与生活问题。

事实上，新加坡组屋的开发也采用类似的发展模式，即工业设施与生活实施的搭配。HDB 在进行组屋的开发规划时，奉行"避开大道，直取两厢"的理念，尽可能避开住房密集的中心城区，而选择城市边缘地带。这样不仅可以疏散市区拥挤的居民，还可以降低组屋的开发成本。与此同时，组屋区内会预留一定的土地用于工业配套设施的开发。这样有助于提升居民生活的便利性，进而提升组屋的吸引力。

整体来看，在新加坡政府合理的规划下，新加坡的工业发展与居民住房问题实现了"1+1＞2"的效果，新加坡也顺利摆脱了独立之初工业落后和住房紧缺的窘境。不过，随着新加坡经济的快速发展，居民可支配收入得以提高，人们已经不再满足普通的住房保障，对住房有了新的需求，新加坡的住房体系和房地产市场紧接着迎来了多样化的发展阶段。

第五章
开辟新的天地·新加坡

第三节　1976—1985 年：美好生活之花

　　自 1965 年独立以来，新加坡依靠劳动密集型产业迅速实现了工业化，解决了人们的就业问题。但随着世界其他发展中国家的崛起，新加坡劳动力成本优势不断减弱，于是新加坡开始重点发展资金密集型和技术密集型产业。

　　20 世纪 70 年代的石油危机无形中为新加坡经济的转型发展提供了机遇。1973 年石油危机爆发后，新加坡坚持奉行自由开放的经济政策，没有干涉原油储备的出口，这赢得了众多石油公司的信任，巨头石油公司将新加坡认定为可靠的石油交易地。而且，随着全球石油危机的爆发，能源价格水涨船高，欧美国家迫不得已将重化工产业外移，来应对石油危机对经济的冲击。新加坡的石化产业借助这一产业转移的机遇获得了发展，20 世纪 80 年代，新加坡先后设立了 8 家大型石化公司，石化产业集群初步形成。

　　除此之外，1979 年以来，新加坡政府通过各种优惠政策吸引从事计算机、计算机配件的跨国企业落户新加坡，以发展技术密集型产业。到 1985 年，新加坡已经有 150 多家从事电子或计算机配件生产的跨国企业。

　　可以说，这一时期，以石化行业为代表的资本密集型产业和以电子行业为代表的技术密集型产业在新加坡国内取得了突飞猛进的发展，进而助推新加坡经济顺利实现了转型升级。到 20 世纪 80 年代末，新加坡已经成为仅次于美国休斯敦和荷兰鹿特丹的世界第三大炼油中心和第一大计算机磁盘制造国。

　　也正是因为如此，从 20 世纪 60 年代中后期到 20 世纪 80 年代，新加坡经济整体保持着快速增长，新加坡人民也变得富裕以来。新加坡人均可支配收入在 1965 年只有 1600 新元左右，而后便呈指数爆发式增长，在 1980 年顺利突破 1 万新元大关，到 1984 年已经达到 1.5 万新元（见图 5-3-1）。

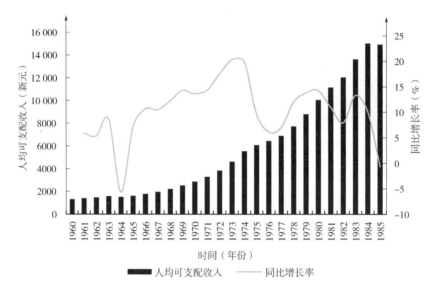

图 5-3-1　1960—1985 年新加坡人均可支配收入变化情况

资料来源：国海证券研究所。

随着新加坡人民收入的提升，新加坡中等收入群体不断扩大，人们对衣（购物）、食（餐饮）、住（住房）、行（汽车）有了新的要求。20 世纪 70 年代，商业地产和私人住宅迎来了发展期。新加坡政府与时俱进，针对中等收入人群提供了更加多样化的住房保障。

一、"乌节地王"的诞生

乌节路是新加坡著名的旅游购物街，就如同纽约的第五大道、香港的铜锣湾、北京的王府井，是各路游客前往新加坡"血拼"的必去之地。乌节路街道的两侧十几家购物中心鳞次栉比，从奢侈品到古董艺术品，从时尚潮牌到电子产品，可谓应有尽有。除去购物，游客可以在这里欣赏到独特的建筑、品尝到当地美味的食物，乌节路是休闲与娱乐的好去处。

第五章
开辟新的天地·新加坡

在20世纪70年代初期,这片新加坡的繁华之地还只是一条绿树成荫的街道,两旁只有一些简单的商业建筑和普通商店,更不是新加坡人购物与休闲的主流去处。不过,到20世纪80年代,这一切变得不一样了。乌节路之所以能发生翻天覆地的变化,离不开新加坡政府的市区重建计划和"乌节地王"黄廷芳的贡献。

黄廷芳是新加坡著名房地产开发商远东机构、香港信和集团的创始人,有"地产大王"的称号,曾多次蝉联新加坡首富。其中,远东机构成立于1960年,是新加坡最大的私人住宅开发商之一,据统计,每6个新加坡私宅中便有1个是远东机构开发的。成立50多年以来,远东机构共开发了700多个房地产项目,涵盖住宅、酒店、商业零售以及工业等多个房地产领域,并且多次荣获国际房地产业联合会(International Real Estate Federation)的建筑大奖。

不过,在惊叹黄廷芳创造伟大商业帝国之际,谁又能想到他当初是靠卖酱油起家的呢?黄廷芳祖籍福建莆田,年少之时迫于生计跟随大人背井离乡来到新加坡。后来,作为家中的长子,黄廷芳接管了父亲的杂货店,并通过经营酱油有了一些财富积累。有远大抱负的黄廷芳自然不满足于这点小生意,从20世纪50年代开始,在华人传统的土地情结的引导下,黄廷芳逐渐将自己经营酱油所赚的钱用来购买土地,并进军房地产行业。

20世纪70年代,新加坡政府启动了市区重建计划,并于1974年设立了市区重建局(Urban Redevelopment Authority,URA),负责城市用地、规划和建设管理,推动城市更新重建。其中,乌节路被规划为重要购物区。敏锐的黄廷芳意识到,随着居民收入水平的提高,人们不仅会对更好的住房有追求,而且会对生活的其他方面有所追求,包括购物和用餐的选择。因此,他有了在新加坡建立一条充满活力的购物街的想法,这与新加坡政府重塑乌节路的想法不谋而合。

于是,他凭借自己早期购进的大量地皮,开始在乌节路大展拳脚。1974年,远东机构修建了远东购物中心(Far East Shopping Centre),这也是远东机构的首个零售地产开发项目。紧接着，1978 年，远东机构又修建了好运商业中心（Lucky Plaza），并在当时取得了巨大的成功。好运商业中心作为新加坡第一个多层全空调购物中心，不仅吸引了一大批新加坡本地的有钱购物者，而且还引得马来西亚和印度尼西亚的有钱人纷至沓来。1983 年，远东机构还在乌节路修建了在当时号称"东南亚最大旅游购物中心"的远东商业中心（Far East Plaza）。

远东机构陆续在乌节路一带兴建了不同的购物中心、酒店及私人住宅公寓。伴随着乌节路的繁荣发展，乌节路及其周围的土地价格涨了好几倍。黄廷芳凭借在乌节路的众多资产而被称为"乌节地王"，而"远东机构"也成了金字招牌，其要开发地区周围的土地通常会受到大家的追捧。可以说，黄廷芳重塑了乌节路，而乌节路也成就了黄廷芳和远东机构。

不过，乌节路繁荣发展背后的核心驱动力还是新加坡经济的持续增长，而乌节路的崛起也只是当时新加坡商业地产发展的一个缩影。更重要的是，这仅仅是开始，新加坡商业地产的发展故事还在继续。

二、公共住房多样化

20 世纪七八十年代，在商业地产蓬勃发展的同时，新加坡住宅市场也迎来了新变化。随着"屋荒"问题的解决，基于人们对美好生活的追求，新加坡政府的住房政策开始转向提供改善型住房。前期，为解决住房紧缺的问题，建屋发展局提供的房屋多为一房式、二房式这类小房型住宅。而这一时期，建屋发展局以提供三房式、四房式甚至五房式等较大房型的组屋为主，同时对一房式、二房式小型住宅进行拆建和改良，以满足更多中等收入家庭的需求。到 1985 年，大部分一房式、二房式组屋逐渐退出了自住市场，两者占组屋总量的比重从 40% 降低到了 20% 左右。相反地，四房式、五房式组屋所占比重则提升到了 30%。

为增加改善型住房的供给，新加坡政府在 1974 年成立了国营房屋与城市开发公司（Housing and Urban Development Corporation，HUDC），专门提供中等入息公寓（也被称为 HUDC 公寓），家庭月收入在 4000 新元以下者均可以购买。中等入息公寓相较于普通组屋而言面积更大，而且也有泳池、网球场等基础设施。该类组屋主要用于满足收入比较高但是还没有经济实力购买私人商品房公寓的中等收入人群，见表 5-3-1、图 5-3-2。

表 5-3-1　不同类型的新加坡组屋及其特点

类型	特点
一房式、二房式	1 间卧室，实用面积不到 50 平方米
三房式	2 间卧室，实用面积为 60～70 平方米
四房式	3 间卧室，实用面积为 85～105 平方米
五房式	3 间或 4 间卧室，实用面积为 110～125 平方米
HUDC 公寓	3 间或 4 间卧室，户型与五房式相似，实用面积为 140 平方米左右

资料来源：国海证券研究所。

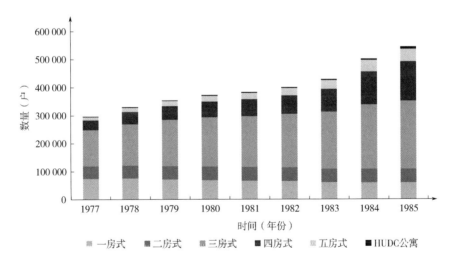

图 5-3-2　1977—1985 年新加坡建屋发展局管理的不同类型组屋的数量

资料来源：国海证券研究所。

随着公共住房种类的增加，越来越多的新加坡人选择购买组屋，组屋居住人口占总人口的比重进一步提升，1980 年已经有近 70% 的新加坡人住进了政府提供的不同类型的组屋，到 1985 年，这一比重超过 80%，新加坡真正地实现了居者有其屋。正是因为其高住房自有率，新加坡多样化的公共住房供给体系受到众多国家的效仿。

与此同时，新加坡组屋转售市场发生了一系列的变化。1971 年之前，新加坡组屋是不能进行转售的，只能按照原价卖给政府。1971 年之后，新加坡政府允许居住满 3 年的居民按市场价出售组屋，但也规定 1 年之内不可以再次申请政府组屋。直到 1979 年，政府才放松限制，满 3 年居住期后，居民可以出售组屋，并且出售后便可再次申请组屋。

由于新加坡的组屋新购仅限于符合条件的新加坡公民，其余公民和永久居民则只可以参与组屋的转售交易，所以，组屋的转售价格与新购价格相比肯定会有明显的溢价。虽然，不同时点、不同地区、不同类型的组屋转售溢价水平有所不同，但是整体溢价水平在 10%～30%，这相当于给诸多新加坡居民带来了一笔重大的财富。另外，转售市场的发展给富裕起来的新加坡居民提供了有效的退出渠道，这无形中也促进了新加坡私人住宅市场的发展。

三、小高峰降临

从 20 世纪 70 年代末开始，新加坡私人住宅市场迎来了黄金发展期，私人住宅价格持续飙升，见图 5-3-3。新加坡私人住宅市场之所以发展火热，归根结底是因为新加坡经济的繁荣发展以及当地居民收入水平的提升。除此之外，新加坡政府的移民政策和对私人住宅的态度也起到了重要的推动作用。

随着新加坡计划生育政策的推进，人口自然增长率逐渐降低，再加上新加坡经济转型升级的需要，新加坡逐步放开移民政策。1977 年，新加坡正式推出了"国外人才居住计划"（Scheme For Housing Foreign Talent），向有住房需求的国外人才提供援助，帮助移民更好地融入新加坡的生活，以吸引更多国际优秀专业人才。20 世纪 80 年代以来，新加坡净移民数量与前期相比大幅增加（见图 5-3-4）。

第五章
开辟新的天地·新加坡

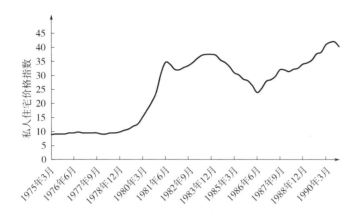

图 5-3-3　1975—1990 年新加坡私人住宅价格指数

资料来源：国海证券研究所。

注：新加坡私人住宅价格指数以 2009 年 1 季度为基期（100）。

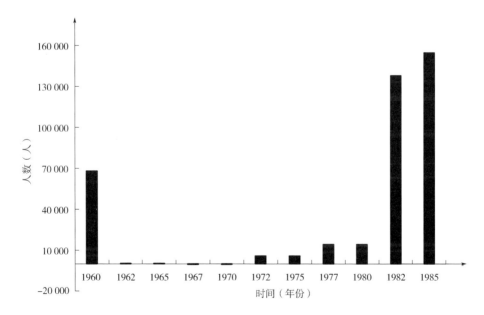

图 5-3-4　1960—1985 年新加坡净移民人数变化情况

资料来源：国海证券研究所。

各地的人们愿意移民到新加坡不仅仅因为其开放的移民政策，还与新加坡的经济发展、教育资源、居住环境有很大的关系。拿居住环境来说，为了治理新加坡的环境问题，政府出台了一系列强制性措施。经过改造后的新加坡，不仅有大量的绿植遍布全国，仿佛一个天然氧吧，而且城市街道非常干净卫生，给人心旷神怡的感觉。新加坡"花园城市"的美称绝非浪得虚名，单单是这美好的居住环境就足以令人向往。

由于组屋只面向新加坡公民家庭，永久居民和外国居民更多需要通过私人住宅市场来满足住房需求，因此随着移民的持续涌进，私人住宅购买需求自然不断增加。面对人民日益增长的私人住宅购买需求，1981年，新加坡政府进一步制订了特批居住物业计划（Approved Residential Properties Scheme，ARPS），允许中央公积金用来支付私有住房的抵押贷款月供，在资金方面支持私人住宅市场的发展。

就这样，私人住宅市场在新加坡经济发展、移民与富裕人口不断增加及政府政策支持等多重因素刺激下保持火热发展，私人住宅价格在1983—1984年达到高峰，而后因1985年新加坡出现经济危机才大幅回落。好在1985年经济危机出现后，新加坡政府及时调整发展策略，新加坡经济很快便重新回到原有水平。新加坡私人住宅市场价格也开始回暖，一轮史无前例的房地产大牛市即将到来。

第五章
开辟新的天地·新加坡

第四节　1986—2000 年：扩大开放中的危与机

1985 年，对新加坡而言是充满挑战和机遇的一年，也是新加坡经济发生重大转折的一年。这一年，新加坡经济遭受重挫，自独立以来第一次出现负增长。危机发生后，新加坡政府立即针对经济衰退的原因进行了大量的调查，发现之前推行的高工资政策导致了工业成本的提高，高强制储蓄比例则无形中限制了国内需求的增长，再加上石油危机下外部经济不乐观，而新加坡又是外向主导型经济发展模式，多重因素共同作用下，新加坡经济出现了衰退。而后，新加坡政府采取了减税降费、冻结薪金等一系列有力的措施，扭转了经济衰退的局面。

同年 9 月，美、德、日、英、法五国的财政部部长及央行行长在纽约广场饭店举行会议，并达成了五国政府联合干预外汇市场的决议，这就是著名的"广场协议"。"广场协议"实施后，日本本币大幅度升值，按照比较优势，日本不同产业开始加速向低成本区域流动。在这样的背景下，越来越多的日本电子设备工厂在新加坡等国家设立。新加坡也利用自身 IT 生产能力强的特点吸引到更多相对高技术的企业，新加坡技术密集型产业进一步得到发展。1987 年开始，新加坡经济增速重新回到危机之前的水平。

1990 年，新加坡国内又发生了一件重大事件，那就是吴作栋接任国父李光耀出任新加坡的第二任总理。他坚持对外开放的政策，曾公开表示："新兴工业经济体制要有两只翅膀，一只翅膀是发展国内经济，另一只翅膀是开拓国外市场。只有这样我们才能在空中腾飞，否则，只能在地面上转来转去。"自上任后，吴作栋就带领新加坡政府制定了新的经济发展方向——加速新加坡经济国际化、自由化、高科技化，使新加坡成为亚洲地区贸易的门户。

在新的发展方向的指引下，新加坡政府一方面提供优惠政策鼓励外国企业到新加坡投资建厂，另一方面鼓励国内企业向马来西亚、印度尼西亚等国家扩展业务。20世纪90年代，新加坡国内掀起了一场企业国际化的浪潮，大批企业开始走出新加坡的国门进行海外投资，新加坡房地产市场也从本土化走向国际化。

在新加坡政府的推动下，东盟国家于1992年签订了自由贸易协定（Free Trade Agreement，FTA），以加强东南亚区域经济合作。在这样的背景下，新加坡加大了向其他东南亚国家的投资活动，逐渐将一些劳动密集型产业转移到这些国家。受益于此，很多东南亚国家也迎来了一段经济高速发展的黄金期，与之相伴的是包括新加坡在内的众多东南亚国家的房地产市场大牛市，只不过这一切最终还是被亚洲金融危机终结。

一、被戳破的泡沫

20世纪80年代末至90年代初，包括马来西亚、印度尼西亚、泰国、菲律宾在内的"亚洲四小虎"快速崛起，这些国家整体实现了每年10%左右的经济增长。东亚地区依靠产业转移拉动经济实现了强劲增长，创造了"亚洲奇迹"。多个东南亚国家加速推进金融自由化改革，放宽了外汇管制和对金融机构的管制。在没有较多金融管制的情况下，伴随着这些国家经济的快速增长，国际资本加速流向了东南亚地区，进而推高了东南亚各个国家的股市和楼市。

这对新加坡而言也不例外。虽然新加坡政府为80%左右的居民提供了组屋，但是国际资本的加速流入还是推高了新加坡私人住宅的价格水平。再加上新加坡与马来西亚、印度尼西亚等国家相邻，这些国家的富人们热衷于投资新加坡的私人住宅，在其他东南亚国家房价飙升的同时，新加坡私人住宅价格自然水涨船高。1990—1996年，新加坡私人住宅价格指数上涨了2倍多（见

图5-4-1),这是新加坡私人住宅市场史上第一个超级大牛市。

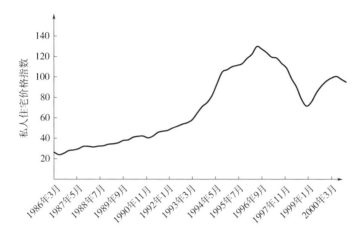

图5-4-1 1986—2000年新加坡私人住宅价格指数变化

资料来源:国海证券研究所。

注:新加坡私人住宅价格指数以2009年1季度为基期(100)。

在一骑绝尘的房价走势面前,人们都陷入财富增值的泡沫里,殊不知风险已悄然而至。从20世纪90年代开始,美国政府加大了对科技产业的政策支持,鼓励科技创新,促进产业升级,美国经济在科技产业发展的带动下逐步走强。随着美国经济回暖,从1995年开始,美元进入强势周期,美元指数大幅上涨(见图5-4-2)。由于东南亚国家多数采用钉住美元的固定汇率制度,这些国家的货币随着美元的升值而被迫升值,产品出口的竞争力被大幅削弱,而它们又是出口导向型国家,经济因此受到严重冲击。

雪上加霜的是,以资本大鳄索罗斯为首的国际金融炒家发现了这些东南亚国家经济的脆弱,开始了金融阻击战,泰铢是他们的首个攻击对象。

由于东南亚各国之间的联系比较紧密,这场金融风暴很快便席卷了新加坡。新加坡的汇率、股市、楼市纷纷受到重挫,1997年,新元兑美元贬值20%多,富时新加坡指数下跌30%多,而新加坡私人住宅价格指数则下跌50%左右。一场泡沫吹起的资本市场盛宴就此画上了句号。

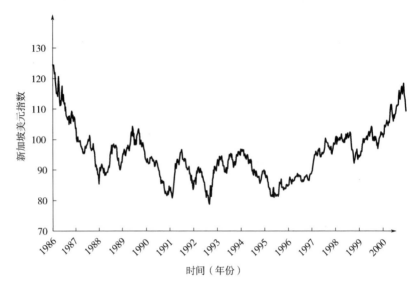

图 5-4-2 1986—2000 年新加坡美元指数走势变化

资料来源：国海证券研究所。

二、"城中之城"

20世纪90年代，新加坡商业地产与新加坡私人住宅一样经历了过山车般的大涨大跌，最终随着亚洲金融危机的结束而归于平静。这一时期，新加坡商业地产的发展也出现了一些其他明显变化，那就是"城市综合体"的快速崛起。

事实上，自20世纪七八十年代乌节路崛起以来，新加坡商业地产的发展从未停歇，起初主要是一些单独的购物中心，包括前面提及的远东购物中心、好运商业中心等，绝大部分都分布在乌节路附近。随着经济的日益发展，商业活动的日渐繁多，对人多地少的新加坡而言，如何充分利用土地这类稀缺资源就显得尤为重要。正是在这一大趋势下，"城市综合体"在新加坡应运而生。

所谓"城市综合体"，是融合商业零售、商务办公、酒店餐饮、公寓住宅、综合娱乐五大核心功能于一体的有机系统。作为功能集约、土地集约的聚集体，

第五章
开辟新的天地·新加坡

"城市综合体"顺应了城市化过程中出现的高人口密度和土地稀缺特性。由于基本上具备了现代化城市的全部功能,"城市综合体"也被称作"城中之城"。

1986年完工的大名鼎鼎的来福士城就是新加坡"城中之城"的典型代表。作为一个极具代表性的大型城市综合体,新加坡来福士城坐落在新加坡中央商务区的核心地段,由一个4层的购物中心、1栋40多层的办公大厦、2个酒店和1个会议中心组成。它汇集了众多时尚大牌、国际高级餐厅及高端精品酒店,被称为"一国活力的象征""吸引旅游者的磁石"。

来福士城由著名建筑大师贝聿铭亲手打造。贝聿铭的声望给来福士城增加了不少的名气。

随着来福士城的成功运行,凯德集团还将"来福士"这一品牌带到了中国,在北京、上海、深圳、杭州等多地建造了来福士广场,并取得不错的反响。当然,"来福士"品牌只是凯德集团众多品牌当中的一个,凯德集团作为亚洲规模最大的上市房地产集团之一,房地产业务多元化,包括住宅、办公楼、购物商场、服务公寓和综合房产等。公司业务主要分布在新加坡、中国、马来西亚、印尼等国家,其中中国是凯德集团的核心市场,有1/3以上的资产分布在中国。

20世纪90年代,凯德集团进入中国、马来西亚等国投资。当时,新加坡政府不断加大对外开放的力度,在引进外资的同时也鼓励本国企业对外投资,希望可以借此让企业获取更大的市场空间。新加坡国内掀起了一场企业国际化浪潮,各大企业纷纷走出国门进行对外投资,包括远东机构、凯德集团等在内的各大房地产企业也在这一趋势下进军海外市场,而它们的主要投向便是中国、马来西亚、印度等新兴市场。

在新加坡房地产企业进军海外市场的同时,外资房地产开发商也开始在新加坡投资,其中最负盛名的投资项目便是香港财团共同开发的新达城与来福士城一样,新达城在新加坡也是一座广为人知的"城中之城",是新加坡商业地产项目的优秀代表。新达城于1997年建成,坐落于滨海中心区,建筑面积达

65万平方米，包括世界顶级的新加坡国际会议与展览中心、1栋购物中心、5栋办公大楼和财富之泉。

其中，财富之泉是新达城的核心建筑，财富之泉周围有5栋建筑，这5栋建筑按照手掌型布置，象征着财富被牢牢握在掌心。财富之泉则由4根倾斜的青铜巨柱组成，柱顶是一个青铜圆环，花费了600万新元才得以建成。与其他的喷泉不同，85吨重的青铜喷泉向池里喷水，寓意着肥水不外流，有敛财之意。1998年，财富之泉还作为最大的喷泉，登上了《吉尼斯世界纪录大全》。关于财富之泉有一个传说，每天凌晨4点到6点顺时针方向绕财富之泉行走，连续绕泉走9天，便能吸收到财富灵气。这都引得无数游客前往观看。

自开业以后，新达城平均每年的游客数量达2000多万人次，是当时新加坡总人口数量的4倍多。新达城每年会举办各种各样的会议和展览活动，这为新达城附近的商场和酒店做出了很大的贡献。新达城位于交通枢纽，是各大企业办公地点的重要选择，建成没多久便成为新加坡金融和商业的聚集地。新达城真正做到了集金融、商务、观光、娱乐、购物于一体，是名副其实的"城中之城"。

事实上，来福士城和新达城的崛起只是新加坡商业地产发展的缩影，它们的出现反映了新加坡商业地产发展形态的改变，城市综合体也成为新加坡商业地产后续发展的主要形态。来福士城缔造者凯德集团的海外扩张、新达城背后的香港财团进入新加坡房地产市场，从侧面展示了当时新加坡房地产市场从本土化走向国际化的现象，而这也是新加坡房地产市场后续发展的大趋势。

第五节　2001—2010 年：新千年的变与不变

1997 年的亚洲金融危机给新加坡房地产市场带来了不小冲击，无论是私人住宅市场还是商业地产市场都是一片低迷。在当时，大部分房地产开发商手中都堆积着不少房地产项目，资产变现非常困难。而且，银行基于对坏账的担忧，不愿意向房地产项目提供贷款。由于新加坡房地产开发商的融资渠道又基本上是以自筹资金和银行贷款为主，所以不少房地产开发商都面临着严重的流动资金紧缺的问题。

在这样的情形下，新加坡房地产市场开始从实体化走向资本化，REITs 在新加坡应运而生。2001—2007 年，新加坡 REITs 市场获得了飞速发展，这为后续新加坡发展成为仅次于日本的亚洲第二大 REITs 市场奠定了坚实的基础。更重要的是，受益于 REITs 的火热，新加坡私人房地产开发商业务模式发生了重大变革。

自亚洲金融危机发生之后，新加坡经济一波三折，先后受到美国互联网泡沫、"9·11" 事件、SARS 等多项事件的冲击。一直到 2004 年，新加坡经济才在历经波折之后恢复快速增长。新加坡私人住宅市场也止跌回升，并在海外资金流动与全球金融危机的影响下，再次迎来过山车般大涨大跌。

新加坡公共住房的发展一直在平稳进行中。进入新千年，建屋发展局不仅对旧组屋进行了翻新与改造，而且推出了新的组屋计划，以适应不断变化的居民需求。正是因为新加坡政府坚持与时俱进的态度，新加坡公共住房体系才得以保持活力，使广大的新加坡居民可以免受私人住宅市场大起大落的冲击。

一、REITs 兴起

1999 年,针对亚洲金融危机过后新加坡房地产企业面临的流动资金短缺的问题,担负着新加坡中央银行职能的新加坡金融管理局(Monetary Authority of Singapore,MAS)有了拓宽房地产企业融资渠道的想法。这一年的 5 月 14 日,新加坡金管局颁布了《房地产基金指南》(Guidelines on Property Funds),拉开了 REITs 登陆新加坡资本市场市场的序幕。

正常情况下,进行房地产市场投资所需的资金规模较大,参与投资门槛高。但是,REITs 通过"集合"的方式降低了投资者的参与门槛。

房地产开发商可以将自身的低流动性的房地产资产打包成 REITs 产品,再反过来发行股份募集资金,以达到获取周转资金的目的。这不仅拓宽了房地产开发商的融资方式,而且极大地降低了房地产开发商的债务负担,为房地产开发商提供了轻资产运作模式,而这正是新加坡政府发展 REITs 产品的重要原因。

该类基金最早诞生于 20 世纪 60 年代初的美国,在亚洲最先出现在日本,而新加坡是亚洲继日本之后第二个推出 REITs 的国家。不过,新加坡的第一只 REITs 并不是在金融管理局颁布《房地产基金指南》之后就立即诞生的,这主要是在税收优惠政策上存在含糊不清的问题,当时新加坡私人开发商并没有表现出足够的兴趣。

直到 2001 年,新加坡税务局制定了税收优惠政策,明确"当 REITs 将 90%及以上的收入进行现金分红时,只在投资者层面征税,在 REITs 层面免征税"。这一税收优惠政策顺利解决了原有的税收障碍问题,新加坡 REITs 迎来了快速发展期。

2001 年 11 月,凯德集团启动发行第一只 REITs,这只名叫新茂商产信托的 REITs 以 3 家购物中心为资产,发行规模为 5.3 亿股。但不幸的是,同一时期,新加坡资本市场上有几宗大单融资,包括新加坡电信 15 亿新元的债券融资、星展银行 10.9 亿新元的配股融资等,市场资金需求较大,再加上部分投资者对

REITs 并不了解,所以新茂商产信托的认购率只有 80%,最终以发行失败告终。

2002 年 7 月,凯德集团将上述 3 家购物中心重新包装,命名为嘉茂信托(后更名为凯德商用新加坡信托,CapitaLand Mall Trust)再次申请上市,并将留给散户投资者和机构投资者的股份降低至 2.13 亿股,发行规模相对较低。最终,该信托基金获得了 5 倍的超额认购,在新加坡交易所主板成功上市。该信托基金的成功发行为新加坡 REITs 市场的发展奠定了坚实的基础。

在凯德集团成功发行第一只 REITs 产品没多久,裕廊集团下属全资子公司腾飞置地便与澳大利亚一家地产管理公司联合发行了新加坡的第二只 REITs——腾飞房产投资信托,底层资产包括 8 个不同类型的房地产项目,与凯德商用新加坡信托的底层资产类型不同,是多元化资产。

此后,新加坡 REITs 发行数量大幅增加,尤其是 2006 年 REITs 的发行数量创下当时的历史纪录。到 2007 年,新加坡 REITs 数量已经达到 20 只。但是,后来受美国次贷危机的冲击,新加坡 REITs 发行数量大幅缩减,2009 年甚至出现了停滞的局面,直到 2010 年,新加坡 REITs 才再次迎来了新的发行高潮(见图 5-5-1)。

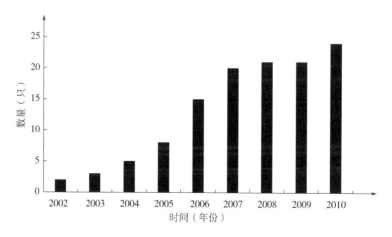

图 5-5-1 2002—2010 年新加坡 REITs 数量变化情况

资料来源:国海证券研究所。

随着新加坡 REITs 市场的蓬勃发展，新加坡房地产市场发生了重大变革。之前房地产开发商以自由筹资和银行贷款为主，企业都是重资产的运作模式。REITs 出现之后，房地产开发商通过 REITs 产品将原有资产变现，实现了轻资产的经营模式。另外，传统的房地产开发商也开始通过为 REITs 提供房地产金融管理服务，从中收取稳定的管理收益，将业务从传统的房地产开发业务拓展到房地产金融服务业务。

以凯德集团为例，2002—2010 年，凯德集团共成功发行了 5 只公募 REITs。在这些 REITs 中，凯德集团不仅作为物业管理人负责商业地产的物业管理，还作为基金管理人负责投融资决策，收取基金管理费。

与此同时，利用通过 REITs 获取的资金，凯德集团还进行了大量的收购，在此期间收购了包括新加坡广场、IMM 大楼等在内的众多优质物业。随着凯德集团的大量收购，公司资产负债率非但没有上升，反而出现了下降，从 2001 年的 55% 降至 2010 年的 43%，实现了轻资产运作。

与凯德集团相似，REITs 出现之后，新加坡众多房地产开发商逐渐摆脱了原来进行商业地产开发时的资金限制问题，再加上轻资产运作下资金周转效率更高，因此，在 2002 年以后新加坡商业地产获得了突飞猛进的发展。很快，新加坡便形成了乌节路、滨海湾、港湾区、牛车水等众多的商业集聚中心。

二、又一轮大起大落

进入 21 世纪，新加坡经济逐渐从亚洲金融危机的影响中走了出来。当时，美国的互联网革命虽然还在如火如荼地进行着，不过已经接近尾声。2001 年，在美国互联网泡沫破裂以及"9·11"事件的冲击下，新加坡经济再次陷入低迷状态，经济同比增速出现大幅回落。而紧接着，SARS 的暴发又给尚未恢复的新加坡经济蒙上了阴影。2000—2003 年，新加坡私人住宅价格指数一直处于下跌态势，整体跌幅接近 20%。

迈入 21 世纪，为了寻求新的发展机遇，新加坡政府制订了"产业 21 计

第五章
开辟新的天地·新加坡

划",提出了三大战略:高科技战略、中国战略和扩大腹地战略。其中,高科技战略是指要发展信息科技、生命科学和其他知识密集型产业,打造新的经济增长点;中国战略是要借助中国经济的持续快速发展获取新的发展动力;而扩大腹地战略则是将7小时飞行范围内的国家和地区均视为经济发展腹地。

在三大战略的指导下,新加坡政府积极参与全球经济的合作与分工,将自身发展融入世界经济当中。2004—2007年,新加坡经济增速重新回到了快速增长通道。而随着国内经济的好转,新加坡房地产市场也止跌回升。不过,2004—2005年期间,新加坡私人住宅价格指数涨幅并不明显,两年涨幅不到5%。从2006年下半年开始,新加坡私人住宅价格指数开始大幅上涨,到2007年年底,已经有40%的涨幅。

为什么能有如此明显的变化?或许这一时期美国楼市的发展变化可以很好地给予解释。从2001年美国互联网泡沫破裂之后,美国政府寄希望于通过房地产市场拉动美国经济的增长,也提出了"居者有其屋"的口号。由于当时美国中等收入人群早已拥有房子,美国政府便将注意力转向了中低收入和无收入人群。

自2001年之后,美联储连续多次降息,并要求金融机构降低向低收入人群贷款的要求。宽松的利率环境和贷款要求激发了低收入人群的购房需求,带动了美国房地产市场的火热发展,但也催生了房地产市场的泡沫。到2006年下半年,连续上涨多年的美国房价指数终究还是支撑不住,开始了转头下跌。

不过,当时投资者还尚未意识到本次房地产下跌所带来的潜在影响,在美国楼市下跌的情况下,便将目光转向了亚洲市场。再加上,当时新加坡兑美元正处于持续升值的态势(见图5-5-2),大量资金便涌入新加坡房地产市场。新加坡私人住宅价格在资金的推动下被大幅拉升。

后来,美国次贷危机持续发酵,到2008年已经演变成严重的金融危机,并席卷了全球。新加坡作为一个外向型经济体,也受到了严重的冲击,于是,从

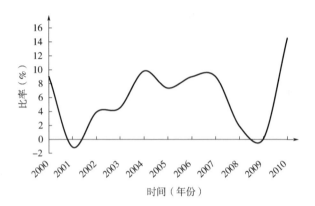

图 5-5-2　2000—2010 年新加坡 GDP 不变价同比

资料来源：国海证券研究所。

2008 年二季度开始，新加坡房地产迎来暴跌。短短几个月时间，新加坡私人住宅价格指数回到了 2006 年年底的水平（见图 5-5-3）。

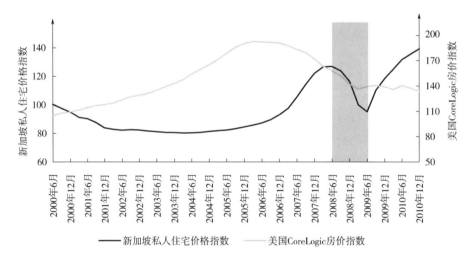

图 5-5-3　2000—2010 年新加坡私人住宅价格指数和美国 CoreLogic 房价指数变动对比

资料来源：国海证券研究所。

注：新加坡私人住宅价格指数以 2010 年为基期（100），

美国 CoreLogic 房价指数以 2000 年 1 月为基期（100）。

三、"新组屋"诞生

在新加坡私人住宅市场经历大起大落之际,新加坡公共住房体系一直保持着平稳发展。随着"居者有其屋"计划的成功实施,自2000年之后,建屋发展局推出组屋的节奏在明显放缓,但是,建屋发展局却始终保持着与时俱进的精神,顺应居民住房需求,推出了一些新颖的组屋发展计划。

例如,2005年,为了给居民提供多样化的组屋,以满足更高档的住房需求,建屋发展局提出了"设计—建设—出售"计划(Design, Build and Sell Scheme, DBSS)。这类组屋由私人房地产开发商设计、建设、出售,因此又称为私人组屋。这是新加坡政府首次允许私人企业涉足公共住房领域,而且政府允许私人房地产开发商自行决定所开发组屋的数量以及付款方式。私人组屋借助了市场的力量,室内装修与设计可以与私人公寓媲美,价格又低于私人公寓,因此一经推出便获得了公众的欢迎。

除此之外,建屋发展局还针对原有组屋进行改造升级。2001年,建屋发展局提出了电梯翻新计划(Lift Upgrading Program, LUP),针对1996年及之前修建的组屋进行组装改造。之前为了节约成本,很多组屋的电梯仅在部分楼层停靠,而且这些电梯多数没有安装监控系统。LUP计划就是要着重解决这些问题,以保证居民安全、方便居民生活。到2007年8月,在新加坡组屋当中,有监控的电梯数量已经超过17 500部。

2007年8月,建屋发展局还启动了邻里更新计划(Neighbourhood Renewal Program, NRP),不仅对楼栋层面进行改善,包括重新粉刷墙面、重新安装电梯厅瓷砖等,还对邻里层面进行改善,包括对人行小道、健身器材、绿化等的改善。邻里更新计划尤其注重居民的感受与参与,通过举办各类小活动收集居民对居住环境改善的需求。而且,只有当75%以上符合条件的组屋屋主赞成时,方可实施邻里更新计划。所以,最终该计划代表了大多数居民的需求。

正是因为新加坡政府在推出"居者有其屋"计划之后,一直紧跟时代发展步伐，根据居民需求的变化，在对旧有组屋进行翻新改造的同时推出了各种各样升级版的组屋，所以新加坡组屋居住人口占总人口的比重可以保持在80%左右。在新加坡以公为主、以私为辅的住房供应体系下，同时实现了满足居民住房需求和房地产市场火热发展这两个目标。即使当私人住宅市场出现大幅波动时，大部分的新加坡居民也可以免受冲击，这也是新加坡能被评为最适宜居住的国家之一的重要原因。

第五章
开辟新的天地·新加坡

第六节　2011 年至今：楼市的轮回

2008 年美国金融危机全面爆发后，为了挽救金融市场，阻止美国经济进一步衰退，美联储于 2008 年 11 月正式启动了非常规的货币政策，也就是量化宽松（Quantitative Easing, QE）。自此之后，美联储加大马力开动印钞机，到 2012 年，已经实施了三轮量化宽松政策，大量的货币供给被源源不断地投向市场。由于美国是全球第一大经济体，美元又是世界流通货币，所以过多的美元就被输出到世界各国，全球进入流动性宽松的后金融危机时代。在这样的环境下，不少海外资金加速流向新加坡房地产市场，新加坡私人住宅迎来了新一轮上涨行情。

与此同时，受全球金融危机的影响，欧美国家需求的下滑，全球进出口贸易额的同比增速与之前相比下降了一个台阶。对于新加坡而言，作为全球最依赖出口的经济体之一，其经济增长受全球贸易和需求影响巨大。所以，自 2010 年之后，随着全球贸易的不景气，新加坡经济增长整体处于下降趋势。尤其是 2015 年之后，新加坡 GDP 同比增速均在 4% 以下（见图 5-6-1）。受此影响，新加坡商业地产在经历前期的繁荣发展后变得有所低迷，这是进入后金融危机时代新加坡房地产行业的一大变化。

一、"鞋盒公寓"

2009 年后，新加坡中央区涌现了一栋又一栋新型公寓楼，它们由众多小户型单间公寓组成，仿佛一个个的鞋盒罗列在那里，因此也被称为"鞋盒公寓"。

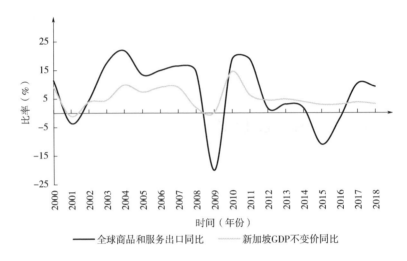

图 5-6-1 2000—2018 年全球商品和服务出口同比与新加坡 GDP 不变价同比变化
资料来源：国海证券研究所。

这些公寓的总面积通常在 50 平方米以下，不过麻雀虽小五脏俱全，公寓里厨房、客厅、卧室、卫生间样样都有，因此一经推出便广受单身年轻人的喜爱。

事实上，很早之前，"鞋盒公寓"在全世界许多高房价的大城市便已非常常见。而在新加坡，直到 2009 年之后才有大量的"鞋盒公寓"出现，并得到了迅速发展。那么，这背后有什么推动因素？新加坡住房市场又在这一时期发生了什么样的变化呢？

高房价自然是推动"鞋盒公寓"出现的最主要原因。2008 年国际金融危机以后，在全球流动性宽松的大背景下，由于欧美市场维持着低利率水平，不少海外资金便流向了新兴市场国家，新加坡自然也在其中。从 2009 年下半年开始，新加坡私人住宅价格回暖，到 2010 年上半年已经恢复到金融危机全面爆发之前的最高水平。此后，这一上涨趋势延续到了 2013 年。在不到 5 年的时间里，新加坡私人住宅价格指数上涨了 60% 多。

随着私人住宅价格的暴涨，"鞋盒公寓"如雨后春笋般涌现在新加坡的房地产市场。2009 年，新加坡"鞋盒公寓"的总销量还不到 1000 户，2010 年的交易量已经达到 2000 多户。起初，这些"鞋盒公寓"主要是分布在中央区域，

第五章
开辟新的天地·新加坡

一方面,由于新加坡中央区域的土地相对来说更加稀缺;另一方面,则是因为有更多单身白领在新加坡 CBD 工作,这些单身白领有租赁和居住小户型房屋的需求,因此便出现了众多投资者购买 CBD 附近"鞋盒公寓"并将其出租的现象。

随着新加坡房价上涨的趋势从中央区域波及周边郊区,周边郊区的"鞋盒公寓"也逐渐多了起来,这些"鞋盒公寓"的购买者以单身群体为主。不过,与中央区域的"鞋盒公寓"购买者以出租为主要目的所不同,周边郊区的"鞋盒公寓"购买者多以自住为主。

无论是出于自住需求还是出租目的,新加坡大量"鞋盒公寓"的出现都顺应了单身群体增加的趋势。2010 年,新加坡的人口普查结果显示,新加坡人民的平均结婚年龄已经推迟至 30~34 岁,而单身人群的增加降低了对市场上大户型房子的需求,相反提升了对小户型房子的需求。到 2012 年,新加坡"鞋盒公寓"的销售量便达到了 3000 多户(见图 5-6-2),也是在这一年,周边郊区的"鞋盒公寓"销售量大幅增长,并超过了中央区域"鞋盒公寓"的销售量。

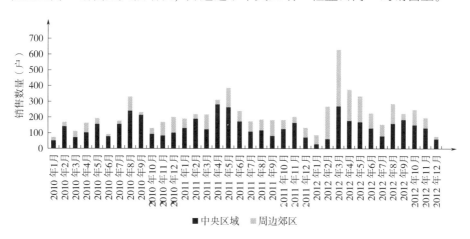

图 5-6-2　2010—2012 年新加坡每月"鞋盒公寓"销量情况
资料来源:国海证券研究所。

随着"鞋盒公寓"的泛滥,新加坡部分地段曾因出现较多"鞋盒公寓"而导致交通负荷过重,并引起居民纠纷。为解决"鞋盒公寓"过度开发造成的社会问题,新加坡市区重建局出台了相关政策,规定中央区域外非有地私人住宅项目可以兴建的房屋户数不能超过"地段面积×容积率/70平方米"。

新加坡市区重建局还表示,"'鞋盒公寓'不符合较大家庭的需要,而且不利于夫妻生儿育女。"当时新加坡政府因社会老龄化的问题正在开展鼓励年轻人早婚早育的活动,所以市区重建局限制"鞋盒公寓"发展也是顺应了新加坡政府的政策导向。

当然,新加坡政府明白,"鞋盒公寓"的火热发展很大程度上是因为私人住宅价格的不断上涨,因此为限制私人住宅价格的过快上涨,防止房地产泡沫的急剧膨胀,新加坡政府也出台了一系列的相关政策。2009—2013 年,新加坡政府共推出了九轮给私人住宅市场降温的措施,以限制该市场上的非理性交易行为。在这一系列监管政策的出台下,新加坡私人住宅价格终于在 2013 年年底止住了上涨的趋势,并从 2014 年开始一路下跌,到 2017 年 6 月份跌幅已经超过 10%。

回顾新加坡私人住宅市场可以发现,从 20 世纪 80 年代以来,即使中间有所波动,但是房价整体一直呈上涨趋势,究其根本还是因为供需的不平衡。新加坡土地资源本来就稀缺,加上大部分土地又在政府手中,所以可供私人房地产企业开发的土地资源是十分有限的。与此同时,20 世纪 80 年代之后,随着新加坡经济的快速发展,居民收入提升,人们对于私人住宅的需求在不断提升。正因为如此,新加坡私人住宅价格才一直居高不下。

在这几十年的发展过程当中,新加坡私人住宅市场也曾出现几次非常明显的大涨大跌的情况(见图 5-6-3),分别在 1994—1997 年、2006—2008 年、2010—2014 年,而之所以会出现这些现象,归根结底还是海外资金的变动。

由于新加坡一直奉行开放不干预的经济政策,所以更容易受海外资金的青睐。海外资金对于新加坡发展而言是把双刃剑。一方面,新加坡通过引进长线投资资金加快了经济的发展;另一方面,在国际热钱快进快出的过程中,新加

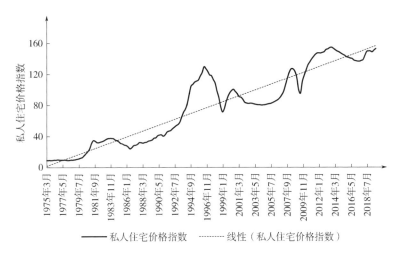

图 5-6-3　1975—2018 年新加坡私人住宅价格指数变化

资料来源：国海证券研究所。

注：新加坡私人住宅价格指数以 2010 年为基期（100）。

坡房地产市场出现了上述的大涨大跌的情况，这给新加坡的金融机构、实体经济乃至居民生活都带来了巨大的冲击。所以，如何通过有效的政策引导海外资金合理进入国内市场就显得尤为重要。

二、辉煌的篇章

对于新加坡而言，私人住宅市场只是新加坡住房体系中的一小部分，从独立建国以来，新加坡不仅已经通过自身的努力形成了以公共组屋为主、私人住宅为辅的二元住房供给体系，而且公共组屋和私人住宅的形式都非常多样化，可以满足不同收入阶段人群的住房需求。今天新加坡之所以能形成阶梯化的住房供给体系，其源于 20 世纪 60 年代 "居者有其屋" 计划的提出。

独立建国初期，新加坡政府出于增加人民认同感的目的而提出了 "居者有其屋" 计划。多年来，新加坡政府真正实现了当时的目标，在解决居民住房问题上取得了令世界瞩目的成绩。如今，新加坡住房自有率维持在 90%，位居世界前列，而组屋居住人口占总人口的比重也一直保持在80%左右。

这些看似简单的数字背后，是新加坡政府为满足居民住房需求做出的持续创新与努力，这其中不仅包括推出土地制度解决组屋的土地供给问题，改进中央公积金制度为居民提供资金支持，也包括推出多样化组屋满足人们美好生活的需求，以及不定期对旧组屋进行改进与升级等相关措施。

让人佩服的是，新加坡完善的公共住房体系并未影响私人住宅市场的发展，而私人住宅市场的波动也未对新加坡大部分居民产生较大的影响。两者相辅相成，共同为新加坡的经济发展与社会稳定做出了贡献。

20世纪七八十年代以来，随着新加坡经济的繁荣发展，新加坡商业地产也在茁壮成长，从乌节路商圈崛起，到来福士城、新达城等城市综合体建成，再到REITs重塑商业地产业务发展模式，新加坡商业地产在蓬勃发展的同时也让新加坡这个"花园城市"变得更加绚丽。不过，不能否认的是，从2014年开始，新加坡经济增长明显放缓，新加坡商业地产的发展也大不如前。以中央区域商业零售地产价格指数为例（图5-6-4），2015—2018年，该指数跌幅高达15%，进入2019年之后才止住了下滑的趋势。

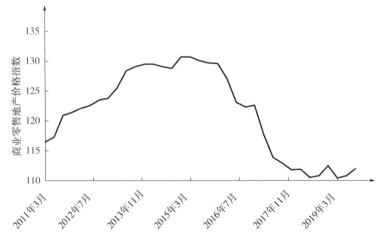

图5-6-4　2011—2019年新加坡中央区域商业零售地产价格指数

资料来源：国海证券研究所。

第五章
开辟新的天地·新加坡

纵观新加坡房地产行业的发展历程,尽管这只是历史长河中一个非常短暂的篇章,但在这50多年的历史中,无论是公共住房、私人住宅还是商业地产都取得了突飞猛进的发展,这其中既离不开新加坡政府的有效作为,也离不开新加坡国内经济的转型升级及相对宽松的金融环境。在多重因素的共同作用下,新加坡形成了独特的住房供给体系,为房地产行业后续的发展奠定了基础。未来,在既有的供给体系下,新加坡房地产市场有望继续保持令世界瞩目的高住房自有率,续写辉煌篇章。

第六章
峥嵘岁月·中国

第一节　1998年之前：变革的前奏

自古以来，我们中国人就对土地有着特殊情结，而这一根深蒂固的情结延续至今，依旧潜移默化地影响着当代人们的生活。对绝大多数中国人而言，房子意味着安全感和归属感。也正因如此，房价的波动一直牵动着千千万万中国人的神经。

然而，从新中国成立到改革开放之前，人们的住房问题主要通过"等国家建房，靠组织分房，要单位给房"的方式解决，房子不能作为商品进行买卖，人们更不会关心房价的问题。直到1980年，邓小平发表了《关于建筑业和住宅问题的谈话》，房子才被定义为商品，从而打开了人们思想上的禁锢。此后，"房改"与"土改"这两个中国房地产的发动机也被逐渐发动。

深圳作为我国改革开放的排头兵，自成为经济特区起，就有着"敢为天下先"的基因，我国土地市场的第一次改革便是在深圳试点后推动起来的，深圳"土地第一拍"也成为中国房地产市场重要的里程碑事件。与此同时，1988年，国务院提出要分期分批推行住房制度改革。此后，上海在推进住房体制改革的过程中，提出了延续至今的住房公积金制度。

不过，直到1998年，我国住房体制改革才真正实现重大意义的突破，自此之后，我国房地产市场迎来了前所未有的发展机遇。当然，变革的推出不是一蹴而就的，在这一重大变革发生之前还有惊魂动魄的海南房地产泡沫，有影响深远的浦东新区开发，也有突如其来的亚洲金融危机，这些故事仿佛一个个跳动的音符，共同奏响了历史变革的前奏。

第六章
峥嵘岁月·中国

一、"土地第一拍"

土地是房地产市场的核心和基础，所以土地制度的变革对于房地产市场有着深远的影响。1987年对于中国土地市场乃至中国房地产市场都是具有划时代意义的一年，因为这一年在深圳完成了新中国历史上的"土地第一拍"。

虽然，土地拍卖在如今看来是再平常不过的事情了，但在当时，对土地进行拍卖这样的思想却遭受着不少的阻力和非议。要知道，当时的《中华人民共和国宪法》（以下简称《宪法》）规定"任何组织或个人不得侵占、买卖、出租或者以其他形式转让土地"。那么，"天生牛犊不怕虎，敢为天下先"的深圳市政府是在什么样的情况下有了土地拍卖的想法的呢？

自经济特区成立以来，深圳一直在积极进行城市建设，但是对于当时的深圳而言，资金缺乏一直是困扰城市建设与发展的重要问题。穷则思变，深圳市政府多次邀请专家来深圳考察，并向他们请教利用外资建设深圳的建议。

受此启发，1986年，深圳市政府就"如何进行土地制度改革"这一课题，组织并成立调研小组。此后经过多方的调研与讨论，深圳市政府大胆出台《深圳经济特区土地管理体制改革方案》，提出了"所有用地实行有偿使用，协议、招标、公开竞投各搞一个试点，先易后难"的观点。

在深圳市政府尝试过以协议方式和招标方式有偿出让土地之后，1987年12月1日，在深圳召开了中国内地的第一次土地拍卖会，用于拍卖的地块紧靠深圳水库，面积为8588平方米，规划为住宅用地，使用年限50年。恰逢全国市长会议在深圳召开，众多官员、企业家、经济学家和海内外的新闻媒体共同见证了这一历史时刻。

当天共有44家企业报名参与竞拍，起拍价为200万元，开始竞拍之后众多企业频频举牌报价，场面非常火热。从200万元开始，300万元，400万元，

485万元,一路叫下来,当叫到520万元时,仅剩下深房公司①和工商银行房地产公司两家。每个参会者的心情都跟着叫价的走高而变得异常兴奋。就在这时,深房公司代表骆锦星不动声色地喊出了525万元的高价,与之相伴的还有热烈的掌声。

掌声过后无人再应,"525万一次,525万两次,525万三次",随着拍卖槌的落定,无数闪光灯对准了骆锦星,定格了这一历史性的时刻,骆锦星成为中国"土地第一拍"竞得人,中国房地产发展历史上具有标志性意义的"土地第一拍"也就此落定。此后,为纪念这一历史性的拍卖事件,本次拍卖使用的那个长31厘米、做工精致的枣红色拍卖槌还被认定为国家二级文物。

骆锦星和深房公司能够竞得中国"土地第一拍"绝非偶然。1979年,骆锦星调至深圳担任深圳市房地产管理局副局长,负责修建干部宿舍。但是,由于当时地方财政收入捉襟见肘,能拿到的财政拨款很有限。无奈之下,骆锦星只能想办法找钱。后来,骆锦星想到了一个颇具突破性的做法,那就是通过"补偿贸易——政府出地,港商出钱,共同建房,利润分层"的方法来获取资金。

在经过上级领导认可后,骆锦星与港商签订合作计划,深圳的东湖丽苑便是双方合作的第一个产物。此后,骆锦星受命组建深房公司,并在土地使用上有了进一步的探索。可以说,在本次土地拍卖之前,骆锦星带领的深房公司在土地使用上也算是摸爬打滚多年了,而这些积累下来的经验帮助他们从容地赢得了中国"土地第一拍"。

事后来看,这次的中国"土地第一拍"探索出了土地可有偿有期转让的模式,并直接推动了《宪法》的修订。《宪法》修订后,土地使用权的商品属性在我国得到了确定,土地使用权交易也得到了认可,我国土地使用制度实现了一次根本性的变革。

---

① 深房公司全称为深圳经济特区房地产公司,于1980年组建。1993年7月,公司股份制改造完成,更名为深圳经济特区房地产(集团)股份有限公司,并于同一年在深交所挂牌交易。自成立到1997年期间,骆锦星一直担任公司总经理职务。

二、海南房地产泡沫

在"土改"获得突飞猛进的发展之际,我国"房改"进程也迈出了重要一步。1988年2月,国务院印发《国务院住房改革领导小组关于在全国城镇分期分批推行住房制度改革的实施方案》,并提出住房制度改革的目标是实现住房商品化,使住房这个大宗商品进入消费市场,标志着我国住房制度改革进入全面试点阶段。

1988年,还有一件大事。那便是国务院将海南岛单独成立为一个省份,并设为经济特区,成为我国第一个省级经济特区。自此,这片琼岛大地吸引了无以计数怀揣梦想的年轻人,其中包括了日后在房地产行业叱咤风云的人物,如冯仑、潘石屹、易小迪等。

这一年,年仅29岁的冯仑受委派,带着两三个人从国家经济体制改革委员会到了海南体制改革研究所,后因工作需要,王启富、易小迪等人先后被招聘进入海南体制改革研究所。不过,这群不到30岁的年轻人那时尚未涉足房地产行业,更没有料想到自己日后的人生会与房地产行业发生如此紧密的联系。

这个时候的海南房地产市场才刚刚起步。在这一系列外部事件的影响下,1988—1991年,海口、三亚等热门地区的商品房价格并未出现明显上涨,基本维持在每平方米1300~1400元的水平。

直到1992年,邓小平视察南方并发表重要谈话,稳定了国内进行改革开放的信心。在房地产市场方面,中央提出要加快住房市场改革步伐,国内房地产投资与建设重新回归正轨。对于海南而言,国务院还审议批准其吸引外资开放洋浦经济开发区。在接连不断的利好消息的带动下,海南的房地产开发与建设如火如荼地展开。

随着海南房地产市场的火热发展,各地投资者蜂拥而至试图从海南房地产的发展中分得一杯羹。大量资金涌进海南,1992—1994年流入海南的资金达1000多亿元,比这3年海南的GDP总值都要多。

在众多资金的推动下,海南楼市陷入疯狂,海口、三亚等热门地区的商品房价格从1991年的每平方米1400元一路飙升,到1992年已经上涨至每平方米5000元,到1993年更是达到每平方米7500元的高价,短短两三年的时间里翻了好几倍。而当时,全国商品房均价却不到每平方米1000元。

伴随着楼价的不断走高,海南房地产企业的数量急剧增长。1991年,海南房地产公司还不到400家,到1993年年底,海南房地产公司已经超过4800家,超过1991年的12倍。在房地产火热发展的带动下,海南的GDP增速也是令人叹为观止,1992年GDP同比增速竟高达41.5%,位居全国第一。海南房地产对GDP的贡献从1991年的2%提升了到1992年的11%。由此可见,当时海南房地产市场的泡沫有多大。1990—1999年海南GDP中房地产业对应值及其占比情况见图6-1-1。

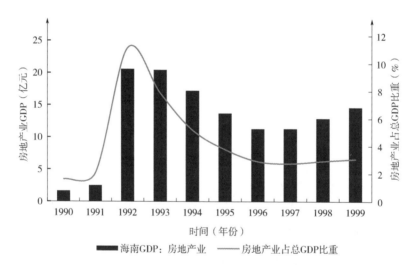

图6-1-1　1990—1999年海南GDP中房地产业对应值及其占比情况
资料来源:国海证券研究所。

面对一路走高的楼价,众多玩家都参与了这个"击鼓传花"的游戏,他们都希望在游戏结束前把手中的"花"传给下一个人,快速地获取财富。但并不是每个人都有这样的运气,而前面提及的冯仑等人无疑是其中的幸运儿。

第六章
峥嵘岁月·中国

国务院发布《关于当前经济情况和加强宏观调控的意见》，出台了 16 条强有力的调控措施，包括严格控制信贷总规模、提高存贷利率和国债利率、限期收回违章拆借资金等。

在严厉的调控政策下，大量资金从海南撤离，一路高歌猛进的海南房地产市场被釜底抽薪，房价暴跌。海南房地产行业一夜入冬，上万家房地产企业破产倒闭。这些企业在海南留下了高达 600 多栋的"烂尾楼"，闲置土地 18 834 公顷（1 公顷 = 10000 平方米）和积压资金 800 亿元。与此同时，给企业提供资金的银行也被严重拖累，有不少银行的不良贷款率在 50% 以上，海南经济出现断崖式下滑。

三、崭新的上海

回看 20 世纪 90 年代的我国房地产市场，海南楼市泡沫算是惊魂动魄的一笔，除此之外，上海浦东新区的开发与建设可以称得上浓墨重彩的一笔。有人曾经评价说，如果 20 世纪 80 年代以深圳为标志是"广东时代"，那么，20 世纪 90 年代，则以浦东开发为起点，迎来了"上海时代"。

在 1990 年之前，以黄浦江为界，浦东还是一片荒凉之地，没有高楼林立，更没有如今绚丽的夜景。若夜间站在高处眺望，便可发现，浦西灯火辉煌，而浦东则尽是昏暗。浦西的热闹与浦东的荒凉形成了鲜明的对比，也正因如此，绝大部分上海人都有着"宁要浦西一张床，不要浦东一间房"的看法，大量的工厂、人口都聚集在浦西，使得浦西变得异常拥挤。

为解决上述问题，同时加大我国改革开放的步伐，1990 年 4 月，国务院宣布了开发与开放浦东的重大决策，在浦东实行经济技术开发区和某些经济特区的政策，从此，浦东发展建设展开了新的篇章。

在各项利好政策的刺激下，上海浦东建设的步伐开始明显加快，在此后不到 10 年的时间里，便取得了巨大的进展，一幢幢高楼在浦东拔地而起，各行各业的商贾也聚集在此。到 20 世纪 90 年代末，整个浦东已然从一片荒凉之地变成国际化、现代化的新城区，实现了绚丽的蜕变。

当然，整个浦东新区的开发对房地产行业的带动作用也是巨大的。随着浦东建设的推进，上海人对于浦东的看法开始改变，不少上海居民选择在浦东安家。从1992年开始，上海浦东新区的房屋施工面积与日俱增，1992年只有300多万平方米，到1996年房屋施工面积已经达到2200多万平方米，是1992年的7倍多。20世纪90年代上海浦东新区房屋施工面积情况见图6-1-2。

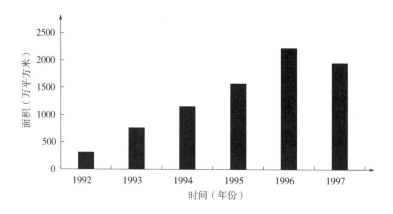

图6-1-2　20世纪90年代上海浦东新区房屋施工面积情况

资料来源：国海证券研究所。

上海住房制度改革也有了新的突破。1990年年初，上海正式成立了一个由17个人组成的住房研究小组，专门研究如何推进上海的住房改革。研究小组专门到新加坡学习住房制度，其中新加坡的住房公积金制度给他们留下了很深刻的印象。

住房研究小组通过研究与讨论，起草了《上海市住房制度改革实施方案》，而住房公积金制度便是这个方案中的核心内容。《上海市住房制度改革实施方案》规定："凡在本市工作，具有本市城镇常住户口的国家机关、群众团体、事业单位和企业的固定职工、劳动合同制工人，均实行公积金办法。"

《上海市住房制度改革实施方案》一经国务院批准，住房公积金制度便在上海正式实施，当年就取得了不小的进展。该制度在上海试点成功后，又扩展

第六章
峥嵘岁月·中国

至北京、天津、南京等城市。到 1994 年，国务院在《国务院关于深化城镇住房制度改革的决定》中提出要在全国全面推行住房公积金制度，上海首创的住房公积金制度便在全国普遍建立起来。

可以说，自 1990 年以来，浦东新区的开发建设和上海房改的有序推进，让上海城区乃至上海房地产行业都有了新面貌。不过，包括上海在内的中国房地产业，终究也未能逃过亚洲金融危机的影响。

1997 年，以索罗斯为首的国际金融炒家，先后攻陷泰国、印度尼西亚、菲律宾、缅甸、马来西亚等众多国家脆弱的金融市场，亚洲各国高速发展黄金期积累下的矛盾集中爆发，楼市、股市一泻千里，全球经济同步陷入低迷。受全球经济外需减弱影响，从 1997 年开始，中国出口增速开始一路下滑，到 1998 年已经变成负增长。

从 1996 年开始，中国经济开始降温。而经济下行后，前期过快投资产生的产能过剩问题开始显现。在内部产能过剩、外部需求下滑的双重打击下，中国经济面临着前所未有的挑战，房地产市场进入低潮，扩大内需刺激经济发展的任务已经迫在眉睫。

这个时候，房地产行业被寄予厚望，国家决定将房地产行业当作刺激内需的支柱产业发展。正所谓"祸兮福所倚，福兮祸所伏"，1998 年，中国房地产行业在危难之际走到了伟大变革的前夕，迎来了新的篇章。无数人因为这次变革实现了财富的积累与人生的进阶，另一段让人激情澎湃的岁月正在徐徐展开。

第二节 1998—2002 年：解除历史的枷锁

1998 年对于中国而言是意义非凡的一年，这一年外有金融危机，内有产能过剩，但也是在这一年，中国经济迎来了一系列颠覆式的改革。

1998 年 7 月，国务院发布了《关于进一步深化城镇住房制度改革加快住房建设的通知》，宣布取消福利分房，实现居民住宅的货币化、私有化。这标志着在新中国延续了近半个世纪的福利分房制度退出了历史舞台，市场化从此成为住宅建设的主旋律。

就这样，在房改的大力推动和相关配套措施的配合下，居民住房需求得到了有效释放，中国房地产行业仿若脱缰的骏马，开始了急速狂奔。短短几年时间里，中国一、二线城市的房价均出现了不同程度的上涨。房地产企业作为重要的参与者，也迎来了开发模式的变革和资本市场的狂欢。这些形形色色的人物与事件，共同见证了中国房地产市场的这段岁月。

一、"温州炒房团"跃上舞台

在中国的东南沿海有一座依山傍水的小城，它与深圳同为中国改革开放的先行区，是中国民营经济的发祥地，孕育了众多优秀的民营企业，那就是浙江省温州市。居住在这座城市的温州人聪明且擅长经商，被国人称为"东方犹太人"。他们在改革开放的红利下，凭借自身的智慧与勤劳，成为"先富起来"的那批人。

对于手握不少资金的温州中小企业主来说，在实现了起初的资本积累之后，

第六章
峥嵘岁月·中国

便开始为资金的增值寻找出路。1998年，房改的落地让敏锐的温州人嗅到了除制造业之外的投资机会。于是，温州人便纷纷将钱投到当地的房地产市场中，不到3年的时间，温州部分成熟住宅区的房价就从每平方米2000元上涨到了每平方米7000元，足足涨了2倍多！

随着本地房价的走高，从2000年开始，精明的温州人又把目光锁定周边城市，如杭州、上海、苏州等。以上海为例，2000年年初，部分地区房价还维持在每平方米3000元，这对于温州人而言十分具有吸引力。恰逢当时各大开发商在上海掀起建楼潮，而那时上海的新建楼盘还不像如今一开盘就被抢购而空，所以开发商也需要大范围地寻找购房者。

为吸引富裕的温州人，上海开发商在《温州晚报》上投放广告进行宣传，一下子点燃了温州人的购房热情，毕竟对于本地房价已经不低的温州人而言，上海的房价简直如白菜价般便宜，更具备长期投资价值。由于关注人数超乎想象，《温州晚报》组织了一个看房团，出现了"150多个温州人坐满了3节火车厢，浩浩荡荡抵达上海去买房"的壮观景象。

这150多个温州人最终在《温州晚报》的组织下，3天内买走了上海100多套房子，价值5000多万元。紧接着，2个月后，又一波温州看房团莅临上海，再次砸下巨款，总共买走了价值8000万元的房子。这不得不让众人感慨温州人面对房子时豪掷千金的果断与魄力。

就这样，温州炒房团这个群体跃上了中国房地产市场的历史舞台。由于资金体量大，温州炒房团所到之处的房地产市场都会难以避免地出现不小的躁动，房价也会随即迎来快速上涨。然而，房价的快速上涨毕竟会使几家欢喜几家忧，温州炒房团也因此成为一个备受争议的群体。

正是因为温州炒房团所到之处都会掀起一阵房地产旋风，所以很多百姓将高房价的问题归因于温州炒房团，不少地方甚至出现了抵制温州炒房团的现象。不可否认，温州炒房团的存在的确无形中助推了不少地方房价的走高。但是，归根结底，这一时期多地房价的走高，主要还是源于住宅货币化下居民需求的释放,而温州炒房团只不过是手握重资的一个群体代表罢了。

事实上,随着改革开放的持续推进,中国开始迈向城市化发展道路。1980年年初,中国城镇人口占总人口的比重还不到20%,此后一路攀升,到2003年,中国城镇化率水平已经超过了40%(见图6-2-1)。而城镇人口的不断增加带动了相关的住房需求,这部分刚性需求在房改之后被集中释放。与此同时,城市化的过程伴随着大量城市基础设施建设需求,包括学校、医院、大型商场等,这无形中加剧了土地资源的稀缺性,推高了土地价格,进而拉动了房价的上涨。

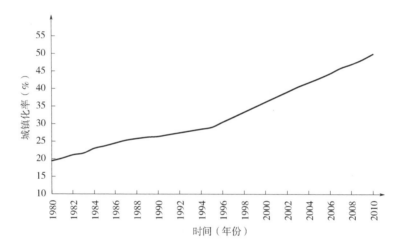

图6-2-1　1980—2010年中国城镇化率水平变化

资料来源:国海证券研究所。

随着中国经济的蓬勃发展,城镇居民收入也出现了显著的提高。以城镇居民人均可支配收入为例,1980—2000年,年均复合增速在10%以上(见图6-2-2)。经过多年的财富积累,居民的购买力有了明显提升,这进一步催生了不少居民的改善性购房需求和投资需求。

除了中国城镇化进程加快和居民财富增加这两大重要因素,相对宽松的房贷政策也加快了居民购房需求的释放,共同推动了房价的走高。早在1998年,

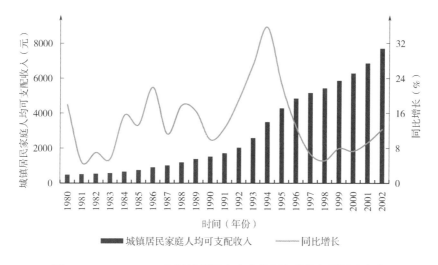

图 6-2-2　1980—2002 年城镇居民家庭人均可支配收入及同比变化

资料来源：国海证券研究所。

为了配合全国性的住房制度改革，中国人民银行就出台了《个人住房贷款管理办法》，提出个人购房首付款不低于房价的 30%，贷款期限不得超过 20 年。

此后，在 1999 年，也就是中国取消福利分房推行房地产市场改革的第二年，为了鼓励居民购房，中国人民银行进一步放宽了相关条件，将房贷首付比例从不低于 30% 调整为不低于 20%，将放贷期限从不超过 20 年调整为不超过 30 年。

在这样的情况下，越来越多的居民储蓄从原来的银行体系流向了房地产市场。而在住宅货币化下，房地产市场所形成的巨大的财富效应，进一步吸引了更多的居民财富涌入。就这样，在居民的刚性购房需求与投资需求的相互裹挟下，中国房地产市场如滚雪球般不断壮大。短短几年时间里，中国一、二线城市的房价均出现了不同程度的上涨。以上海为例，2000—2002 年，住宅房屋平均销售价格上涨了近 30%（见图 6-2-3）。不过，这也仅仅只是一个小小的开场，后续房价上涨的大戏还未上演。

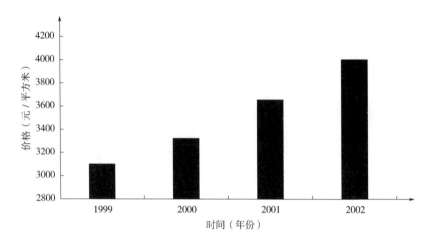

图 6-2-3　1999—2002 年上海住宅房屋平均销售价格变动

资料来源：国海证券研究所。

二、一种风靡全国的新模式

21 世纪初，在中国房地产行业流传着一句耳熟能详的行话，那就是"全国楼市看广东，广东楼市看华南㊀"。这样的说法源于在千禧年之初广州房地产行业出现的辉煌景象。这一时期，广州华南板块共出现了 8 个超级大楼盘，开启了广州房地产市场的大盘地产模式㊁，也引领中国房地产开发进入新时代。

关于华南板块的大盘开发模式，最早可以追溯到 1991 年，这一年，香港祈福集团在广州番禺一举拿下了 5 平方千米土地，并开发了中国第一村——祈福新村。不过，由于早期广州人普遍还没有选择郊县楼盘的概念，所以该项目起初以港澳等地的华侨客户为主，供他们回乡度假使用，配套的生活设施也主要与度假或者养老相关。由于客户群体数量有限，整个区域开发比较缓慢，知名

㊀ 华南指广州华南板块，是广州沿华南快速干线南联番禺区样板景观大道——迎宾路两侧开发的超大规模住宅楼盘集群的总称。该板块有 8 个超大面积楼盘，分别为华南新城、星河湾、华南碧桂园、广州雅居乐花园、锦绣香江花园、祈福新村、南国奥林匹克花园和广地花园，合称"华南八大金刚"。另外，该板块还有若干面积不等的中小楼盘。

㊁ 大盘地产是指面积和规模巨大、成片开发的新型房地产开发模式。

第六章
峥嵘岁月·中国

度也不高。不过，祈福新村的出现为华南板块埋下了大盘开发的种子。

直到1999年，从广州南跨珠江直通番禺的华南快速干线开通，番禺才逐渐进入更多广州人的视野。紧接着，2000年5月，国务院同意撤销县级番禺市，设立广州市番禺区，将番禺并入广州市直管体系。在多重利好因素的驱动下，粤派地产企业开始纷纷进入广州番禺进行布局，这其中包括星河湾、碧桂园、雅居乐等知名地产开发商。碧桂园更是因此一战成名，并在此后借助大盘开发模式实现了迅速扩张。

碧桂园成立于广东顺德，公司创始人杨国强是广东顺德北滘镇广教村人。年轻的时候，农民出身的杨国强在哥哥的帮助下进入北滘公社房管所当施工员，干泥瓦匠。此后，杨国强进入北滘建筑工程公司，并依靠自己的努力坐上了总经理的职位。机缘巧合之下，杨国强等人共同出资收购了北滘建筑工程公司，开始了私营化运作，而该公司也就是碧桂园的前身。

在20世纪90年代初，还是福利分房的时代，杨国强买下了顺德碧江及桂山交界的大片荒地，碧桂园的名字由此而来。起初，由于人们购房热情不足，碧桂园4000户的房子卖出去的寥寥无几，面临着变成烂尾楼的危机。后来，在别人的建议下，杨国强在此兴建了一所贵族国际学校，通过教育盘活了整个楼盘，同时也开创了中国教育地产的先河。

不过，碧桂园一直到1999年才走出顺德进军广州。广州碧桂园项目通过低价销售的策略创造了月销3000套住宅的惊人纪录，第一期3个月就售罄，这也让碧桂园看到了广州大体量楼盘的潜力。2000年5月，华南碧桂园正式开盘，占地面积近2000亩，拉开了华南板块"大盘时代"的序幕。

华南碧桂园项目定位于大型成熟社区，注重小区配套设施的建设与社区园林景观的规划。该板块因其优质的品质、完善的社区服务管理以及相对合理的价格，在珠三角及港澳地区掀起抢购热潮，创下恒温热销的辉煌业绩。

碧桂园的持续热销带动了广州华南板块的快速发展，而随着华南"八大金刚"的火热发展，大盘开发模式迅速席卷全国，各地的地产开发商纷纷前往华南板块学习。于是，全国各地开启了"造新区运动"，居住郊区化和大盘模式成了当时中国房地产市场的新气象。

事后来看，华南板块能够出现 8 个超大规模楼盘固然有其特殊性，但是大盘开发模式流行的背后，明显也有时代的烙印。2000 年年初，中国刚刚取消福利分房，当时中国又正好处于城镇化进程加快的时期；而老城区可以开发的面积不多，能够提供的住房数量自然也就有限，市场上有众多的住房需求没有被满足。

在这样的情况下，对一线城市郊区进行开发可以满足更多居民首套置业的刚需，而郊区的开发则需要辅助以相关配套设施的建设，因此便会出现很多的"造新区运动"。碧桂园之所以能够快速壮大，恰恰是跟随了中国城镇化的步伐，通过郊区大盘开发的模式，利用规模效应降低开发成本，同时兼顾数量和质量，进而实现了规模上的快速扩张。

三、风风火火上市潮

身处这段黄金时期，中国地产企业不仅在时代的红利下迎来了开发模式的变革，同时也迎来了资本市场的狂欢。1996 年，证监会发布《关于股票发行工作若干规定的通知》，明确表示暂时不考虑房地产行业相关公司上市。

直到 1999 年，禁令得以放开。这一年 4 月，建设部根据证监会的要求，选择金地股份、天津综合开发公司和北京天鸿集团作为首批上市试点企业推荐给证监会。时隔多年，房地产企业上市的禁锢终于解除。2001 年，这 3 家企业登陆资本市场，在 A 股市场亮相。

但是，并非所有的房地产企业都能如它们一样幸运，被建设部选中并快速实现在 A 股市场上市。事实上，在这一时期，虽然房地产企业上市的口子已经打开，但是 IPO 的审核还是非常复杂和严格的，很多房地产企业都不满足硬性要求。即使满足大部分的硬性要求，房地产企业也还需要经历漫长的辅导期和审核过程。

第六章
峥嵘岁月·中国

2000年以来,中国房地产市场正处于蓬勃发展阶段,全国房地产开发投资额同比增速保持在20%以上(见图6-2-4)。对于房地产企业而言,此时正处于跑马圈地的阶段,如何在短时间内获取大量可用资金就显得尤为重要。房地产企业自然是不愿意经历IPO漫长的等待期。在这样的情形下,借壳成为这一时期房地产企业快速上市的主要途径,金融街控股股份有限公司便是这一趋势的先行者。

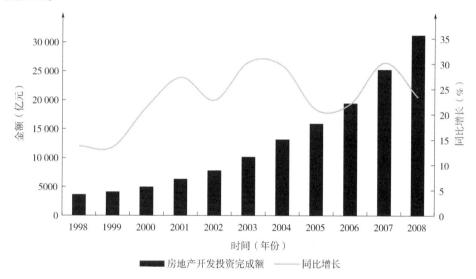

图6-2-4 1998—2008年全国房地产开发投资完成额及同比变化
资料来源:国海证券研究所。

就在房地产上市禁令解除的1999年年底,北京金融街建设集团[一]受让了华西集团持有的重庆华亚61.88%的股份,成为重庆华亚的第一大股东。紧接着,2000年5月,北京金融街建设集团完成对重庆华亚的整体资产置换,将公司转变成为一家以房地产开发与销售为主的公司,并更名为金融街控股股份有限公司,简称"金融街"。就这样,金融街率先通过借壳的方式登上了A股市场,

---

[一] 北京金融街建设集团成立于1996年,是北京市国有大型综合投资集团,其前身是1992年成立的北京金融街建设开发指挥部办公室,如今更名为北京金融街投资(集团)有限公司,简称"金融街集团",是上市公司金融街控股的大股东。

拉开房地产企业借壳上市的序幕。

　　此后，在北京经常可以看到，一些房地产开发商频繁进出券商投行业务部，咨询企业上市与资本运作相关事宜。2002年，A股市场出现不少通过借壳上市的房地产公司。例如，2002年8月，恒大实业受让了上市公司"琼能源"4186万股法人股，成为第一大股东，经过资产重组，琼能源被更名为恒大地产。后来，许家印还将旗下广州花都绿景房地产开发有限公司90%的股权注入恒大地产。同一年，浙江省耀江实业集团有限公司以51%的股权控制了海南祥源投资有限公司，进而控制了上市公司"琼海德A"。此后，浙江省耀江实业集团有限公司对上市公司进行大规模的资产重组，将公司主业更换成房地产业务，并将上市公司更名为海德股份。

　　这些房地产企业之所以忙于通过买壳和资产重组的方式上市，主要还是希望能够借助资本市场进行融资，以支撑地产企业后续进行大规模的开发。所以，房地产企业上市热潮，与大盘开发模式、"温州炒房团"的出现一样，都只是当时国内房地产市场火热发展的一个缩影。而正如本章第一节所言，这才是中国房地产市场黄金时期一个小小的开端。中国城镇化进程加快和收入提升下的居民购房需求，在房改和相关措施的助推下还在持续释放，这仍是接下来中国房地产市场蓬勃发展的重要驱动力。

第六章
峥嵘岁月·中国

第三节　2003—2008 年：风起云涌的岁月

自 1998 年启动房改之后，中国房地产市场迎来了快速发展，当时在国内众多城市，到处可以看到正在开发的大大小小的楼盘，全国房地产开发投资保持迅猛增长。再加上 2001 年中国成功加入 WTO，为国内企业提供了更好的国际贸易环境，进一步带动了国内制造业的发展和工业投资。在出口与投资的双轮驱动下，中国经济保持高增长态势。

到 2002 年下半年，国内部分地区已经存在房地产投资增幅过高、房价上涨过快等问题，中国经济也出现了局部过热的现象。为此，国家开始了一系列的宏观调控，其中对房地产行业的监管与调控更是重中之重。

2002 年 8 月，建设部等六部委联合发文表示，要强化土地供应管理，严格控制自有资金不足、行为不规范的房地产开发企业新开工项目⊖。而后，从各个方面抑制房地产市场过热发展的监管文件接连发布。可以说，2003—2007 年是地产宏观调控政策出台极其密集的 5 年，除了 2003 年受非典疫情的影响地产调控出现了短暂的宽松之外，国内房地产调控一直是异常严格的。在收紧的地产调控下，地产开发与投资过热的现象有所缓解，部分地产企业尝到了盲目扩张的苦果。

从 2004 年开始，北京、上海、广东的房价涨幅明显，到 2007 年年底，这三地的房屋平均销售价格分别上涨了 144%、63%、85%。2008 年，受美国次

⊖ 建设部、国家计委、财政部、国土资源部、中国人民银行、国家税务总局六部委联合发布《关于加强房地产市场宏观调控促进房地产市场健康发展的若干意见》。

贷危机和国际金融危机的影响，国内房地产市场一夜入冬，房价上涨的趋势就此终结。

一、冰与火的考验

2003年，对于中国而言是备受挑战的一年。这一年年初，"非典"肆虐，不仅给人民生命安全带来了极大的威胁，还暂缓了中国经济狂奔的脚步。国内房地产市场也因这场突如其来的疫情受到明显冲击。尤其是疫情比较严重的北京和广东，3—4月，这两地的住宅商品房销售额增速明显放缓。随着"非典"疫情逐渐得到控制，2003年5月，北京和广东两地的住宅商品房销售额增速便迅速回暖（见图6-3-1）。

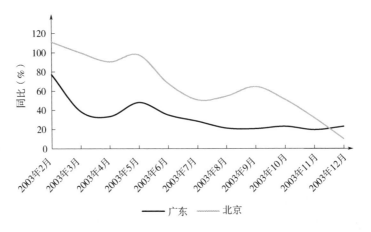

图6-3-1　2003年北京、广东住宅商品房销售额累计同比变动

资料来源：国海证券研究所。

然而，出于防止房地产市场后续增长过热和房价上涨过快的考量，中国人民银行于2003年6月发布了"121号文件"。这份重磅文件表示要严格控制房地产开发贷、土地储备贷款、个人住房贷款，可谓限制了房地产开发与销售流程中多个环节的融资。

该文件还首次提出要提高二套房首付比例。文件一出，全国房地产市场再次陷入低迷，北京和广东的房地产市场也不例外，部分地区的售楼中心门可罗雀，成交量急剧下滑。房地产开发商一夜入冬，面临着开发资金严重短缺的困境。

在"非典"疫情的影响下，2003年二季度，GDP同比增速较一季度下滑了2%（见图6-3-2）。为保持房地产市场持续健康发展，进而稳定整个国内经济增长，在"121号文件"发布2个月后，国务院发布了《关于促进房地产市场持续健康发展的通知》（以下简称"18号文"），首次明确了房地产的国民经济支柱地位，肯定了房地产行业的作用。

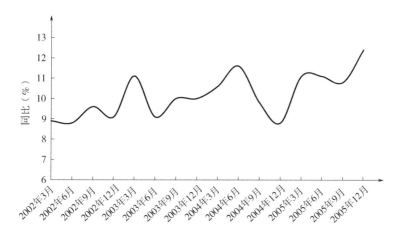

图6-3-2　2002—2005年中国GDP不变价当季同比变动

资料来源：国海证券研究所。

18号文的出台及时地打住了唱衰地产风，稳住了房地产开发商和市场的信心。得益于此，即使受到了"非典"疫情的冲击，2003年全国房地产开发投资完成额同比增速也还是有30%多，甚至创下了1998年"房改"启动之后的历史最高值。中国房地产市场，在2003年"非典"这场没有硝烟的战斗中经历了冰与火的考验，获得了国家层面的肯定和快速发展。

"18号文"在肯定房地产行业国民经济支柱地位的同时，也表示要促进房地产行业持续稳定和健康发展。在这样的背景下，2004年年初，政府先将矛头指向了一直发展不太规范的土地市场,希望可以整治土地转让乱象,抑制部分地产企业盲目囤地和投资的行为。

事实上,早在 2002 年,国土资源部就有文件要求从 2002 年 7 月 1 日起,商业、旅游、娱乐和商品住宅等各类经营性用地必须以招标、拍卖或者挂牌方式进行公开交易,以保证土地转让的公开透明。但是,2002 年 7 月 1 日之后,市场上还是存在一些地方政府进行协议转让的现象。

为了彻底整治土地转让的问题,2004 年 3 月,国土资源部、监察部联合下发"71 号令",要求从 2004 年 8 月 31 日起,所有经营性的土地一律都要公开竞价出让,任何省份不得再以历史遗留问题为由,采用协议方式出让土地使用权,这也就是所谓的"8·31 土地大限"。由于早期国内土地转让一直是以协议出让的方式为主,所以"8·31 土地大限"被认为是中国土地市场的新一轮革命。

2004 年 8 月 31 日之后,国内土地市场和房地产市场的确出现了一些明显的变化。譬如,在此之前,开发商拿地主要是依靠人脉和政府资源,而"8·31 土地大限"之后,开发商通过公开的方式一起竞争,比拼的是资本实力。另外,由于拿地方式固定后,各大开发商之间的竞争非常激烈,为了能够获得土地,开发商的报价也更高,这便在无形中推高了土地价格,因此在接下来的年份里时常会出现"地王"。

除此之外,由于"8·31 土地大限"之后开发商拿地更加困难,加之土地价格被推高,所以市场上盲目囤地和开发的现象有所缓解。相应地,全国房屋新开工面积增速也出现了明显回落,房地产开发投资热有所降温(见图 6-3-3)。

然而,这一时期居民的购房需求并未减弱,国内房地产市场仍然是卖方市场,土地成本的提升自然被开发商转嫁给了消费者。所以,2004 年国内很多城市的房价都出现了进一步的上涨,如,北京、上海、广东房屋平均销售价格分别上涨了 6.7%、14.4%、9.0%(见图 6-3-4)。针对房价的不断上涨,更为严厉的多项调控措施正在赶来的路上……

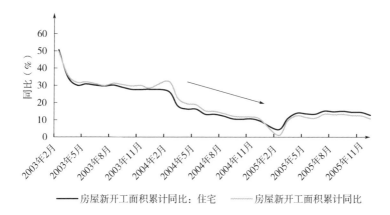

图 6-3-3 2003—2005 年全国住宅新开工面积和房屋新开工面积累计同比变化

资料来源：国海证券研究所。

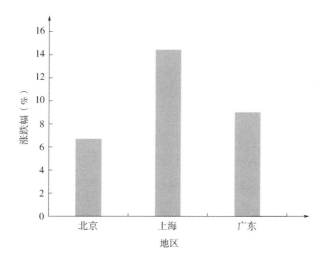

图 6-3-4 2004 年北京、上海、广东房屋平均销售价格涨幅

资料来源：国海证券研究所。

二、顺驰折戟沙场

2005 年春节没过多久，房地产市场便迎来了小阳春，大部分城市商品房成交量大幅激增。以北京为例，2005 年前 3 个月住宅商品房销售额同比增长超过

40%。而面对异常火热的房地产市场和不断上涨的房价，2005年3月底，国务院果断出手，下发了《国务院办公厅关于切实稳定住房价格的通知》，提出八点要求控制房价涨幅过快，即"国八条"。

紧接着，不到两个月的时间里，建设部等七部委联合出台房产新政，打出稳定房价的"组合拳"。此后，抑制房地产市场过热发展的土地政策、信贷政策和税收政策可谓层出不穷。在这些重磅监管政策下，有些房地产企业扛不住了，其中包括前期一直飞速疾奔的顺驰。

顺驰于1994年由孙宏斌成立，这是他人生中的第二站，而他人生中的第一次大起大落则是在联想。1988年，从清华硕士毕业3年的孙宏斌，机缘巧合下投身联想。此后，凭借自身出色的工作能力，他用2年的时间就从普通员工成长为主任经理，之后又被破格提拔为企业部经理，掌握18家分公司。当时的孙宏斌是何等的意气风发，甚至被公认为是联想未来的接班人。少年得志的他开始有些恃才傲物，也终究因此栽了跟头，在1990年，因挪用公款的罪名被送进了监狱。孙宏斌在监狱里通过积极表现被减刑提前释放。

1994年，出狱后的孙宏斌在天津创办了顺驰，一脚踏入房地产行业。有远大抱负的孙宏斌自然不会仅满足于房地产咨询业务，他很快就带领顺驰转向房地产开发。

1998年"房改"之后，顺驰开始了一系列的大举动，当年就一举拿下了位于天津河西区、面积高达14万平方米的名都项目。2000年，顺驰拿下了当时连万科和泰达都不敢碰的梅江地块，顺利开发了蓝水项目，此后还顺利拿下了位于天津河东区边缘的超级大盘太阳城项目。

到2002年，顺驰已经发展成为津门地产中的龙头房企。这一年，在深圳召开的第四届中国住交会上，顺驰获得了"2002中国房地产十大名企"称号，公司开发的"太阳城"小区荣获"2002中国房地产十大名盘"称号，孙宏斌也被评为"2002年度中国房地产十大风云人物"。一时间，孙宏斌和顺驰收获了众多的鲜花、掌声和灯光。

孙宏斌并没有因为这些成功而停止扩张的步伐。从2002年开始，他带领顺驰进行异地开发，四处攻城略地，将高周转的快速开发模式复制到了全国。顺驰的规模也越做越大，2002年公司销售额还只有14亿元，2003年公司销售额就达到了40亿元，到2004年已经接近百亿元。

在爆发式增长的背后，顺驰所承受的资金和管理压力巨大。随着房地产行业宏观调控政策的陆续出台，公司若干项目面临着银行贷款收紧，销售回款缓慢的问题，同时政府又在严查拖欠土地出让金的问题，顺驰资金链紧张的问题逐渐暴露出来。为解决公司资金问题，孙宏斌一直在积极准备公司上市，以期尽快打通融资渠道。

2005年上半年，顺驰通过香港联交所聆讯准备上市。由于公司为了快速扩张，一直采取的是"不惜代价拿地"的策略，所以公司的土地成本明显高于其他房企，相应的公司的盈利水平也比较低，2003—2004年公司的净利润率只有3%~4%，而同一时期万科的净利润率保持在15%以上。公司的低盈利水平阻碍了公司的成功上市。此后，公司也积极寻求私募投资，曾与摩根士丹利进行谈判，但最终都以失败告终。

无奈之下，孙宏斌只能选择出卖顺驰股份来获取资金。2006年，路劲基建与顺驰达成转让协议。根据协议，路劲基建向顺驰注资12.8亿元，同时获取公司55%的股权。2007年，路劲基建再投入13亿元收购了顺驰近40%股权，从而持有顺驰近95%的股权，这意味着孙宏斌领导的顺驰时代就此终结。

事后来看，顺驰这个神话最终破灭的直接原因是资金的短缺，这主要与其快速扩张有关。此外，顺驰的快速扩张，还是在国内地产调控持续收紧的大环境下。所以说，企业扩张是一把双刃剑，如何保持合适的与时代相匹配的发展节奏，对于房地产企业而言或许更为重要。

三、从狂欢到寒冬

2005—2007年，针对地产行业的各类监管政策频出，不少房地产企业感受到了丝丝凉意，但是国内房价没有丝毫的下跌迹象，反而上涨势头越来越足。从 2005 年下半年开始，70 个大中城市新建住宅价格指数当月同比和环比数据始终保持正增长，而且从 2007 年 4 月开始涨幅越来越高，直到 2007 年年底这一趋势才终结（见图 6-3-5）。那么，持续上涨的房价背后到底有什么在支撑？这一时期又发生了哪些助推房价上涨的重要事件呢？

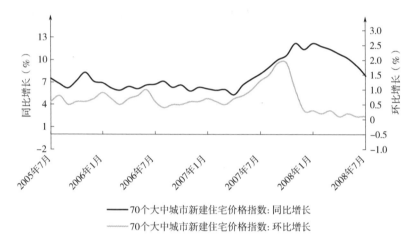

图 6-3-5　2005—2008 年 70 个大中城市新建住宅价格指数同比和环比增长情况

资料来源：国海证券研究所。

事实上，2005 年，国内房地产的供需环境与 2004 年相比并未发生大的改变，一方面，中国城镇化进程加快和居民收入改善下的购房需求还未减弱；另一方面，随着土地供给的减少和房地产开发投资受限，地产供给端受到压制。除此之外，"8·31 土地大限"后，土地成本被无形中抬升的现象还存在，这些因素综合在一起助推了房价的上涨。除此之外，2005—2007 年还有两个重大事件也进一步推动了房价的不断走高。

一是人民币汇率形成机制改革的推出。2005 年 7 月 21 日晚，中国人民银行发布《关于完善人民币汇率形成机制改革的公告》，宣布改革汇率形成机制，实行以市场供求为基础、参考"一篮子货币"进行调节、有管理的浮动汇率制度。在此之前，中国实行单一的、有管理的浮动汇率制度，长时间内美元兑人

第六章
峥嵘岁月·中国

民币汇率维持在 8.3 左右的水平。自从中国加入 WTO 后，中国企业凭借国内廉价的劳动力成本，让"中国制造"遍布全球。所以，在出口额不断扩大下，中国持续保持贸易顺差，外汇储备快速攀升，人民币一直面临升值压力。

在本次汇改之后，人民币进入升值通道，这吸引大量的海外资本加速流进国内。而资本都是逐利的，房地产市场自然成了众多资金的集聚地。海外资金购买国内整栋楼的现象开始变得屡见不鲜，例如，高盛旗下房地产基金就曾用 1.08 亿美元整体购买了上海百腾大厦。外资的加速涌入，进一步推升了国内的房价水平。

另外一个则是《物权法》的通过。2007 年 3 月 16 日，第十届全国人民代表大会第五次会议表决通过了《中华人民共和国物权法》（以下简称《物权法》），自 2007 年 10 月 1 日起施行。整体来看，《物权法》完善了对所有权等物权的保护，从法理上理顺了产权关系，有助于促进房地产行业健康有序发展。

具体来看，《物权法》明确规定了"住宅建设用地使用权期间届满的，自动续期"，这打消了普通民众之前对于住房使用权只有 70 年期限的担忧，增加了普通民众购房的信心，进而为商品价格上涨奠定了坚实的基础。

《物权法》还规定，"国家对耕地实行特殊保护，严格限制农用地转为建设用地，控制建设用地总量"。严格的土地供给制度意味着开发商拿地的难度加大，而开发量缩小和土地成本的抬升无形中又会刺激房价的走高。自 2007 年 3 月《物权法》颁布之后，70 个大中城市新建住宅价格指数开始加速上涨，且该趋势一直持续到了 2007 年年底。

在此期间，中国人民银行共上调存款准备金 10 次，加息 6 次。2007 年 9 月，中国人民银行与银监会联合下发《中国人民银行 中国银行业监督管理委员会关于加强商业性房地产信贷管理的通知》（银发〔2007〕359 号）（以下简称"359 号文"），要求贷款购买第 2 套房的首付不低于 4 成，利率不得低于基准利率的 1.1 倍，同时严格控制房地产开发贷款等。但是，国内房价还是处于持续上涨的态势。直到 2007 年 12 月，中国人民银行再次发文明确了"359 号文"

中的房贷次数以借款人家庭为单位，一直"高烧不退"的国内房地产市场才开始有了逆转的迹象。

此后，随着二套房贷政策的严格执行，许多城市出现了大面积的退房潮。而由于房产中介的生死存亡与二手房的成交量息息相关，所以市场需求的减弱，进一步引发了房产中介的关店潮。2008年年初，号称中国最大的房产中介创辉也撑不住了，关闭了7家在珠三角地区的分店，中国地产寒冬的序幕由此被拉开。

雪上加霜的是，这个时候，美国次贷危机愈演愈烈，并逐步演变成金融危机。受此影响，国内地产市场观望情绪愈加浓重，交易量大幅萎缩。在收紧的金融环境下，开发商资金链变得异常紧张，各大房企不得不进行吐血大甩卖。2008年2月，上海万科举行了元宵节9.5折特卖。4月，绿地紧急出售了杭州和上海的两个地块来缓解资金压力。国庆期间，恒大降价"甩卖"全国18个精品楼盘，迅速回笼资金以自救。

不过，还当各大房企在地产寒冬中苦苦挣扎之际，为应对金融危机的冲击，国家推出了房地产刺激政策和"四万亿计划"。在政策的暖风下，房地产行业重新迎来了新的篇章，而这就是另外一段精彩的故事了。

第六章
峥嵘岁月·中国

第四节 2009—2013 年：潮起与潮落

2008 年，随着金融危机的持续蔓延，美国经济遭受重挫，我国出口面临着前所未有的冲击，出口金额增速出现断崖式下滑。在外部需求减弱的情况下，为稳定国内经济增长，国家将更多目光放在了内部需求和投资上，并率先在房地产和汽车两个行业出台了相关救市政策。针对房地产行业，央行发文降低了首付比例，扩大了商业性个人住房贷款利率下浮幅度。同时，国税总局也调低了相关住宅的契税税率等。

2008 年 11 月，国务院常务会议上确立了进一步扩大内需、促进经济增长的十项措施。初步匡算，实施这十大措施，到 2010 年年底约需投资 4 万亿元，因此被称为"四万亿计划"。该计划表明要加大金融对经济增长的支持力度，取消商业银行的信贷规模限制，这对于融资一直受限的房地产企业而言如久旱突遇甘霖。2009 年，在政策的逐步落地下，众多房地产开发商走出了资金短缺的困境，迎来了大翻盘，其中，许家印带领的恒大地产便是典型代表。

不过，这一时期的房地产市场潮起潮落，瞬息万变。随着 2009 年全国房价的一路走高，新一轮针对地产的宏观调控登场。2010—2013 年，除了 2012 年出现边际放松之外，地产调控一直处于收紧状态。在这一轮严厉的调控下，国内商业地产却因住宅地产发展受限而再次迎来了春天，成为这一时期各大房企竞相追逐的新领域。

部分三、四线城市的房地产市场，在经历了前期的大幅扩张之后，则迎来了潮落。"鬼城"现象开始在全国多个三、四线城市蔓延，拖累了这些城市的房价。受此影响，从 2012 年年底开始，三、四线城市房价走势与一、二线城市出现了明显的分化，国内房地产市场从"普涨时代"迈向了"分化时代"。

一、房地产"第二春"

2009 年年底，中国经济已经从金融危机的冲击中走了出来，国内房价也在宽松的信贷政策下出现了明显的上涨。为了遏制房价的过快上涨，12 月国务院出台了"国四条"，继续运用土地、金融、税收等手段对地产进行综合限制。以此为标志，当时国内房地产调控出现了重大转向。

进入 2010 年，房地产调控政策更是接二连三地出台，"新国十条"就是在这一年 4 月推出的。"新国十条"的内容覆盖面广，相关措施更为严厉，被部分地产行业从业者称作"1993 年以来宏观调控最严厉的一次"。

"新国十条"中除了包含各种各样收紧地产的政策，还包括继续加大保障性住房供应等内容。很快，国内就迎来了史上最大规模的保障房建设潮。2010 年，全国各类保障性住房和棚户区改造住房开工 590 万套；2011 年，这一数字超过了 1000 万套，较 2010 年同比增长超过 70%。

在住宅地产调控升级、保障房建设如火如荼的大背景下，各大房企为了保持业绩的增长，逐渐把目光转向了受政策影响比较小的商业地产。从 2010 年开始，国内出现了一场房地产企业纷纷进军商业地产的转型风潮。

站在 2010 年这个时间点上，商业地产对于国内的房地产企业而言早已不是新鲜事物，国内商业地产的发展已经取得了一定的成果。例如，在 2000 年年初，王健林就带领万达进入了商业地产领域，2001 年第一个万达广场在长春落地。

万达还首创了订单地产模式，也就是招商在前、建设在后的开发模式，这在一定程度上减轻了万达的资金压力，也为后续万达在商业地产领域的大幅扩张奠定了基础。当然，这一模式之所以行得通，主要得益于万达与众多知名商业机构逐渐建立起的商业合作。此后，借助订单地产模式，万达将万达广场复

第六章
峥嵘岁月·中国

制到了多个城市。

2004年,世纪金源集团在北京海淀区打造了一个体量超过70万平方米的商业体——北京世纪金源购物中心。该商业体为客户提供了包括购物、餐饮、休闲、游览在内的综合商业体验,是国内首个将MALL[一]理念引入并落地的项目。自此之后,国内商业地产进入了MALL时代,一大批巨型购物中心在各大城市落地,所以2004年被认为是中国商业地产的崛起之年。

不过,在2004年参与商业地产开发的市场玩家还不多,涉足该领域的房地产企业只有10多家。此后,随着国内经济的不断发展,虽然一直有开发商陆续进入商业地产领域,但是直到2010年该领域才出现参与者蜂拥而至的现象。

2010年3月,就连一直强调住宅开发的王石,在万科2009年年度股东大会上也表示:"基于城市发展的过程之中旧城改造、综合体的比例逐渐上升,纯粹的住宅项目所占的比例也在逐步下降,公司将在继续坚持主流住宅开发的业务模式基础上,尝试与住宅相配套的其他物业类型,逐步培养非住宅业务相关能力。"

没多久,郁亮便授予北京、上海、深圳三家分公司"改革特区"的权力,成立商业地产筹备小组,探索商业地产运营经验。2010年年底,万科成立深圳万科商业管理有限公司,正式进军商业地产领域。

一直深耕商业地产的SOHO中国也加大了在该领域的扩张步伐。2010年,SOHO中国先是斥资22.5亿元购入上海外滩204地块项目61.5%的股权。外滩204地块是当时上海外滩核心地段最后一块可供商业开发的土地。随后,SOHO中国又继续拿下上海虹桥临空15号地块和上海卢湾区43号街坊项目48.5%的股权,而这些项目均是商业地产性质。

除了地产企业纷纷加大商业地产投资,还有很多零售、餐饮行业的企业也试图从商业地产的发展中分一杯羹。例如,在2010年,娃哈哈董事长宗庆后曾

[一] MALL全称为SHOPPING MALL,意为超级购物中心,指在一个毗邻的建筑群中或一个大型建筑物中,由一个管理机构组织、协调和规划,把一系列的零售商店、服务机构组织在一起,提供购物、休闲、娱乐、饮食等各种服务的一站式消费中心。

表示，为改变制造业受制于外商影响的局面，娃哈哈计划在未来的 3~5 年在河南的地县市投建 100 个大型购物中心。

就这样，随着市场参与者的逐渐增多，国内商业地产的发展迎来了快速增长期。2010 年和 2011 年，国内商业营业用房完成投资额同比增速均保持在 30% 以上（见图 6-4-1）。相应地，商业地产市场供给也出现了明显的增加。这一时期堪称国内商业地产的鼎盛时期。

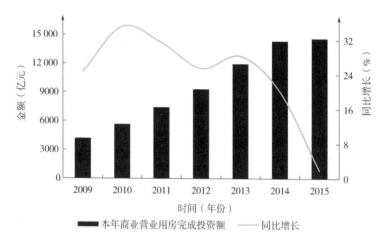

图 6-4-1　2009—2015 年国内商业营业用房完成投资额及同比变动情况
资料来源：国海证券研究所。

二、鄂尔多斯的"空城"

2004 年，鄂尔多斯为了解决老城区交通拥挤和人口膨胀的问题，当地政府在距离老市区 25 千米的荒漠中规划了康巴什新区的建设。鄂尔多斯市政府在对新区的开发建设中坚持"高起点规划、高标准建设、高水平管理、高效能经营"的原则，历经 5 年的时间，耗资 50 多亿元，到 2009 年康巴什新区的建设才基本完成。由此来看，2010 年康巴什新区入住率低有一定的客观原因。

不过，在接下来的两年里，康巴什新区的鬼城现象并没有得到好转。2011 年之后，在限购、限贷、限价政策的推行下，全国房地产市场的炒作行为减少，

第六章
峥嵘岁月·中国

鄂尔多斯也不例外。由于鄂尔多斯居民的刚性购房需求有限，在投机性购房需求被抑制之后，该城市房地产市场的整体需求明显减弱。再加上前期该城市的房地产投资开发过度，鄂尔多斯的房地产市场便形成了供大于求的局面。受此影响，房地产开发商的资金回流也开始出现问题。

雪上加霜的是，2011年年初，国内通胀水平抬升，为抑制经济增长过热与治理通胀问题，2011年前三季度，中国人民银行不断收紧货币流动性，累计上调存款准备金6次，加息3次。相应地，鄂尔多斯的民间资金也开始紧张起来。

鄂尔多斯的民间资本一直是房地产开发商的重要资金来源，在销售低迷和融资紧张的双重压力下，不少鄂尔多斯的房地产开发商出现了资金链断裂的情况，这又进一步导致了民间借贷危机在鄂尔多斯大面积的爆发，两者之间形成恶性循环。受此影响，本就空旷的康巴什新区周边又出现了大量的烂尾楼，"空城"现象愈加明显。

鄂尔多斯的康巴什新区之所以会在当时沦落为"空城"，与该城区开发之初所处的大环境有关，但是究其根本，还是由城市扩张过快和房地产投机炒作过度造成的。

鄂尔多斯地处我国大西北，作为内蒙古自治区的一个四线小城，却拥有"羊""煤""土""气"四大法宝⊖。2001年后，中国经济在投资与出口的拉动下突飞猛进，这给煤炭、天然气资源丰富的鄂尔多斯带来了发展契机，鄂尔多斯的经济迎来了高速增长，GDP增速连续多年均排在全国前列，即使在2008年，其GDP增速也接近40%。紧接着，2009年，在"四万亿计划"的推动下，全国各地重点建设项目不断开工，煤炭、钢材等资源需求大幅攀升。在投资的带动下，鄂尔多斯的经济继续保持着高增长（见图6-4-2）。

随着经济的繁荣，鄂尔多斯的居民逐渐富裕起来，走在鄂尔多斯的大街小巷上，保时捷、宝马、奔驰等车随处可见，当时的鄂尔多斯堪称流动的车展。

⊖ "羊"指的是鄂尔多斯的阿尔巴斯白山羊绒，是山羊绒中的佼佼者，有"软黄金"的美誉。"煤"是指煤炭，鄂尔多斯作为中国十大产煤城市之一，其已探明煤炭储量占全国总储量的1/6。"土"和"气"分别指的是稀土和天然气。

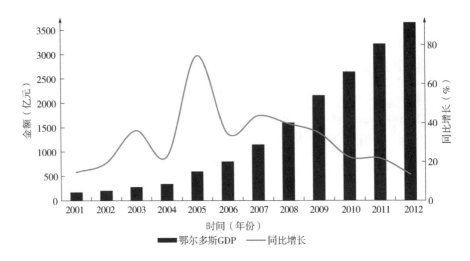

图 6-4-2 2001—2012 年鄂尔多斯 GDP 及同比增长情况

资料来源：国海证券研究所。

除了消费，富裕的鄂尔多斯人由于投资渠道相对有限，便将大量的资金投向房地产。

在资金的推动下，2004—2010 年，鄂尔多斯很多地区的房价上涨六七倍。房价的持续走高叠加四线小城相对较低的土地成本，吸引了更多房地产开发商的进入，造地运动开展得如火如荼，鳞次栉比的高楼大厦在鄂尔多斯崛地而起。但是，鄂尔多斯城区住宅的刚性需求有限，大多数购买者是出于投机需求。这也反映出鄂尔多斯的城镇化水平与城市建设扩张的步伐不匹配。

事实上，鄂尔多斯的问题是当时国内不少三、四线城市，乃至一些二线城市的通病。继鄂尔多斯之后，江苏常州、河南郑州等多地也出现了类似的情况。

从 2012 年年底开始，地产调控出现了边际放松，一线城市的楼市也出现了回暖，并在 2013 年再次迎来新一波的上涨。同一时期，三线城市却由于前期供给量暴增出现了库存积压的情况，楼市发展缓慢，这一点从百城住宅价格指数环比数据中也可以看出（见图 6-4-3）。自此之后，国内房地产市场进入区域分化的时代，这为后续地产调控从"一刀切"转向"因城施策"埋下了伏笔。

第六章
峥嵘岁月·中国

图 6-4-3　2012—2014 年一线、二线、三线城市住宅价格指数环比变动情况
资料来源：国海证券研究所。

第五节 2014—2017 年：繁荣再次来袭

进入 2014 年，在全球经济复苏曲折乏力的背景下，中国面临着经济增长下行压力加剧的挑战。在当时，国内房地产市场整体表现疲软，70 个大中城市新建住宅价格指数环比处于下行通道，到 5 月已经由正转负。全国房地产库存情况也不乐观，十大城市商品房存销比处于历史较高水平。

出于稳定经济增长和降低库存的目的，从 2014 年下半年开始，房地产调控政策从收紧转为支持。例如，2014 年 9 月 30 日，中国人民银行下发通知将首套房利率下限下调为基准利率的 7 折，同时放松了二套房的认定标准。伴随着刺激政策的陆续出台，全国房价开始边际回暖，但起初回升势头不太明显。

进入 2015 年，更多刺激房地产市场的政策加速出台。3 月，中国人民银行、住建部等联合发文，将二套房最低首付比例降低至 40%，使得房地产市场上的改善型需求得到了有效释放。再加上股市资金流动的助推，全国一线城市的房价出现了显著上涨，其中高端住宅成交更是异常火爆。

因房价上涨过快，一线城市相继出台了"限购令"。于是，市场上的资金流动到了热点二线城市，在 2016 年上半年，国内出现了部分二线城市房价涨幅超过一线城市的现象。没过多久，很多热点二线城市也紧随一线城市迎来了严格的地产调控政策。

这个时候，随着棚改货币化进程的加快，三、四线城市楼市的高库存压力逐渐被化解。从 2016 年 10 月开始，三、四线城市接替一、二线城市，成为国内房地产市场上涨的先锋。就这样，2015—2017 年，一、二、三、四线城市的

第六章
峥嵘岁月·中国

房价如同参加接力赛般，挨个上涨了一遍。而在国内房地产市场分化发展与因城调控政策下，不同地产开发商因不同的经营策略，获得了不一样的发展，房地产企业也在这个变化的时期迎来了一轮大洗牌。

一、和股市说再见

在 2014 年上半年，无论是股市还是楼市都还是十分低迷的，根本没有赚钱效应可言。股票市场方面，投资者毫无信心，上证综指几乎走成一条直线，基本上没有什么大幅波动，股市仿佛一潭死水，沪深两市的股票日均成交额不到 2000 亿元。房地产市场方面，70 个大中城市新建住宅价格指数的环比数值仍处于下行通道，在 5 月甚至开始转负。

进入 2014 年下半年，股市和楼市都开始出现了一些新变化。2014 年 8 月，新华社连发多篇股评文章力挺中国股市，认为 A 股走势乐观。紧接着，专家纷纷发表市场牛市论，悲观的情绪逐步被化解，股票市场情绪开始好转。2014 年 11 月，沪港通正式开通，加上央行意外宣布降息，市场压抑已久的做多热情一触即发，股市如脱缰的野马般开始了上涨。仅 2014 年 12 月当月，上证综指上涨了 20% 多（见图 6-5-1）。

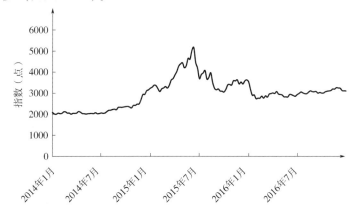

图 6-5-1　2014—2016 年上证综指走势情况

资料来源：国海证券研究所。

楼市方面，2014 年 9 月 30 日，中国人民银行和银监会联合下发《关于进一步做好住房金融服务工作的通知》（俗称 2014 年"9·30 新政"），放宽了二套房的认定标准，同时将首套房利率下限下调为基准利率的 7 折。但是，在政策松绑之后，全国房地产市场并没有立即迎来大幅的反弹。以 70 个大中城市新建住宅价格指数的环比表现来看，从 2014 年 10 月开始，环比数据虽止住了跌势，但仍然为负值，也就是说，70 个大中城市的新建住宅价格指数，仍处于下跌态势（见图 6-5-2）。

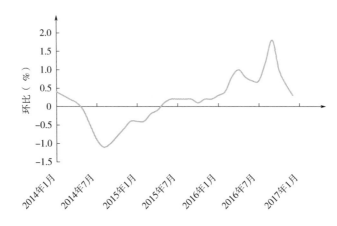

图 6-5-2　2014—2017 年 70 个大中城市新建住宅价格指数环比变动
资料来源：国海证券研究所。

到了 2015 年，在上证综指一路走高的情况下，市场上出现了"卖房炒股"的言论，真正的实践者不在少数。除此之外，借钱炒股也不在少数。投资者通过券商融资和场外配资等多种方式来加杠杆炒股。就这样，大量资金流向了股市这个资金蓄水池，上证综指被快速推高，没过多久就站上了 5000 点的高峰，但与此同时，股市泡沫也在持续膨胀。

然而，是泡沫就有破裂的一天，不合理的估值终究要回归理性。2015 年 5 月，监管层严查场外配资成了压倒骆驼的最后一根稻草。各类杠杆资金开始加速爆仓，而爆仓又进一步加快了股价的下跌。从 6 月开始，千股跌停、千股停牌轮番上演，A 股市场迎来了至暗时刻。短短 3 个月的时间，上证综指从 5000

第六章
峥嵘岁月·中国

多点跌回 3000 点,创业板指从 4000 点高峰回落至 2000 点,一切又回到了 2015 年年初的水平,不少投资者面临着财富大缩水的痛苦与无奈。

就在股票市场连续下跌之际,一线城市的房地产市场已明显回暖,进入大幅上涨的状态,其中高端住宅成交更是异常火热。以北京为例,2015 年 6 月,公寓豪宅[⊖]成交 300 多套,成交面积 6 万~7 万平方米,较 5 月增长了 40% 以上。接下来,一线城市豪宅市场持续保持火爆,2015 年全年成交量达到 1.38 万套,较 2014 年增长了 3 倍多!

此外,北京、上海、广州、深圳有越来越多的楼盘成交均价涨到了每平方米 10 万元以上。"10 万+"的楼盘均价在这一年常态化,2015 年也被称为"豪宅元年"。之所以出现这一现象,与当时的房地产政策以及资金流动有着密切关系。

具体来看,从 2014 年 "9·30 新政"之后,更多刺激房地产市场的政策相继出台。其中,2015 年 3 月 30 日,中国人民银行、住建部、银监会联合发文,将二套房最低首付比例调整为不低于 40%。同一天,财政部和国税总局又联合发文,将个人住房转让免征营业税的期限由购房超过 5 年下调为超过 2 年。在各项政策的利好下,房地产市场上的改善型需求大幅释放。

另外,在 2015 年四五月份,股票市场已经上涨至高位时,有不少"聪明钱"开始相继离场。在国内投资渠道较少的情况下,这些从股市中获利的资金纷纷流入房地产市场。2015 年股票市场带来的财富效应,助推了一线城市豪宅市场的火热发展。

在 2015 年,一线城市房地产市场的红火态势,还没有蔓延到二、三、四线城市。这一年,在高库存的拖累下,除了一线城市之外的很多城市的住宅价格指数基本上没有上涨,甚至还出现了小幅下跌,区域分化现象明显加剧,冰火两重天也成为这一年全国房地产市场的典型特征(见图 6-5-3)。

⊖ 指的是当时报价在每平方米 6 万元以上的房子。

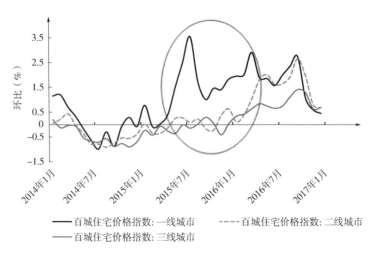

图 6-5-3 2014—2017 年一、二、三线城市住宅价格指数环比变动情况

资料来源：国海证券研究所。

二、三、四线楼市起死回生

随着北京、上海等一线城市房价的明显上涨，进入 2016 年，这些城市陆续重启限购政策。于是，部分资金便从一线城市流向二线城市，南京、苏州等二线城市及一线周边城市接替一线城市，成为房价上涨的先锋。

2016 年 4 月，国家统计局公布的 70 个大中城市新建住宅价格指数，首次出现了房价上涨前几名被二线城市包揽的情况，其中合肥、厦门、南京位居前列。苏州由于当时不在样本城市中未能上榜，但苏州房地产市场早已非常火热。合肥、厦门、南京、苏州这四城，因房价上涨过猛，在 2016 年被业内称为楼市"四小龙"。

在二线城市房地产市场急剧升温的情况下，这些城市的土地供给暂时陷入短缺局面，地价更是出现了高总价、高单价、高溢价率的"三高"现象。与之形成鲜明对比的是三、四线城市，这些城市有大量的土地供给，但是购房需求不高，所以房地产市场的库存水平一直不低，相应地，商品房销售自然不如二线城市那么紧俏。

第六章
峥嵘岁月·中国

针对三、四线城市楼市库存较大的问题,"去库存"一直是这些城市地方政府工作的主要内容之一。不过,在2016年棚改货币化安置加快之前,很多三、四线城市的"去库存"工作一直收效甚微。那么,什么是棚改货币化安置?它又是如何加快三、四线城市去库存速度的呢?

所谓棚改货币化安置,简答来说,就是国家在把城市里的棚户区房子拆掉之后,通过发钱的方式来补偿住户,而不是直接补偿房子。事实上,在2014年之前,由于货币化安置成本较高,所以棚户区改造一直以实物化安置为主。直到央行创设了抵押补充贷款(Pledged Supplementary Lending,PSL),有效地缓解了地方政府进行货币化安置的资金压力,这才让大范围使用货币化安置变得可行。

紧接着,2015年,国务院确定了"棚改三年计划",国内棚改的进程开始加速,其中,货币化安置的比例开始提升。尤其是2016年5月之后,中国人民银行每月月初都会对国开行、农发行、进出口银行发放PSL,而这类贷款主要用于支持三家银行发放棚改贷款、重大水利工程贷款等,所以,棚改货币化安置的比例进一步大幅提升。2014年,这一比例还不到10%;到2016年已经接近50%;到2017年,部分地区的棚改货币化安置比例高达80%。

随着棚改货币化安置比例的提升,越来越多居民从棚户区搬进了居民楼,这无形中推动了三、四线城市的房地产去库存工作。在库存压力变小,以及不少居民资金涌入的情况下,从2016年下半年开始,三、四线城市的房价终于一改前期低迷态势,开始了明显的上涨。

从2016年10月开始,部分二线城市因前期房价上涨过快,紧随一线城市,迎来了限购风潮。苏州、南京、武汉、合肥、成都等多个城市陆续出台了限购令,严格限制购房资格,同时也收紧了信贷政策。在严格的地产调控政策下,一、二线城市的投资性购房需求被压制。而在投资渠道相对有限的情况下,这部分投资性购房需求,便转移到了没有限购的三、四线城市。

就这样,在棚改货币化进程加快,以及一、二线楼市溢出效应的共同推动下，三、四线城市楼市再次接棒二线城市，迎来了火热发展。千人排队购房、夜宿打地铺等这些之前只出现在一、二线城市的现象，也轮番在三、四线城市上演。到了2017年，三、四线楼市火热，一、二线城市降温的分化现象更为明显。其中，40个大中城市中，一、二、三线城市的商品房销售额同比变化，分别为-26.08%、11.11%、28.17%（见图6-5-4）。

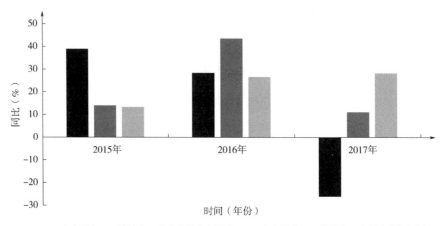

图6-5-4　2015—2017年40大中城市当中一、二、三线城市商品房销售额同比变化

资料来源：国海证券研究所。

整体来看，从2015年开始，一、二、三、四线城市房价，接连上涨了一遍，到2017年年底，三、四线城市房价上涨的势头仍在。此后，随着房地产去库存工作的逐渐完成，以及房价的明显上涨，不少三、四线城市相继被纳入地产调控的范围内。叠加棚改货币化安置的逐渐退潮，三、四线城市房价较快上涨的时代接近尾声，重新进入稳定增长的状态。

第六章
峥嵘岁月·中国

第六节 2018年至今：新的起点

2018年是中国改革开放40周年，于全国而言意义非凡。40年的风雨兼程，中国经济取得了令世界瞩目的成绩，而国内房地产市场也发生了翻天覆地的变化，从1998年取消福利分房之后，先是经历了高速增长的黄金时代，又经历了区域分化上涨的白银时代，到2018年，国内房地产市场已经进入平稳增长期（见图6-6-1）。

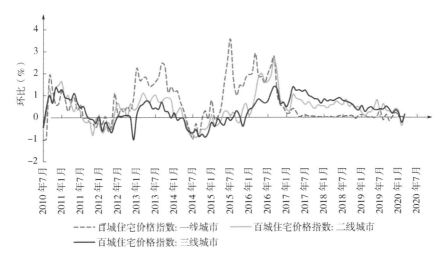

图6-6-1　2010—2020年一、二、三线城市住宅价格指数环比变动情况
资料来源：国海证券研究所。

国内房地产市场之所以能进入平稳增长，与2018年前后国家的地产调控政策密不可分。早在2016年年底召开的中央经济工作会议上，"房子是用来住的，

不是用来炒的"和"既抑制房地产泡沫,又防止房价的大起大落"等内容就被明确提出。

一、租赁市场的风起云涌

作为我国多层次住房体系中的重要一环,租赁市场在 2017 年之前发展一直比较缓慢,这固然与绝大部分中国人根深蒂固的观念有关,那就是只有自己买来的房子才叫家,租来的房子不叫家。除此之外,国内住宅租赁市场也存在各种各样的问题,其中最为明显的就是租赁主体以个人业主为主,租赁关系非常不稳定,无形中加剧了租客的漂泊感。

我国租赁房屋数量和租赁人口的比重始终明显低于发达国家。而且,我国规模化住房租赁企业的市场份额占比只有 2% 左右,与发达国家市场 20% ~ 30% 的市场份额相比仍然有很大的差距。

事实上,对于房价不断上涨、人口净流入持续增加的一、二线城市而言,生活在这里的很多新市民,包括刚刚毕业的大学生和外来务工人员,是买不起昂贵的房子的。只有发展住宅租赁市场,才能有效解决这类群体的住房需求,从而保障全体居民有房住。在国际上,租赁住房一直是解决居民住房需求的重要方式。这也是我国提出"租购并举,发展住宅租赁市场"的主要原因。

早在 2015 年,住建部就发布了《加快培育和发展住房租赁市场的指导意见》,为租赁市场的发展指明了方向。在 2017 年 7 月,住建部等九部委联合发布《关于在人口净流入的大中城市加快发展住房租赁市场的通知》,要求大中城市加快发展住房租赁市场,并把广州、深圳、南京等 12 个城市列为首批试点[一]。接下来,很多地方相继出台了大量的租房新政策,国内租赁市场因此迎来了难得的发展窗口期。

在住房租赁政策暖风频吹下,各大房企纷纷抢滩该市场。例如,万科在传

[一] 首批住房租赁试点城市包括广州、深圳、南京、杭州、厦门、武汉、成都、沈阳、合肥、郑州、佛山、肇庆。

统业务房地产开发和物业服务基础上，又将租赁住宅业务确立成为公司的核心业务，并在长租公寓方面开发了青年公寓、家庭公寓和服务式公寓三类产品。碧桂园则在首届住房租赁高峰论坛上发布了自己的长租公寓品牌，即"BIG+碧家国际社区"，并宣布在3年内建设100万套长租公寓，其中自主开发40万套。

万科和碧桂园都是单独成立了长租公寓品牌，属于自营模式。还有一些房地产企业选择与专门的长租公寓运营公司合作开发的模式，例如，保利地产成都公司与四川优客逸家合作打造了UOKO公寓等。

2017年，阿里巴巴表示要在杭州打造全国首个"智慧住房租赁平台"，把公共租赁住房、长租公寓、开发企业自持房源、中介居间代理房源等全部纳入平台管理，致力于将租房变得像在淘宝上购物一样简单便捷。

就这样，在2017年，住房租赁市场成为各大企业眼中的"香饽饽"，因此这一年也被称为住房租赁市场元年。到了2018年，住房租赁市场更是进入加速扩张期，越来越多的主体加入该市场，国内大型银行也与相关企业签订了战略合作协议。

随着住宅租赁市场的快速发展，市场中也出现了一些不遵守合约、平台跑路的乱象。不过，考虑到一、二线城市的高房价现状和供给刚性制约的问题，这些城市住宅租赁市场的空间还是非常大的。未来，在合理的监管下，国内住宅租赁市场也会从刚开始的野蛮生长最终走向健康发展。

二、往事一去不复返

回看中国房地产发展历程，1998年取消福利分房之后，国内各个城市房价都出现了不同程度的上涨，这给无数参与房地产投资的人带来了不菲的财富。而深究国内房价上涨的原因可以发现，虽然在不同时点、不同城市，房价上涨的推动力有所不同，但总结起来可以分为供给、需求和预期三大方面。其中，土地供应情况、住宅供应数量影响供给端，城镇化进程、人口净流入和居民财富水平影响需求端，而预期则是指居民对于房价会继续上涨的预期，这也是众多资金炒作房地产市场的主要原因。

2017年之后，为遏制房价过快上涨，国家从供给、需求和预期三个方面进行了宏观调控。例如，建立合理规范发展的住宅租赁市场，就是国家从供给端解决高房价问题的重要举措。除此之外，国家也一直在增加保障房的供应，推行共有产权房，以增加住房供给。

需求端，在2017年之后，国内不少地区都进入"限购、限贷、限价、限售、限商住"的"五限"时代。受此影响，国内房地产市场中的投机炒作行为大幅减少。除此之外，国家也从预期角度向大众释放了"房住不炒"的信号，并且认真贯彻了"房住不炒"的监管主基调，这一点从雄安新区的规划中便可见一斑。

2017年4月，中共中央、国务院印发通知，决定设立河北雄安新区，规划范围涉及河北省雄县、容城、安新三县及周边部分区域。雄安新区横空出世之后，市场上随即出现了"去雄安买房"的言论。不过，当地政府立即出台了强力禁止炒房令，宣布立即停止一切住房销售交易、冻结所有房地产交易过户。后来发布的《河北雄安新区规划纲要》里也明确表示严禁炒房。由此可以看出，政府希望雄安新区摒弃房地产主导的城市发展老路。

事实上，2018—2020年，国内经济增长下行的压力一直不小，但是，国家始终坚持"房住不炒"的监管主基调，不走刺激房地产以发展经济的老路。相应地，市场对于房价快速上涨的预期也有所降温。得益于国家这一系列有力的地产调控政策，这一时期，国内房价整体上没有出现过快大幅上涨的现象。

纵观全球房地产市场的发展历程可以发现，由于经济发展水平、住房供给体系乃至地产调控基调有所不同，各国房地产市场的表现相差很多。从美国说起，自南北战争以后，美国相继迎来了铁路、钢铁、电力、汽车、电子、信息技术的产业革命。与此同时，美国的城镇化率随着工业化的进程持续稳步提升，到21世纪已经接近80%。在美国工业化与城镇化不断提升的这100年里，美国

第六章
峥嵘岁月·中国

房地产市场虽然也历经起落,但整体处于上升的发展状态。

在20世纪五六十年代,日本和德国都抓住了美国制造业转移的机遇,经济快速崛起,两国的房地产市场也都迎来了快速发展。不过,因为地产调控政策和所处金融环境有所不同,所以两国的房价走势出现分化。20世纪80年代,日本爆发了房地产泡沫危机,房价大起大落。而同一时期的德国,除了柏林、法兰克福等核心城市之外,大部分地区的房价在严格的调控下处于平稳缓慢上涨的状态。

在日本和德国崛起之后,作为"亚洲四小龙"之一的新加坡,也伴随世界产业转移迎来了发展,这就推动了新加坡私人住宅价格的走高。不过,与其他国家不同的是,新加坡的住房供给体系是以公共组屋为主、私人住宅为辅的二元结构。所以,持续走高的私人住宅价格对大部分的居民影响不大。

在这些北半球国家的经济与房地产市场蓬勃发展的同时,在南半球也有一个国家的房地产市场发展强劲,那就是澳大利亚。从第二次世界大战之后,在铁矿潮、石油开采潮以及友好的移民政策下,澳大利亚产业不断升级,吸引大量的移民持续涌入,澳大利亚的房价基本上处于一直上涨的走势。其中,悉尼和墨尔本这两个城市更是澳大利亚房地产市场的领头羊,房价迭创新高。

总体来看,虽然在不同历史背景下,这些国家的房地产市场表现有所差异,但是在工业化与城镇化的推动下,世界各国的房地产市场都曾在某一时期出现了快速发展。中国也是如此,自改革开放之后,中国便踏上了快速城镇化的道路,国内经济更是飞速发展。在住房体制改革之后,国内房地产市场随之迎来了狂奔的20年,与之相关的产业也都出现过繁荣发展。

目前,中国处于城镇化的后半程,各大核心城市仍然处于人口持续净流入的状态。再加上核心城市的房子是优质资产,自带金融属性,很容易吸引资金的流入。所以,此后一、二线城市房地产市场的繁荣依旧可期。但是反观三、四线城市,不少地区产业发展有待提升,人口一直处于净流出的状态,相应地,这些地区的房价上涨动力也不足。接下来,国内房地产市场仍然会延续分化的局面。

在更远的将来,随着国内住房供给体系的不断完善和经济产业结构的持续升级,中国房地产市场虽然不会再延续过往20年突飞猛进式的发展,有望整体进入健康、有序、平稳增长的新常态,而我们每一个中国人都将成为见证者和受益者。让我们共同拭目以待,期待美好的明天!